KB275765

행복하게
나이들기

행복하게
나이들기

행복하게 나이들기

김송호 지음

1판 1쇄 발행 ¦ 2008. 5. 5

발행처 ¦ Human & Books
발행인 ¦ 하응백
출판등록 ¦ 2002년 6월 5일 제2002-113호

서울특별시 종로구 경운동 88 수운회관 1009호
마케팅부 02-6327-3535, 편집부 02-6327-3537, 팩시밀리 02-6327-5353
이메일 ¦ hbooks@empal.com

값은 뒤표지에 있습니다.

ISBN 978-89-6078-035-4 13320

행복하게 나이들기

김송호 지음

Human & Books

준비하는 노후는 행복하다

책을 쓰고자 마음먹은 계기는 아주 우연한 기회에 찾아왔다. 지금도 꾸준히 하고 있는 일이지만, 당시 '이공계 위기 극복 방안' 을 주제로 여러 대학에서 강연을 하고 있었는데, 마침 KIST에서 강연을 해달라는 요청을 받았다. 강연 대상을 물어보니 대략 내 나이 또래의 아저씨들이었다. 강연을 듣는 사람들이 내 나이 또래다 보니 교수나 학생들을 대상으로 하는 '이공계 위기 극복 방안' 은 별 도움이 되지 않을 것 같아서 주제를 '행복한 노후를 위한 인생 제3막 설계' 로 바꿔 강연을 했다.

이 주제를 선택하게 된 주된 이유는 내 주위의 이공계 기술자들이 너무나 열심히 살았음에도 불구하고 나이 들어 최종적인 삶에 대해 고민하게 되는 경우를 많이 봤기 때문이다. 자신이 배워서 알고 있던 삶의 방식으로 열심히 살아왔음에도 불구하고 나중에 '나의 삶은 행복한가?' 라는 의문을 가지게 된다면 얼마나 억울할까? 따라서 일에만 집중되었던 관심을 행복한 인생이라는 주제로 돌릴 필요가 있다고 생각했다.

강연의 주된 내용은 이제 시대가 변해서 인생 제3막을 설계해야만 행복할 수 있고, 새로운 패러다임의 도래로 일(직업)에 대한 관점이 변해야 하며, 가진 것을 나누고, 죽음을 준비하는 마음가짐을 가져야 한다는 것이었다.

발표 내용에 대한 반응은 상당히 뜨거웠고, 실험실에서 연구개발에 대해서만 생각하던 기술자들이 인생에 대해 한 번 생각해볼 수 있는 좋은 기회가 됐다며 장시간의 토론 시간을 가졌다. 그 토론 중에 한 박사님이 돈과 건강에 대한 문제도 포함시켜 종합적으로 제시하면 행복한 노후를 꿈꾸는 많은 사람들에게 도움이 되겠다는 의견을 말했다. 그 의견에 많은 사람들이 동감하였고, 나도 동의했지만 바쁜 일상으로 돌아와서는 한동안 잊고 있었다. 물론 강연 시 작성한 10페이지 정도의 요약본을 주위에 나누어줄 때 역시 뜨거운 반응이 오는 것을 느끼면서 인생 후반전의 행복이 누구나 고민하고 있는 공통된 문제라는 사실을 절감하고는 있었다.

그러다가 나이 50을 넘기게 된 어느 날 바로 나 자신의 문제로 다가선 인생 후반전의 행복에 대해서 이제 더 이상 미룰 수 없다는 생각을 하게 되어 이 책을 쓰게 되었다.

물론 노후의 행복에 대한 문제는 너무 광범위하기 때문에 한꺼번에 다루는 게 쉽지 않을 것이다. 각 장에서 다루고 있는 각각의 주제 한 가지에 대해서도 책을 한 권씩 써야 할 정도이기 때문이다. 또 많은 전문가들에 의해 각 분야에 대한 좋은 책들이 많이 나와 있는 것도 사실이다. 하지만 나는 평범한 사람들의 입장에서 본다면 여러 분야의 책들을 읽고 스스로 자신에게 맞게 정리하는 것은 상당히 어려운 작업이 되리라고 판단했다. 따라서 나 자신을 기준으로 내게 필요한 내용을 정리해 전체적인 방향을 제시한다면 전문가가 아닌 평범한 사람들에게는 오히려 도움이 되지 않을까 생각한다. 일단 이 책을 읽고 전체적인 방향을 잡은 다음에 필요하다면 좀 더 전문적인 분야의 책을 읽게 된다면 그것도 의미가 있을 것이라고 생각한다.

따라서 나는 일반인들이 인생 후반전을 행복하게 살기 위해 실생활에서 실천해야 할 내용을 개괄적으로 정리하도록 노력했다. 물론 내 나름대로 다른 책에서 소홀히 다룬 문제 중에서 중요하다고 생각하는 부분도 포함시켰다. 특히 제5장(건강)과 제6장(돈)에서는 전문적인 지식보다는 일반인들이 실천 지침으로 삼으면 좋을 정도의 내용을 정리하는 수준으로 하였다. 나머지 장들에서 다룬 주제들도 내가 그동안 여러 강연과 글을 쓰면서 정리했던 내 나름대로의 생각과 철학을 담도록 노력했다. 그리고 참고가 되도록 마지막 장에 나의 경우를 예로 제시하였다. 물론 나는 월급쟁이가 아니라 사업을 하고 있기 때문에 평범한 일반인의 전형이 될 수 없을 수도 있다. 하지만 나도 직장 생활을 오래 했고, 사람이 살아가는 방식은 비슷하기 때문에 누구나 참고로 삼을 수 있으리라 생각한다.

강연을 하거나 책을 쓰면서 새삼 느끼는 것은 남에게 가르치는 것보다 내가 얻는 것이 훨씬 더 많다는 사실이다. 이 책을 쓰면서도 마찬가지다. 어떻게 하면 행복해질까 하는 주제는 사실 나 자신에게 묻는 질문이었다. 50세가 넘으면서 문득 이렇게 계속 살아도 되는 것일까 하는 의문이 들었었는데 이 책을 쓰면서 나 자신을 돌아보고 앞으로 어떻게 살아야 하겠다는 생각을 정리할 수 있었다. 행복한 노후를 위해 그동안 막연하게나마 잘 준비해온 것들도 있었고, 준비가 덜 된 것들도 있었다. 하지만 이 책을 쓰면서 그러한 생각들을 체계적으로 정리하는 시간을 가졌다. 물론 그 준비라는 것이 어느 한 순간에 완료되는 것이 아니라 내 생이 끝날 때까지 진행되어야 할 과제겠지만 말이다.

이 책이 행복하기를 원하는 대한민국의 모든 사람들, 특히 40대 후반 이후의 남자들에게 조금이나마 도움이 되었으면 하는 마음을 가져본다. 모두 행복하고 의미 있는 인생을 살길 바라면서.

차 례

프롤로그_ 준비하는 노후는 행복하다 __4

제1부 길어진 삶, 그에 맞는 준비가 필요하다

1장 행복할 기회가 왔다 __13

삶에서 행복을 찾는 방법 __17
시대 변화에 따른 패러다임의 변화 __18
행복한 인생을 위한 인생 제3막 설계 __22

제2부 행복한 노후는 준비하는 사람의 몫이다

2장 행복을 네트워킹 하는 가족관계 __35

부부관계를 재설정하라 __40
부부싸움에도 기술이 필요하다 __47
남녀의 차이를 알자 __53
조화로운 성생활의 비결 __59
남자들이여, 혼자 생활하는 능력을 키우자 __66
여자들이여, 자신의 일을 찾자 __70
자녀를 독립시켜라 __74

3장 행복을 실현해주는 일 __84

산업사회에서의 일의 의미 __86
새로운 시대의 일의 의미 변화 __88
인생 제2막에서 인생 제3막을 준비하라 __92
인생 제3막에서 일 시작하기 __95
은퇴 대신 역할 변경을 하자 __99

4장 행복을 완성해주는 마음가짐 __105

부드러워지자 __107
나눔은 행복의 제1조건이다 __111

주위와의 관계를 회복하라 __116
죽음과 친구하자 __122

5장 행복의 버팀목인 건강 챙기기 __126
노화에 대해 다시 생각한다 __129
건강의 첫걸음은 운동이다 __137
균형 있는 식사를 하라 __147
건강에는 물이 중요하다 __152
뇌를 알면 건강이 보인다 __161
동양 문화는 웰빙의 원천이다 __167

6장 행복을 담보하는 재테크 원칙 __179
노후자금은 얼마나 필요하나 __182
노후자금, 미리 준비하자 __187
가지고 있는 재산 잘 불리는 요령 __193
저축된 돈보다는 계속적인 수입이 중요하다 __199
자녀에게 재산을 물려주지 마라 __201
자녀교육에 대한 투자를 줄여라 __207
돈이 행복의 전부가 아니다 __213

제3부 행복한 노후를 만드는 나의 노력

7장 나의 행복 설계 __219
재정적인 준비 상태 __220
건강 챙기기 __225
가족관계 __232
행복을 주는 일 찾기 __235
행복을 찾는 나의 마음가짐 __238
죽음과 친해지려는 나의 노력 __242
모두모두 행복하기를 __245

에필로그 나는 나이 들어도 행복하다 __250

우리는 과거에 비해 부유해지고, 수명이 획기적으로 늘어났음에도 불구하고 더욱 불행해졌다고 생각한다. 왜 그런 것일까. 그 이유는 바로 패러다임의 변화에 맞추어 스스로를 변화시키지 못하고 있기 때문이다. 우리는 찾으려고만 한다면 확실히 더 행복해질 수 있는 기회가 많은 시대에 살고 있다.

제 1 부

"**여**보세요. 김 사장?"

"여보세요. 누구……."

수화기 너머로 반갑게 이야기하는 상대방과 달리 나는 그게 누구의 목소리인지 몰라 말끝을 흐렸다.

"나야, 나. 이민식."

수화기 너머로 들리는 목소리가 들뜬 것 같으면서도 어쩐지 힘이 없는 것처럼 느껴졌다.

"오, 그래. 오랜만이다. 웬일이냐?"

"내가 이번 금요일에 서울에 올라가는데 시간 있으면 좀 볼 수 없나 해서 전화했다."

"그래, 없는 시간이라도 만들어야지. 금요일 저녁에 보자. 소주도 한잔하고."

정말 오랫동안 연락이 없었던 대학 동창이 연락을 한 것이었다. 지방에 있는 한 대기업의 공장에서 계속 근무한 그 친구를 만날 기회가 없었던 터라, 반가운 마음에 저녁 약속을 하고 회사 근처에서 만나 소주를 곁들인 저녁식사를 하면서 이런저런 이야기를 나누게 되었다.

친구는 몇 달 전에 직장을 그만두었다고 했다. 그만두었다기보다는 퇴직을 당했다고 해야 옳은 표현일지 모르겠다고 친구는 자조적인 어투로 말했다. 서울에 올라온 것도 지인의 자제 결혼식에 참석하기 위한 것이었지만, 그보다는 대학에 들어간 딸에게도 들러보고, 서울에서 친구들을 만나서 세상 돌아가는 이야기도 하면서 앞으로 자신이 어떻게 해야 하나 생각해보기 위해서라고 했다. 그래서 동창들 중에 누구에게 연락을 할까 고민하다가 직장에 다니는 사람보다는 사업을 하고 있는 나에게 물어보면 그래도 무슨 해답이 있지 않을까 해서 전화했다고 했다.

그날 나도 옛날 시골에서 공장 생활을 할 때를 떠올리면서 많은 이야기를 나누었다. 물론 친구가 하는 하소연을 들어주느라 소주를 좀 과하게는 했지만, 마침 KIST에서 했던 강연 요약본을 주고 나름대로 미래에 대한 상담도 해주었다.

"아는 후배가 자신이 하는 사업에 투자를 하면 임원 자리도 주고 투자 이익도 나누어주겠다고 해서 고민 중이다"라는 말에 나는 적극적으로 말렸다.

"내가 그 후배를 잘 알지 못해서 사업 자체에 대해서는 뭐라고 말은 못하겠지만, 우리 나이쯤 되면 돈 문제에 있어서는 안전 위주로 가는 것이 최고라고 생각해."

"그렇지만 집에만 있자니 미치겠다. 마누라 눈치도 보이고, 뭔가 밖에서 할 수 있는 일이 필요해. 돈을 조금 투자하고 사무실에라도 나가면 어떨까 하는 생각도 든다."

친구는 축 처진 어깨로 하소연을 했다.

"너무 초조해하지 말고 차라리 이 기회에 배울 게 있으면 배우든가, 여행을 가든가, 책을 실컷 읽든가 하면서 시간을 두고 생각해보는 것이 좋을 것 같다. 뭐든지 초조한 상태에서 결정을 하면 좋은 결정을 할 수가 없는 법이야. 차라리 지금을 네가 정말 좋아하고 즐기는 일을 찾아보는 기회로 삼아봐."

내 원론적인 이야기에 친구는 반박을 하지는 않았지만 얼굴에는 답답하다는 기색이 역력했다.

"내가 그렇지 않아도 너한테 준 그 원고를 좀 다듬어서 책을 한 권 쓰려고 준비하고 있었는데 이제 다시 그 작업을 시작해야겠다. 사실 이게 너만의 문제가 아니잖아?"

"야, 진작 그런 책 좀 써서 나 같은 사람들 읽도록 해주지 그랬냐. 솔직히 중년에 접어든 사람들 중에서 나 같은 고민 안 하는 사람 없을 거야. 더구나 공장에서만 근무하던 우리 기술자들은 정말 이런 꼴을 당하고 나면 막막하다. 그나저나 너 그 책 쓰면 나한테 꼭 이야기해라. 늦었지만 지금이라도 사서 보게."

친구를 만나고 나서 나는 그동안 미뤄왔던 책을 쓰는 작업을 서둘러야 되겠다는 결심을 하게 되었다. 물론 그 친구를 비롯해서 나와 비슷하게 50대에 접어든 사람들을 위한다는 명분도 있지만, 사실은 나 자신도 인생 후반전을 행복하게 살기 위해 잘 준비하고 있는지 점검해봐야겠다는 생각이 더 강하게 작용하였다. 어떻게 살아야 잘 사는 것일까? 지금 나는 잘 살고 있는 것일까?

이제 내 나이 50. 어쩐지 쇠락해가고, 이제 내리막길을 내닫기 시작한 느낌에 가슴 한구석이 허전하기도 하고, 은퇴, 죽음, 흰머리, 주름 등 피하고 싶은 단어들이 따라붙는 나이가 되었다는 생각이 새삼 들고 있는 게 사실이다. 내가 보아왔던 선배들의 삶을 보면 힘들게 직장생활을 하다가 60세 전후에 정년퇴직을 하면 얼마 안 있다가 부고장이 날아왔었는데, 나도 과연 그런 길에 접어든 것일까? 물론 나는 내 사업을 시작해서 정년이 무의미해졌다고는 하지만, 사업이 그런 문제를 모두 날려 버릴 수 있는 안전한 피난처가 될 수 있을까?

그렇다면 어떻게 하면 행복할 수 있을까? 지금까지 선배들이 살아오던 방식대로 살다보면 행복하게 되는 것일까? 최소한 내가 이제까지 살아오던 방식대로 열심히 살다보면 인생의 행복을 찾을 수 있는 기회를 갖게 될까? 확실하지는 않지만 그렇게 옛날 방식으로 살아서는 행복을 찾을 수 없다는 생각이 들었다. 인생의 행복을 찾기 위해 우리가 해야 할 일이 무엇인지 정리해볼 필요성을 느끼게 되었다. 그러자면 우선 나에게 행복의 의미가 무엇인지를 알아야 하지 않을까?

___삶에서 행복을 찾는 방법

우리는 모두 행복한 삶을 꿈꾼다. 행복의 의미가 다르고, 실천하는 방법이 다르고, 현재의 여건이 미비하다고 생각해서 그렇지, 행복한 삶을 살고 싶다는 소망은 누구나 가지고 있다. 우리 생활이 옛날에 비해 물질적으로는 풍족해졌는데, 행복을 느끼지 못하는 사람이 더 늘어난 이유는 무엇일까? 인생이 행복해지기 위해서 사는 것이라는 사실을 부인할 사람이 없겠지만, 과연 우리는 행복해지기 위해서 살고 있는 것일까? 아니 최소한 행복해진다는 의미가 무엇인지는 알고 살고 있는 것일까? 더 나아가 인생의 성공과 행복의 관계는 무엇일까? 성공한 사람은 행복한 것일까? 진정한 행복을 찾기 위해서는 어떤 조건이 필요한 것일까?

이러한 물음에 베스 사위는 그의 저서 『균형 잡힌 인생을 사는 멀티형 인간』에서 "당신이 추구하는 것을 얻는 것은 성공이다. 그러나 당신이 뭔가를 추구하면서 좋아한다면 그건 행복이다"라고 답하고 있다. 우리가 학교를 다니면서, 또 사회생활을 하면서 추구하는 것은 성공을 향한 욕망이다. 하지만 그 성공이 우리의 행복을 보장해주지는 못한다. 오히려 행복은 성공을 추구하는 과정에서 우리가 삶의 의미를 찾고, 즐거움을 얻는 데서 얻을 수 있는 것이다. 그래서 어느 날 당첨된 로또 복권이 일시적인 만족은 줄 수 있지만, 진정한 행복은 가져다주지 못하는 것이다.

과거에 우리는 대부분 사회적인 성공을 추구하는 삶을 살아왔다. 행복은 이러한 성공 뒤에 당연히 따라오는 부산물 정도로 생각해왔다.

아니 어쩌면 사회적인 성공만을 추구하기에도 너무 벅차서 행복까지 추구하는 것은 사치로 여겨왔던 것일지도 모른다. 이러한 현상은 인간 수명이 사회적인 경제 정년보다 짧거나 크게 길지 않아서, 경제생활에 만 충실해도 별 지장이 없던 과거에는 큰 문제가 되지 않았다. 즉 과거 에는 한 사람의 일생 자체가 사회생활 그 자체였기 때문에, 사회적인 성공이 곧 인생의 성공으로 인식되었다. 하지만 이제 그렇게 성공만을 위해서 무작정 열심히 살아서는 인생에서 진정한 행복은 찾을 수 없게 되었다.

그렇다면 어떻게 해야 하는 것인가? 그 방법을 찾으려면 지금, 그리 고 앞으로 살아가야 할 시대가 우선 과거에 비해 무엇이 어떻게 달라 졌는지를 파악하고, 그에 맞춘 새로운 방식을 찾아내는 작업을 해야 한다. 그런 노력을 통해 바뀐 새로운 패러다임을 깨닫고, 그에 맞추어 준비하는 사람만이 행복의 길을 찾을 수 있을 것이다.

___시대 변화에 따른 패러다임의 변화

21세기에 접어들면서 우리는 두 가지 큰 변화를 겪고 있다. 그 첫째 는 인간수명이 크게 연장된 것이고, 둘째는 사회구조가 산업사회에서 지식사회로 전환되면서 직업 생활이 불안정해지고, 예전과 달리 정년 보장이 안 되거나 현저히 짧아졌다는 것이다.

우선 통계청의 자료를 보면, 1975년 63.8세에 불과했던 평균수명이 2002년에는 77.0세로 27년 사이에 13.2세가 늘었고, 2010년에는 79세까지, 2020년 출생자들의 평균수명은 120세까지 늘어날 것으로 예상되고 있다. 여기서 특기할 사항은 1975년 남자의 평균수명은 60.2세에 불과했는데, 당시 대부분 회사의 정년도 60세 전후였다는 것이다. 당시만 해도 사회생활은 거의 남자들의 전유물처럼 인식되던 시기라는 점을 감안하면 정년퇴직 후의 삶에 대해 크게 걱정하지 않아도 되었다는 것을 보여주고 있다.

실제로 1980년대까지만 해도 대부분의 남자들은 정년퇴직 후에 식구들의 동정어린 마음이 사라지기 전에 세상을 뜨는 것이 보통이었다. 또한 당시는 경제적 궁핍에서 벗어나는 것이 대부분 가족들의 최대 관심사였기 때문에 남자가 사회생활에 충실한 것이 오히려 당연한 일로 여겨졌었다.

하지만 지금은 남자의 수명이 70세를 넘어가고 있는 반면에 삼팔선, 사오정, 오륙도라는 유행어들이 대변하듯이 정년은 짧아져서 정년퇴직 후의 삶의 기간이 늘어나고 있다. 예를 들어 최근의 정년을 55세로 보고, 2020년의 인간 수명이 100세가 된다고 가정하고, 정년 후의

표 | 남자의 퇴직 후 기간

연 도	남자의 수명	정년(추정)	퇴직 후 기간	비 고
1975년	60	60	0	
1985년	65	60	5	
1995년	70	55	15	
2002년	73	50	23	
2020년	100(예상)	50	50	

삶을 계산해보면 그 추이를 확연히 알 수 있다.

1985년까지만 해도 정년퇴직 후의 삶이 5년 이내이지만, 2002년의 경우 23년, 2020년에는 경제활동 기간보다 더 긴 50년이라는 기간이 남게 된다. 따라서 지금까지의 산업사회에서 무시했던 인생 후반기의 삶에 대해 앞으로는 비중 있게 생각해야 할 필요성이 커지게 된 것이다.

두 번째로 산업사회에서 지식사회로 넘어가면서 경제활동의 정년이 보장되지 않거나 극도로 짧아지고 있다. 지식사회의 가장 큰 특징으로는 인터넷 등의 보급으로 공급자(국가, 기업 등)가 독점하던 정보를 수요자(국민, 소비자 등)가 공유하게 됨으로써, 결정의 주도권이 수요자로 넘어가게 되었다는 것이다. 따라서 산업사회에서는 자본과 기술의 바탕 위에 한 번 설립된 기업은 주도권을 가지고 운영되기 때문에 기업수명이 길었지만, 지식사회에서의 기업은 그 제품에 대해 소비자가 주도적으로 평가를 하고 구매를 하기 때문에 수시로 변하는 소비자의 요구사항에 맞추어 변화하지 않는 기업은 도태되는 특성을 가지고 있다. 그 결과 산업사회에 비해 지식사회의 기업 수명은 점점 짧아질 수밖에 없다.

맥켄지보고서에 의하면 미국 기업의 평균수명은 1935년에 90년이었다가 1955년에는 45년, 1975년에는 30년, 1995년에는 22년으로 점점 짧아지다가 2005년에는 15년에 불과하다고 한다.

산업사회에서는 기업이 주도권을 가지고 있고, 한 번 설립되어 일정 궤도에 오른 기업은 그 수명에 대해 걱정할 필요가 없었기 때문에 고용된 인력에 대해서도 정년을 보장할 수 있었다. 하지만 지금의 지식 사회에서는 기업 자체의 운명이 변덕스러운(?) 소비자의 손에 달려 있기 때문에 생존을 위해서는 끊임없이 혁신을 추구해야 한다. 또한 혁신의 핵심은 인력이기 때문에 시대 변화에 맞지 않는 인력은 도태시켜야 기업이 생존할 수 있다. 기업으로서는 인력의 혁신이 생존을 위한 절박한 과제인 것이다.

이렇게 보면 기업이 개인을 무조건 보호해줄 수 있는 시대는 이미 지나갔다고 해도 과언이 아니다. 왜냐하면 기업이 개인을 보호할 능력을 상실한 존재가 되었기 때문이다. 따라서 개인의 입장에서는 기업이 무조건 자신을 보호해주기를 바라는 것은 어리석은 일이다. 오히려 기업에서 필요한 존재, 즉 자신이 있어야 기업의 경쟁력이 높아질 수 있는 존재가 되도록 끊임없이 경쟁력을 키워 갈 필요가 있다. 궁극적으로는 내가 나 자신에 대해 책임지는 나 주식회사(me. Inc.)의 개념을 가질 필요가 있다.

이미 과거 산업사회 시대의 평생직장 개념을 고집하는 사람은 없다. 오히려 요즈음은 평생 직업을 이야기하는 사람이 많다. 하지만 평생 직업도 해결책이 되지 못하는 시대가 되었다. 20년 전만 해도 흔한 직업이었던 버스 차장, 전화 교환원, 필경사 등의 직업이 사라진 것을 생각해보라. 반면에 프로게이머, 웹디자이너 등 10년 전만 해도 없던 새로운 직업들이 무수히 생겨났다. 앞으로도 이런 변화는 점점 가속화될 것이다. 미래학자 톰 피터스는 앞으로 10~15년 후에 현재 직업의 90퍼센트가 사라질 것이라고 예견하고 있다. 빌 게이츠는 한술 더 떠서 3년 내에 그런 일이 벌어질 것이라고 예측하고 있다. 물론 각 분야별로 달라서 IT분야같이 변화가 빠른 분야는 직업의 변화도 빠른 반면, 산업분야나 농업분야는 변화 속도가 느릴 수도 있다. 하지만 분명한 것은 겉으로는 같은 직업이라도 그 내용상 속성은 분명 달라질 것이고, 유망한 분야일수록 변화 속도는 빠를 수밖에 없다는 것이다. 예를 들어 지금은 교사의 역할이 교실에서 학생들에게 지식을 가르치는 것이지만, 가상현실이 실현되는 20년 후에는 지식은 학생들이 가상현실 속에서 찾을 수 있기에 교사의 역할은 지금처럼 칠판에 무언가를 적으면서 가르치는 것이 아니라, 방향을 제시하고 지도하는 일이 주가 될 것이다. 이렇게 직업이 빠른 속도로 변하게 되면 평생 직업이라는 개념도 타당하지 않다는 사실은 자명하고, 시대 변화에 맞춰서 스스로 생존하는 나 주식회사만이 유일한 대안이 될 것이다.

___행복한 인생을 위한 인생 제3막 설계

이제 직장인의 행복은 그동안 추구해왔던 사회적인 성공을 통해서는 이룰 수 없는 시대를 맞이하게 되었다. 그렇다고 이러한 현상을 초래한 두 축인 인간수명의 연장이나 지식사회로의 변화를 거부할 수는 없지 않는가. 그렇다면 우리가 해야 할 일은 자명하다. 바로 새로운 시대적 변화의 특성을 제대로 이해하고, 그 특성에 맞게 우리가 변화해야 하는 것이다. 이제부터 그 방법에 대해 살펴보고자 한다.

얼마 전 한 친구에게서 들은 말이 있다. 남자가 시기별로 불행해지는 사항이 있다는 것이다. 첫째 30대까지 돈을 왕창 벌거나 크게 성공하면 불행해진다, 둘째 40대에 이혼하거나 상처(喪妻)하면 불행해진다, 셋째 50대 이후 돈이 없으면 불행해진다는 것이 그 친구의 말이다.

생각해보니 과연 그럴듯했다. 주위를 둘러보면 30대까지 IT기업을 상장시키거나 부모의 유산을 받거나 부동산투자 등으로 큰돈을 만진 사람들은 대개 여러 가지 이유로 그 돈을 유지하지 못하고 패가망신하는 경우가 많았다. 30대란 아직은 그런 것들을 관리할 경륜이나 능력이 부족한 것이다. 40대라면 안정적인 직장생활을 하거나 사회적으로 기반을 잡을 때이므로 무엇보다 가정의 안정이 필수적이다. 평균적으로 볼 때 한국의 40대는 자녀들의 교육에 가장 신경 써야 하는 나이이기도 한데, 이때 이혼이나 상처 등으로 인해 가정이 흔들리면 괴롭기 그지없을 것이고 이는 사회활동에도 당연히 영향을 미치게 될 것이다. 50대 이후 돈이 없으면 정말 비참해지리란 것은 설명하지 않더라도 쉽게 짐작할 수 있을 것이다. 이처럼 인생에서는 시기별로 중요한 것이 있고, 또 그에 맞게 준비해야 할 것도 있다.

우리의 일생은 대체적으로 20대 후반기까지의 배움의 시기(제1막), 사회생활을 통해 무언가를 성취하기 위해서 노력하는 성취의 시기(제2막), 직장에서 은퇴 후 자신의 삶을 실현하는 시기(제3막), 죽음을 준비하는 인생 마무리 시기(제4막)로 나눌 수 있다.

시대의 변화에 따라 인생 제1막과 제2막의 패러다임도 변화해야 하지만, 궁극적으로 인생의 행복을 위해서는 인생 제3막을 어떻게 맞이하느냐가 가장 중요하다. 끝이 좋지 않으면 그 인생은 실패한 인생이라고 생각하는 경우가 많기 때문이다. 따라서 행복한 인생 제3막을 맞이하기 위해서는 인생 제2막 더 나아가 인생 제1막에서 이에 맞는 준비를 해야 한다. 따라서 앞으로 논의하게 될 주제는 행복한 인생 제3막을 위해서 인생 제2막에서 어떤 준비를 해야 하는가에 초점을 맞추게 될 것이다.

앞에서 살펴본 바와 같이 과거에는 인생 제3막이 짧아서 거의 무의미했지만, 최근에 들어서면서 그 기간이 크게 길어지게 되어, 이 기간을 어떻게 보내느냐가 인생의 행복을 좌우하는 크나큰 문제로 대두되고 있다. 산업사회 패러다임을 가지고 있는 대부분의 사람들은 이 시기를 좌절의 시기로 여기고 있고, 소극적으로 어떻게 편안하게 소일하느냐 정도의 막연한 개념을 가지고 있다. 산업사회의 패러다임을 가지고 있는 사람들에게 이 시기는 생각하고 싶지 않고, 피하고 싶은 불필요한 시기로 여겨지는 것이 당연할 수도 있다. 왜냐하면 산업사회에서는 이 시기가 정신없이 성공을 위해 뛰던 제2막의 끄트머리에 잠시 주어지는 보너스 정도의 시기이기 때문이다. 그저 잠시 쉬다가 사그라지면 되는 시기인데, 그 시기가 길어지면 본인도 불필요한 존재로 남아 있는 기간이 길어지고, 가족을 포함한 주위 사람들도 부담스러워 하기 때문이다.

그렇다면 인생 제3막은 정말로 좌절의 시기일 수밖에 없는 것인가? 노화는 인생의 불행이 시작된다는 신호인가? 결론부터 이야기하자면 절대 그렇지 않다. 인생의 패러다임을 조금만 바꾼다면 인생 제3막이 오히려 인생을 풍요롭고 행복하게 할 수 있는 축복의 시기가 될 수 있다. 그러기 위해서는 나이에 대한 우리의 인식을 바꿀 필요가 있다. 즉 젊음은 무조건 좋고 늙음은 나쁘다는 편견부터 버려야 한다.

자신이 나이 들어간다는 사실을 자연스럽게 받아들이고, 그에 적응하는 자세가 필요하다. 나이가 들었다고 인생의 패배자처럼 느끼거나 행동할 필요가 없다. 오히려 육체는 쇠했어도 그 얼굴에는 긴 생애를 살아온 경험이 새겨져 있어 위엄 같은 것이 느껴져 존경이 느껴지도록 해야 한다. 인생 제3막을 제2막과 같은 선상에서 무조건 성공을 위해 뛰는 시기로 여길 것이 아니라, 내가 삶의 주체가 되어 살아가는 의미 있는 시기로 만들어야 한다.

대개 50세를 전후로 직장에서 은퇴하거나 은퇴 준비를 하게 되기 때문에 나이 50을 인생 제3막을 시작하는 시점으로 잡을 수 있다. 인생이 긴 문장이라면 그 문장의 의미를 정확히 전달하기 위해 중간에 쉼표를 찍을 필요가 있는데, 나이 50이 바로 그 쉼표를 찍고 숨을 돌린 후에 나머지 문장을 완성할 시기인 것이다. 따라서 50 이후의 인생은 그 이전의 삶을 돌아보고 마무리하는 시기가 되어야 하고, 인생이라는 문장의 의미를 생각하면서 살아야 한다.

리처드 카펜이 『멋지게 마무리하기』에서 비유한대로 나이 50은 묘목을 모판에서 끄집어내어 잔뿌리를 쳐주고 새로운 환경에 다시 심어줌으로써 더 잘 자라고 꽃도 피도록 하는 것과 같은 시기다.

솔개는 40세쯤이 되면 6개월간의 피나는 갱생 과정을 거쳐 30년의 새로운 수명을 얻게 된다. 솔개가 40세쯤이 되면 발톱이 노화되고, 부리가 길어지고 구부러져서 사냥 능력이 떨어지게 된다. 또한 깃털이 무거워져서 날렵한 비행에 방해가 된다. 이 시점이 되면 솔개는 그냥 앉아서 죽음을 맞이하든가, 아니면 6개월간의 그야말로 피나는 갱생 과정을 거쳐야 한다. 갱생 과정의 첫 단계는 바위에 부리를 쪼아서 깨뜨리는 것이다. 이렇게 해서 새 부리가 돋아나면 이번에는 발톱을 모두 뽑아내고, 무거운 깃털을 뽑아내는 고행의 과정을 거쳐서 새로운 30년의 수명을 얻게 된다. 우리 인간도 나이 50의 전환기에 이르면 사고의 갱생 과정을 거쳐야 비로소 진정한 행복이 약속되는 인생 제3막을 맞이할 수 있다. 인생 제3막은 인생 제1막이나 제2막과는 전혀 다른 관점이 요구된다. 인생 제2막이 성공 지향적인 삶이었다면 인생 제3막은 인생의 의미를 찾고 실현하는 삶이 되어야 한다. 어쩌면 인생 제2막까지가 남을 위한 삶이었다면 인생 제3막부터가 비로소 진정한 자신의 인생을 사는 것이라고 말할 수 있다. 인생 제2막에서도 자신의 삶의 의미를 실현하고, 좋아하는 일을 하면서 살면 이상적이겠지만, 실제로는 주위에 밀려서 삶의 방향을 선택하는 경우가 대부분이다. 하지만 인생 제3막에서는 원하기만 한다면 인생 제2막까지의 삶의 경험을 바탕으로 자신의 삶을 선택할 수 있는 기회를 가질 수 있다. 다시 말해 인생 제2막까지가 성공을 위한 평면적인 삶이었다면 인생 제3막부터는 풍요롭고, 깊이 있고, 다양한 삶을 통해 진정한 행복을 실현할 수 있는 기회를 가지게 되는 것이다.

좀 과장해서 말하자면 인생 제2막까지는 인생 제3막을 위한 준비 과정이라고 봐도 무방할 것이다. "끝이 좋으면 다 좋다"는 격언대로 인생 제3막을 제대로 보내는 것이 인생을 얼마나 잘 살았느냐를 결정한다.

인생 제3막을 잘 살기 위해서 반드시 해야 할 일은 바로 삶의 의미,

즉 인생 사명을 찾는 것이다. 삶의 의미를 찾기 위해서는 인생 제2막에서와 같이 남을 누르고 이겨야 한다든가, 자신을 채우는 것이 최우선이 되어야 한다든가 하는 윈-루스(win-loose)의 사고방식을 버려야 한다. 그보다는 그동안 모았던 것을 세상에 돌려주고 나누어주어야 진정한 행복을 느낄 수 있다는 윈-윈(win-win)의 사고방식을 가져야 한다. 인생 제2막이 무엇을 성취하는 삶이었다면, 인생 제3막은 자신이 하는 일이 무슨 의미가 있느냐가 중요하다.

여기서 인생의 행복은 외부적인 요건을 채웠다고 얻어지는 것이 아니라, 자신의 내면을 채워 나가는 과정에서 느끼게 된다는 사실을 깨닫는 것이 중요하다. 인생의 행복은 어떤 일을 성취한 결과로 얻어지는 성과물이 아니라 자신의 자존감을 찾는 과정에서 나타나는 그림자 같은 것이다. 이런 사고방식의 전환이야말로 행복한 인생 제3막을 실현하는 데 가장 중요한 요소다. 물론 잘 나누기 위해서는 자신이 가진 것이 무엇인지를 파악하고, 가진 것을 나누어줄 때 느끼는 행복을 미리 경험해야 한다. 더 깊게는 자신이 누구인지 깨닫고 자신이 어떻게 할 때 진정 행복을 느끼는지를 깨달아야 한다. 이를 위해서는 독서와 사색이 필요하고, 특히 행복한 인생을 살다간 위인들의 자서전을 통해 그들의 삶을 배울 필요가 있다. 위인들은 각자 자신만의 스토리를 가지고 있고, 자신과 타인을 위해서 그 스토리를 구현하려고 애쓰는 삶을 살았기 때문이다. 행복한 삶을 가장 효과적으로 실행하는 방법이 바로 자신만의 스토리를 인생 사명서로 작성하는 것이다. 인생 사명서는 행복한 인생 항해를 위한 나침반 역할을 한다. 인생 사명서를 작성하는 방법에 대해 경영학의 대가 피터 드러커는 '자신이 하는 일의 목적이 무엇인지, 그리고 남들이 자신을 어떠한 사람으로 기억해주길 원하는지' 밝히면 된다고 말한다.

아놀드 토인비는 "미래는 준비하는 사람에게만 찾아온다"고 말했고, 일본 소니사의 이데이 노부유키 사장은 "미래는 다른 누군가가 아니라 바로 당신 자신이 만들어가야 하는 것이다"라고 말했다.

새삼 그들의 말을 빌리지 않더라도 행복한 인생 제3막을 위해서는 인생 제2막에서 미리 준비를 해야 한다는 것은 누구나 수긍할 것이다. 문제는 그 준비의 중요성을 얼마나 심각하게 인식하고 실제로 실행하느냐이다. 우리의 삶이 어느 한 순간을 기점으로 인생 제2막과 인생 제3막으로 갈라지는 것이 아니라, 연속적인 선상에서 연결되어 서서히 변환되기 때문에 자칫 소홀하면 그 준비 시점을 놓치기 쉽다. 마치 개구리가 천천히 데워지는 냄비 안에서 온도의 변화를 감지하지 못하고 서서히 죽어가는 것과 마찬가지로 말이다.

행복한 인생 제3막을 위해서 인생 제2막에서 미리 준비해야 하는 가장 큰 이유는 준비에 많은 시간이 필요하기 때문이다. 재정적인 준비, 나이가 들어서 할 수 있는 일 찾기 등을 준비하는 데는 10년 이상의 세월이 필요하고, 건강 문제 등은 건강할 때부터 계속적으로 빈틈없이 준비해야 한다. 마음의 자세를 바꾸는 문제도 어느 날 아침에 갑자기 일어날 수 없기 때문에, 봉사활동 등을 통한 나눔의 연습, 타인과 상생하는 기쁨을 누리는 연습도 필요하다.

그렇다면 인생 제3막을 준비하기 위해서는 구체적으로 무엇을 어떻게 준비해야 할까? 경제적 안정(돈), 건강 등 기본적인 것도 필요하겠지만, 배우자나 자녀, 친구 등 주위와의 올바른 관계 형성과 더불어 즐겁게 일할 수 있는 여건을 마련하는 것도 중요하다. 물론 이러한 외적인 문제들을 해결했다고 해서 진정한 행복을 얻을 수는 없다. 진정한 행복을 위해서는 자신의 인생의 의미를 찾을 수 있는 내적인 문제를 해결해야 한다. 즉 인생 제3막을 인생의 의미를 더하는 시기로 만들기 위해서는 가진 것을 나누고, 죽음과 친해지는 마음가짐이 필요하다.

여기서 제시된 돈, 건강, 일, 주위와의 관계 형성, 마음가짐이 행복에 미치는 영향이 꼭 같지는 않다. 예를 들어 돈은 품위 있는 생활을 위해 어느 정도 필요하지만 돈과 비례해서 행복이 더 커지지는 않는다. 나이가 들어 자유롭고 독립적인 생활을 위해 건강한 몸이 꼭 필요하지만 건강 자체가 행복을 보장해주지는 않는다. 행복은 주위와의 올바른 관계, 일을 통해 자신이 아직도 세상에 필요한 존재라는 자존감의 유지, 인생의 의미를 찾아 실현하는 마음 자세 등에서 더 찾을 수 있다. 데일 카네기의 표현대로 '행복은 당신이 누구이고 무엇을 소유했느냐가 아니라 무슨 생각을 하느냐'에 달려 있다. 또한 위에 제시한 행복의 요소들은 제각각 독립적으로 작용하는 것이 아니라, 서로 밀접한 상관관계를 가지고 있다.

예를 들어 돈이 없지만 건강하고 일을 할 수 있다면, 나이 들어서도 계속 일을 하면서 돈을 벌 수 있다. 건강도 돈이 있다면 의료 혜택, 전문가와의 상담 등을 통해 증진시킬 수 있다. 나눔을 위해 자원봉사를 할 경우에도 건강과 재정적인 부담이 없다면 더 많은 기회를 가질 수 있다. 건강은 마음 자세와 밀접한 관계가 있다. 행복한 삶을 살지 못하는 사람이 건강하게 오래 살 수 있는 확률은 거의 없다. 세계적인 거부 록펠러는 젊은 시절에 돈을 벌기 위해 경쟁자를 잔인하게 짓밟는 삶을 살아 50세를 넘으면서 시한부 인생을 선고받았지만, 록펠러 재단으로 상징되는 나눔을 실천하고 나서는 건강을 되찾고 90세가 넘도록 장수했다. 물론 여기서 무엇보다도 중요한 것은 바로 이러한 행복 요소들의 중요성을 깨닫고 각 시기에 맞는 올바른 마음의 자세를 갖는 것이다.

행복한 인생 제3막을 준비하면서 갖게 되는 또 한 가지 중요한 문제는 바로 지금껏 인생 제3막을 제대로 살아가는 모델이 제시된 경우가 거의 없었다는 것이다. "우리에게는 길을 보여줄 역할모델이 별로 없습니다"라는 미국의 전국노령화협회장인 제임스 퍼만의 말이 이를 대변해주고 있다. 인생 제3막이 인생의 행복에 차지하는 중요성을 감안한다면 개인도 국가도 별다른 준비를 하지 않고 있는 현실은 한심한 수준을 넘어 재앙이라고 할 수밖에 없다.

국민연금, 건강보험 등 단편적이고 1차원적인 준비를 넘어 행복한 인생 후반기를 준비하는 체계적인 시스템이 절대적으로 필요한 시점이다. 경영학의 대가인 피터 드러커도 "앞으로 해야 할 일은 정규교육 과정을 마치고 사회활동을 하고 있는 성인에게 필요한 교육을 제공하는 일"이라고 말한 바 있다. 우리나라에서도 평생교육의 중요성이 강조되고는 있지만, 아직까지는 노인들의 취미 생활을 돕는 수준에 머무르고 있는 것이 현실이다. 선진국에서도 이에 대한 대비는 아직 미흡하지만, 미국과 캐나다에서 활성화되고 있는 엘더호스텔(Elderhostel)

의 개념은 참고해볼 가치가 있다고 생각한다. 엘더호스텔은 60세 이상의 노인들에게 교육과 모험이 혼합된 프로그램으로 인생 경험의 기회를 제공해보자는 취지에서 설립된 미국과 캐나다의 대학조직망이다. 대학지망생 수를 훨씬 넘는 대학 정원 때문에 대학의 파산을 걱정해야 하는 우리나라의 현실을 고려한다면, 중년 및 노년의 학생들을 받아들여 인생의 패러다임 변화 단계에 따른 체계적인 재교육 시스템을 실시한다면 대학 재정의 위기를 극복하고 국민의 행복을 증진시킬 수 있는 일거양득의 좋은 방안이 될 수 있다.

최근 들어 갑자기 인간 수명이 길어졌기 때문에 인생 제3막의 중요성을 깨닫고 이에 대한 체계적인 대비책을 마련하고 못하고 우왕좌왕하고 있는 것이 현실이다. 삼팔선, 사오정, 오륙도로 대표되는 조기 퇴직에 따른 준비의 미흡, 자녀들을 다 키우고 정년퇴직을 하고 나서의 부부관계의 재정립 실패로 인한 이혼율의 증가 등은 누구나 겪고 있는 일반적인 문제가 되었지만, 또 누구도 그에 대한 종합적인 해법을 명쾌하게 제시하지 못하고 있다. 따라서 이런 상황들이 수많은 사람들이 거의 공통적으로 겪고 있는 문제임에도 불구하고, 각 개인이 느끼기에는 자신만이 그런 문제를 겪고 있다고 생각해 좌절하는 경우가 많다. 물론 이런 문제에 대한 관심이 서서히 높아지면서 부분적으로는 건강, 재테크, 마음가짐 등에 대해 전문가들이 많은 책을 내고 있지만, 일반인들이 전체적인 패러다임을 이해할 수 있도록 도와주는 책은 찾을 수 없다는 아쉬움이 있다. 따라서 나를 돌아보면서 내 입장에서 내 수준에 맞게 인생 제3막의 행복을 위해 준비해야 할 것들을 정리해보고자 한다.

제 2 부

행 복 한 노 후 는 준 비 하 는 사 람 의 몫 이 다

네잎클로버의 꽃말은 '행운' 이다. 반면에 세잎클로버의 꽃말은 '행복' 이다. 우리는 너무 찾기 힘든 '행운' 을 찾으려고 주변에서 흔하게 볼 수 있는 '행복' 을 놓치는 경우가 많다. 행운을 잡으려고 먼 길을 떠날 것이 아니라 우리 주위에서 행복을 찾으려는 노력을 해야 한다.

2장 행복을 네트워킹 하는 가족관계

홍성민(52세, 가명) 씨는 최근 아내와 자녀들이 자신을 피하고 있다는 것을 눈치 채고 못내 섭섭한 마음을 감추지 못하고 있다. 자기네들끼리 깔깔거리며 이야기를 하다가도 그만 나타나면 이야기를 딱 멈추고, 어떤 때는 슬금슬금 자리를 피하는 경우도 있다. 며칠 전 회사를 가지 않는 토요일에 모처럼 가족 모두가 모인 자리에서 고2가 된 딸의 성적을 물었다가 반에서 중간 정도 밖에 못한다는 이야기를 듣고 격분해서 딸에게 심하게 화를 내고 아내와도 말다툼을 벌였던 것이 주원인이 아닌가 싶다.

"당신은 집에서 뭘 한다고 애를 방치한거야?"라고 아내한테 한소리했다가 "당신이 언제부터 애한테 관심을 가졌느냐"는 핀잔만 듣고 말다툼을 벌인 후부터는 가족에게서 왕따 아닌 왕따를 당하는 신세가 된 것이다. 홍성민 씨 입장에서는 정말로 억울할 수밖에 없는 노릇이다. 가족을 위해 주말도 없이 밤늦게까지 일하면서 회사에 열심히 다닌 덕분에 작은 아파트도 마련하고, 큰애는 대학에, 작은애는 고2까지 공부시켰는데, 아버지로서 한마디 했다고 이렇게까지 자신을 왕따시킨다는 것이 영 이해가 되지 않았다. 바쁘게 살다 보니 가족과 대화다운 대화를 나눠본 적이 언제인지 기억이 나지 않는다. 그저 회사밖에 모르고 평일에는 밤늦게까지 일하고 토요일은 근무하고, 일요일에는 밀린 잠을 자고 텔레비전을 조금 보다 보면 하루가 가는 생활을 얼마나 했는지 모르겠다. 벌써 그런 생활을 20년 넘게 하다 보니 그런 생활이 당연하다고 생각했는데, 이번 일을 당하고 보니 뭔가 단단히 잘못된 것 같다는 느낌을 떨쳐버릴 수가 없다. 그나마 얼마 전부터 주5일제의 시행으로 가족들과 시간을 갖게 되었는데 물에 기름 뜨듯이 자신만 따로 놀고 있다는 자괴감에, 최근 회사 내 떠돌고 있는 구조조정 문제보다도 더 큰 스트레스를 받고 있다.

홍성민 씨의 모습은 산업사회의 역군으로 활약했던 우리나라의 고속 성장 주역들이 대부분 겪고 있는 문제일 것이다. 가부장적인 사회 체제가 무너지고, 가족관계도 수평화되면서 아버지들이 가족에게서 느끼고 있는 소외감은 더 커질 수밖에 없다. 더구나 회사에 온몸을 바쳐 충성을 했는데도 불구하고 이제 구조조정의 대상으로 지목되는 신세가 되고, 하루가 다르게 느끼는 노화의 신호인 갱년기와 우울증을 겪게 되면 인생이 허무하다고 느낄 수밖에 없다. 게다가 자신의 든든한 버팀목이라고 생각해왔던 가족, 즉 아내와 아이들이 자신을 밀쳐내고 있다고 생각하면 온몸에 힘이 쫙 빠진다. 김정현의 소설 『아버지』가 공전의 히트를 기록했던 것도 이런 우리 시대의 아버지의 자화상을 잘 표현해서 공감을 얻었기 때문일 것이다.

그렇다면 중년에 접어든 남자들이 이런 신세가 된 것은 누구의 책임인가? 사회 전체의 책임일 수도 있고, 개인의 책임일 수도 있다. 하지만 책임을 따지기에 앞서 보다 중요한 사실은 이런 문제를 어떻게 해결할 것이냐이다. 한 마디로 말해 우리 중년 남자들이 이제부터라도 시대의 변화를 깨닫고 가족 친화적인 대화 방법을 찾아내야 한다.

몇 년 전 미국의 노동부 장관이었던 로버트 라이시가 가족에게 돌아가기 위해 돌연 사임하면서 큰 화제를 뿌린 적이 있다. 하지만 가족에게 돌아가서도 가족과 친해지기 위해 많은 노력과 시간이 소요되었다고 한다. 우리 남자들은 어느 날 가족에게로 돌아가겠다고 선언하면 가족들이 눈물을 흘리면서 감격하며 환영할 것이라고 생각하지만 이는 큰 착각에 불과하다. 가족과의 올바른 관계를 회복하기 위해서는 가족과 떨어져서 지냈던 시간의 몇 갑절의 시간이 필요할 지도 모른다.

로버트 라이시도 장관직을 사퇴하고 나서 쓴 책인 『부유한 노예』에서 현대인들이 일을 위해 가정을 희생하는 우를 범하고 있다고 지적하고 있다. 현대인들은 컴퓨터 등 각종 기기의 도움으로 시간의 여유를 가져야 함에도 불구하고, 오히려 더 많은 일에 쫓기면서 소중한 가정에 소홀한데, 이는 어느 한 개인이 풀 수 있는 문제가 아니라 우리 사회가 걱정해야 할 문제라고 주장하고 있다.

최근 기사(매일경제 2007년 11월 1일)에 일중독에 의해 가족관계가 무너진 대표적인 사례로 무선네트워크 솔루션 부문 선도업체인 아루바

네트웍스의 도미닉 오르 최고경영자가 소개되고 있다. 오르 사장은 HP 아시아 지사에서 고속 승진하다가 1994년 중견 데이터 네트워킹 회사의 부사장, 1996년 알테온 CEO을 거쳐 2002년부터 아루바의 CEO로 일하고 있다. 그는 가정을 희생해 가면서 열심히 일을 했는데, 그 결과 10대인 아들은 아버지에 대한 적대감으로 그의 차를 부수기까지 했고, 딸은 아버지를 피하고, 아내와는 이혼하는 신세가 되었다. 성공만을 위해 노력한 대가가 가족과의 관계를 파괴한 것이다.

오르 사장의 경우야 좀 극단적인 예가 될지 모르겠지만, 나이가 들게 되면 정도의 차이가 있을지언정 가족과의 관계에 문제가 생기는 경우가 많아진다. 때문에 행복하기 위해서는 가족과의 관계 복원이 절실히 요구된다. 장수하는 모든 노인들의 공통점 중의 한 가지가 바로 가족이나 주위 사람들과의 원만한 관계이다. 즉 주위로부터의 탄탄한 인간적 뒷받침이 마음의 안정을 가져오고 스트레스를 덜 받게 만들어 건강하고 오래 살게 만드는 것이다.

실제로 병원에 입원해서 수술을 받았던 환자들을 조사해본 결과 가까운 사람이 있는 경우에 훨씬 더 빨리 회복되는 것으로 나타났다. 특히 가까운 가족과의 원활한 의사소통과 든든한 관계 형성은 중년 이후 겪게 되는 퇴직의 충격이나 주위 사람들과의 사별, 갱년기의 위기를 잘 극복할 수 있는 원동력이 된다. 하지만 아쉽게도 현재 우리나라의 중년 남자들은 가정을 그저 자신이 편히 쉬는 곳으로 여기는 경우가 많다.

자신이 힘들게 일해서 경제적인 지원(?)을 했으니 그 대가로 자신에게 당연히 안식처를 제공해야 한다는 사고방식을 가지고 있는 것이다.

집에 있는 식탁 중앙에 자신의 자리가 마련되어 있듯이 가정 내에 자신의 위치는 항상 비워져 있어서 언제든지 돌아갈 수 있다고 생각한다. 과거 산업사회에서는 대부분 정년까지 일했고, 은퇴 후에는 몇 년 있다가 죽음을 맞이하는 것이 보통이었기 때문에 이러한 사고방식은 별로 문제가 되지 않을 수도 있었다. 더구나 과거에는 경제적인 자립이 가정의 가장 큰 문제였기 때문에 유일한 수입원인 가장의 힘이 절대적일 수 있었다. 하지만 이제는 경제적인 문제가 여전히 중요하긴 하지만 절대적이지 않고, 가장이 조기 퇴직하여 경제력을 상실할 수도 있고, 설사 정년까지 일한다 해도 평균 수명이 길어져서 가족과 지내는 시간이 길어졌다. 또한 맞벌이 가정도 많이 늘어났다.

특히 우리나라는 어머니가 자녀들과 주로 감성적으로 통하기 때문에 아버지가 소외될 수밖에 없는 구조로 되어 있다. 따라서 아버지가 가족과 원만한 관계를 유지하기 위해서는 나름대로 노력이 필요하다. 가족에게 다가가기 위해서는 가족들이 자신에게 맞출 것을 강요할 것이 아니라, 자신이 그들을 이해하고 맞추려는 노력을 해야 한다. 가족 중에서도 아내와의 관계는 무엇보다도 중요하다. 특히 자식들이 성장하여 곁을 떠나게 되면 아내와의 관계가 좋고 나쁨에 따라 행복 여부가 판가름 나게 된다. 따라서 우선적으로 아내와의 관계를 어떻게 할 것인가를 여러 각도에서 다루고 자녀와의 새로운 관계 설정의 문제도 살펴보고자 한다.

___부부관계를 재설정하라

얼마 전 한국을 방문한 미래학자인 짐 데이토 교수는 인간의 수명연장으로 앞으로 사람들은 적어도 네 번 결혼을 하게 될 것이라고 말했다. 첫 번째 결혼은 어렸을 적에 그저 재미로 하는 철부지 결혼이고, 두 번째 결혼은 육체적 쾌락 위주의 결혼이고, 세 번째는 아기를 갖기 위한 결혼, 네 번째는 사랑을 위한 결혼이 될 것이라고 한다. 이런 이야기를 들으면 네 번이나 결혼해서 좋겠다고 생각하는 사람도 있을 것이고, 무슨 해괴한 논리냐고 반발하는 사람도 있을 것이다. 물론 여기서 말하는 네 번의 결혼은 실제로 각각 다른 사람과 하는 결혼이라기보다는 결혼의 의미가 나이가 들어감에 따라 바뀌기 때문에 부부관계의 재설정이 필요하다는 말로 해석함이 타당할 것이다.

여기서 두 번째 결혼은 한참 불이 붙어서 한 결혼이기 때문에 유효기간이 길어도 3년이라고 본다. 생물학적으로 남녀가 눈에 콩깍지가 씌여서 육체적 매력으로 끌리는 기간은 아무리 길어도 3년이라는 것이 전문가들의 공통된 견해다. 그 후에는 의도적이든 우연이든 아이를 갖게 되고, 정으로 묶이면서 결혼 생활이라는 것이 유지가 된다. 여기까지는 우리가 보통 겪는 결혼 생활의 전형이라고 볼 수 있다. 과거 우리 부모님들 세대에서는 아이들을 다 키우고 나면 이혼할 기력도 없어서 둘이 같이 잠시 지내다가 앞서거니 뒤서거니 세상을 뜨는 게 대부분이었기 때문에 네 번째 결혼은 생각도 할 수 없었다. 하지만 최근에는 자식들이 한두 명으로 적은 데다가 수명이 길어지면서 오히려 네 번째 결혼 기간이 길어지고 있기에 여러 문제가 발생하고 있다.

그야말로 자녀의 독립과 자신의 퇴직으로 이어지는 일련의 전환기 속에서 부부관계를 제대로 재설정하지 못하면서 정년퇴직 이혼, 황혼 이혼을 하는 경우가 점점 많아지고 있다. 특히 한국의 경우에는 남자들에게 이런 사태에 대한 책임의 대부분이 있다고 보아도 과언이 아니다. 두 번째와 세 번째 결혼 시기에는 사회생활을 하면서 경제력을 책임진다는 명분하에 가정을 소홀히 하다가, 퇴직으로 인해 경제력이 없어지거나, 더 이상 가족에게 경제력이 절대적인 영향을 미치지 않는 상황에 와서도 군림하는 자세를 고집하면서 위기 상황을 자초하는 경우가 많은 것이다.

이러한 한국 남자들의 책임론에 힘을 실어주는 조사결과가 조선일보와 행복가정재단에 의해 발표되었다. 30~60대 가장 400명을 대상으로 설문조사한 결과(2006년 1월 2일 기사)에 의하면 아버지가 자녀나 아내에게 얼마나 적극적인가를 묻는 '관계지수(Relationship Quotient)'는 평균 53점으로 아주 낮았다. 특히 부인과의 관계지수가 상당히 낮게 나타나, '부인에게 예쁘다, 사랑한다는 말을 하루 한 번 이상 한다(29%)', '하루에 10분 이상 대화한다(60.5%)' 등으로 평균 점수는 50.3점에 불과했다.

이러한 가정의 위기는 통계청의 인구조사 결과에도 나타나고 있다. 조선일보 "아내 불륜 눈감는 남편…… '위기의 중년들'"이라는 제목의 기사(2007년 10월 25일)가 문제의 심각성을 잘 보여주고 있다. 15세 이상 전체 인구 중 이혼자 수는 1995년 36만 7천 명, 2000년 70만 5천 명에서 2005년에는 114만 명으로 100만 명 이혼자 시대를 맞고 있다.

40·50대 이혼자 수도 2000년 44만 명에서 2005년 77만 명으로 급격히 늘고 있다. 2005년 기준으로 볼 때 40·50대 중년 남녀들 중 17명 중 한 명이 이혼자로 나타나서 2000년의 27명 중 한 명 꼴에서 크게 증가한 것을 알 수 있다. 29개 OECD 국가 이혼 통계에서도 인구 1000명 당 이혼 건수가 2.9명으로 미국 3.7명, 체코 3.2명, 벨기에 3.0명에 이어 4위를 기록하고 있다. 이제 학교에서도 한 쪽 부모만 있는 학생들이 상당한 비율을 차지한다.

이혼이나 별거 사유도 전 연령에 걸쳐 성격차이가 외도 문제를 앞지르고 1, 2위에 올라 있는 것만 봐도 가정의 위기 극복을 위해 부부가 얼마나 의사소통을 위해 노력해야 하나를 보여준다. 이렇게 이혼자가 급증하는 것은 옛날처럼 참고 사는 것이 미덕이라는 관념이 급격히 쇠퇴하고 있다는 증거로, 늦게 결혼하는 추세와 더불어 가족의 개념이 빠르게 변하고 있음을 보여주고 있다. 이러한 여성들의 가치관 변화는 여성들의 이혼에 대해 긍정적인 비율이 2000년 45.7퍼센트에서 2006년에는 48.6퍼센트로 올랐다는 사실에서 알 수 있다. 따라서 '설마 내 아내는 괜찮겠지' 하는 안이한 사고를 버리고 가정을 지키려는 적극적인 노력이 필요한 때다.

좀 억지 논리가 될지 모르겠지만 요즘 사회문제가 되고 있는 불륜 문제도 이러한 네 번째 결혼에 잘 적응하지 못한 데서 파생된 현상이라고 볼 수 있다. 네 번째 결혼 시기에 접어들면 부부 사이가 사랑만으로 재정립되어야 함에도 불구하고 두 번째 내지는 세 번째 결혼의 패러다임에 사로잡혀서 아웅다웅하다 다른 데 한눈을 팔게 되는 것이다.

‘불륜 공화국’이라고 할 만큼 보통 사람들의 절반 이상이 불륜에 연관되어 있다고 한다면 그것은 이미 개인의 문제가 아니라 사회적인 문제인 것이다.

한국의 현실을 보면 부부관계가 과도기적인 단계에 와 있다고 보여진다. 즉 가정이 아직은 부부 위주의 관계로 재정립되지 않은 데 반해 개인적인 욕구는 커져서 부부 위주의 사랑에 목말라 있는 실정이다. 그런데 자식들의 뒷바라지와 남편의 한국적인 사회활동(?)에 상처받은 아내들은 아직도 자신을 홀대하는 남편과는 제대로 관계를 재정립할 수 없기 때문에 밖에서 새로운 상대를 찾아 자신의 자존감을 찾고 있다고 생각된다. 따라서 이런 불행한 사태를 막기 위해서는 하루빨리 부부 사이가 새로운 관계로 발전할 수 있는 길을 찾도록 노력해야 한다.

데이비드 버스가 그의 저서 『욕망의 진화』에서 주장했듯이 남자는 자신의 유전자를 잘 번식시켜줄 건강한 여자를 찾고, 여자는 자신과 자식을 보호하고 경제적인 지원을 해줄 부유한 남자를 찾는다고 전제할 때, 과거에는 남자들이 대부분 경제력을 가지고 있었기 때문에 여자들에게 군림하는 것이 어느 정도 용인되었었지만, 최근에는 여자들도 경제력을 갖게 되면서 더 이상 그런 일방적인 관계는 성립되지 않게 되었다. 이제는 설사 여자가 경제 활동을 통해 돈을 벌어오지 않더라도 이는 가정을 잘 지키고 자식을 잘 키우기 위한 역할 분담의 일환일 뿐이지 과거와 같이 남자에게 의존하기 위해서가 아니라는 점을 명심해야 한다.

이런 동등한 관계로서의 파트너십이 형성되어야만 젊어서나 나이

들어서나 행복한 결혼 생활을 유지할 수 있다. 만약 그렇지 못하게 되면 남자가 퇴직으로 인해 우위적인 지위를 잃게 되거나, 자식들이 독립했기 때문에 이혼을 하더라도 여자가 위자료만 가지고도 생활하는 데 문제가 없는 시점이 되면 이혼을 당하는 것은 당연한 귀결이 아니겠는가.

사실 조금만 생각을 바꿔서 부부 사이의 관계를 재설정하게 되면 네 번째 결혼 시기야말로 진정 행복한 결혼이 될 수 있는 시기다. 단순한 육체적 욕망도 자식이라는 외부적인 요인과도 관계없이 그야말로 둘만의 사랑이 전부인 결혼생활이 될 수 있기 때문이다. 네 번째 결혼 시기는 둘만의 진정한 사랑이 아니라면 같이 살 필요가 없는 소중한 시기인 셈이다. 이 시기에 부부는 사랑스러운 연인이자 가장 서로를 이해하는 친구가 될 수 있어야 한다. 그러기 위해서는 세 번째 결혼까지의 관념을 버려야 한다. 하지만 남자는 밖에서 일하고 여자는 안에서 내조해야 한다는 종속적인 부부관계를 아직까지 버리지 못하는 것이 한국 남자들의 불행의 씨앗이 되고 있다.

아직까지 돈을 벌어오기 때문에, 더 심하면 과거에 내가 돈을 벌어왔기 때문에 가장으로서 군림하는 것이 당연하고, 아내가 자신에게 봉사를 해야 한다고 우기면서 불행은 시작되는 것이다. 설사 세 번째 결혼까지는 군림하는 자세를 가졌었다 하더라도 네 번째 결혼 시기부터는 배우자를 동등한 파트너로 인정하는 마음가짐으로 바꾸어야 '불행 끝, 행복 시작'의 전환기를 마련할 수 있다. 특히 젊었을 때 군림하는 남편이었다면 부인이 살아오면서 실망하고 힘들었던 점이나 원망 등이 쌓여 남편에게 부정적인 감정을 갖고 있을 가능성이 많다는 점을 고려하여 더욱 관계 재설정에 힘을 기울여야 한다. 물론 가장 좋은 길은 젊었을 때, 즉 두 번째 결혼과 세 번째 결혼 시기부터 평소 부부생활에서 일어나는 갈등, 불만 등이 가슴 속에 쌓이지 않도록 하는 것이다.

　전직 대통령으로서 가장 성공적인 삶을 살고 있는 지미 카터 전 미국대통령도 젊은 시절에는 부인 로잘린 여사와 상당한 갈등을 겪었다고 한다. 해군에서 퇴역할 때, 의원 선거에 출마할 때 등 중요한 결정을 할 때마다 부인에게 상의도 없이 독단적으로 결정해서 부인의 원망을 사곤 했다. 하지만 대통령 재선에 실패한 후부터는 부인과 모든 일을 상의하면서 진정한 파트너가 되어 봉사활동과 세계 평화 정착 운동에 같이 참여함으로써 가장 성공적인 삶을 살게 된 것이다. 그는 『아름다운 노년』이라는 그의 자서전에서 "우리 부부가 완전히 동등한 관계로 옮겨 가는 데는 길고 힘든 진화 과정이 필요했다. 가능한 한 모든 활동을 함께 하며 충분한 토론을 거친 후에 함께 중요 가족사를 결정했고 상호 의논을 통해 조화에 도달할 수가 있었다. 58년을 함께 하고 나서야 우리의 행복은 유연하고 편안한 가족관계에 달려 있다는 사실을 깨닫고는 힘들고 고생스러운 순간에도 늘 함께 이야기를 나누었다"고 표현하고 있다. 따라서 한국 남자들이여, 지금부터라도 과거의 구태의연한 습관을 버리고 아내를 진정한 인생의 파트너로서 인정하여 행복한 네 번째 결혼을 하도록 하자. 특히 과거의 유교 관습에 의해 고생스럽고 힘든 두 번째와 세 번째 결혼 시기를 보낼 수밖에 없었던 한국의 아내들에게 감사의 마음을 표현하는 것이 진정한 화해의 길로 가는 필수조건이 될 것이다.

　잘못된 부부관계를 표현하는 말 중에 ‘부부일심동체’라는 말이 있다. 이 말은 유교 사회에서 남자들이 아내의 입을 막기 위해 사용했던 말이 아닌가 짐작된다. 즉 여자는 남자가 생각하고 말하는 것에 토를 달면 안 된다는 규칙을 만들어놓고 남자가 하는 말에 무조건 동의하도록 강요하는 규정인 셈이다. 하지만 어떻게 부부가 일심동체가 될 수 있겠는가? 부부는 남자와 여자이기 때문에 또는 자라온 배경이 다르고 성격적인 면에서도 차이가 반드시 존재하기 때문에 ‘부부이심이체’일 수밖에 없는 것이 당연하다. 그러나 아직까지도 ‘부부일심동체’를 믿고, 부부끼리는 서로 말을 하지 않아도 알아야 한다는 ‘이심전심’이 가능하다고 믿고 있는 어리석은 부부들이 의외로 많다. 하지만 아무리 오래 살아온 부부도 상대방이 생각하는 것을 백 퍼센트 이해할 수 없고, 설사 이해한다 하더라도 서로 다른 의견을 가질 수 있다. 따라서 상대방이 나와 똑같은 생각을 가질 것이라고 짐작하는 것은 부부 사이를 해치는 가장 큰 요인이 된다. 즉 부부 사이에도 상대방이 나와 다를 수밖에 없다는 것을 인정하고, 그렇기 때문에 상대방을 이해하고, 자신을 이해시키기 위한 커뮤니케이션이 중요하다는 사실을 인식하는 것이 부부 사이를 재정립하는 데 가장 중요하다.

　부부 사이의 관계 정립 면에서 볼 때 첫 번째 결혼과 두 번째 결혼에서의 사랑이 ‘당신이 없으면 살 수 없다’는 격정적인 사랑이라면 네 번째 결혼에서의 사랑은 ‘당신과 함께 있어 편하다’는 정서적인 사랑이라고 할 수 있다. 격정적인 사랑이 상대방을 구속하고 서로 탐색해가는 과정이라면, 정서적인 사랑은 상대의 존재를 인정하고 상대를 떨어져서 바라보는 과정이다. 격정적인 사랑이 상대방이 나에게 맞춰져서 나와 같아져야 한다고 생각하는 반면, 정서적인 사랑은 상대의 차이를 인정하고 상대방 자체를 사랑해야 한다는 사실을 깨닫는 것이다.

부부 사이뿐만 아니라 모든 관계는 서로 델 정도로 너무 가까워도 좋지 않고, 그렇다고 온기를 느낄 수 없을 정도로 너무 멀어도 좋지 않다. 그렇게 서로 편안함을 느끼는 거리를 서로 파악할 수 있는 사랑이 바로 정서적인 사랑이다. 애비게일 트래포드는 그의 저서 『나이듦의 기쁨』에서 정서적인 사랑을 나비 이론으로 표현하고 있다. 만약 나비가 날아가기 시작하는데 내가 자꾸 붙잡으려고 하면 나비가 으깨어지지만, 내가 손을 펴면 나비는 날아갔다가 다시 돌아온다는 것이다. 사실 아무리 친밀한 관계의 부부라 하더라도 때로는 각자 고독 속에서 자신을 찾아야 할 때가 있다. 그렇기 때문에 혼자만의 시간을 가지면서도 동시에 친밀한 관계를 유지하는 지혜가 필요한 것이다. 즉 서로 속박하지 않고 자유를 느끼면서도 상대의 존재가 가슴 가득 차있는 관계가 되어야 네 번째 결혼 시기를 잘 보낼 수 있게 된다.

___부부싸움에도 기술이 필요하다

구자옥(50세, 가명) 씨와 이기명(52세, 가명) 씨는 지금 냉전 중이다. 며칠 전 유학 간 큰딸의 진학 문제를 의논하다가 한바탕 싸움을 벌인 후 냉전을 벌이고 있는 것이다. 이기명 씨가 퇴근 후에 저녁식사를 하고서 한국 팀의 올림픽 축구 예선전을 보고 있는데 구자옥 씨가 옆에 앉아서 조심스럽게 큰딸 정혜의 진학 문제를 꺼냈다. 이번 학기에 대학을 졸업하는데, 대학원에 진학할 계획이라고 전화를 했다는 말부터 꺼냈다. 그런데 이기명 씨는 텔레비전에서 눈을 떼지 않고 건성으로 대답해서 구자옥 씨를 화나게 했다. 그래서 구자옥 씨가 "아니 사람이 이야기를 하는데, 내 말이 말같이 들리지 않아요? 하긴 언제 당신이 내 이야기를 진지하게 들어준 적이 있나요?"라고 섭섭한 마음을 표현하자, 텔레비전을 보던 이기명 씨가 "이 사람이 갑자기 무슨 소리를 하는 거야. 정혜는 취직을 하든지, 돌아오라고 해. 나도 이제 회사를 더 다닐 수 있을 것 같지 않으니까 뒷바라지해줄 처지가 못 돼" 하고 소리를 질렀다. 그리고는 다시 텔레비전을 보는 것이었다. 그러자 구자옥 씨가 "그래, 당신은 정혜보다 텔레비전이 더 좋은 모양이네요? 그리고 회사를 더 다닐 수 없다는 이야기는 뭐예요? 당신 같은 신세를 만들지 않기 위해서라도 정혜는 공부를 꼭 시켜야 돼요" 하고 맞고함을 질렀다. 그러자 이기명 씨가 자리에서 벌떡 일어나더니 "내 신세가 어때서 그래. 그래서 지금 나를 무시하는 거야?" 하며 삿대질을 했다. 그때부터는 정혜 문제와는 상관이 없는 과거 문제까지 들춰내서 대판 싸움을 벌이고 난 후 말도 하지 않고 있는 것이다.

부부 사이에는 의사소통의 한 수단으로 부부싸움이 있게 마련이다. 부부싸움은 반드시 나쁜 것만은 아니라 잘만 하면 오히려 부부 사이를 돈독하게 만들어주는 접착제 역할을 하기도 한다. 하지만 부부싸움은 잘못하면 영영 돌이킬 수 없는 이별의 단초가 되기도 한다. 그러면 어떤 부부싸움은 약이 되고, 어떤 부부싸움은 독이 되는 것일까?

이혼 문제를 다루는 미국의 가트맨연구소에서 3천 쌍 이상의 부부를 관찰한 후 이혼으로 치닫는 부부는 '부부싸움의 내용'이 아닌 '부부싸움의 방식'에 문제가 있었다고 말했다. 즉 외도, 폭력, 시집 문제, 음주벽 등의 부부싸움의 주제(?)보다는 '비난, 경멸, 방어, 그리고 담쌓기' 등의 방식이 부부를 이혼에 이르게 한다는 것이다. 위의 구자옥 씨와 이기명 씨의 경우에도 "아니 사람이 이야기를 하는데, 내 말이 말같이 들리지 않아요?(비난) 하긴 언제 내 이야기를 잘 들어준 적이 있나?(경멸)"라든가 "이 사람이 갑자기 무슨 소리야(방어)", "그래, 당신은 정혜보다 텔레비전이 더 좋은 모양이네요?(비난) 그리고 회사를 더 다닐 수 없다는 이야기는 뭐예요? 당신 같은 신세를 만들지 않기 위해서라도 정혜는 공부를 꼭 시켜야 돼요(경멸)", "내 신세가 어때서 그래. 그래서 지금 나를 무시하는 거야?(방어)" 등에 이어 냉전(담쌓기) 등의 단계로 접어들기 때문에 위험수위에 들었다고 볼 수 있다.

가트맨 박사의 연구에 따르면 행복하게 사는 부부도 때론 비난, 방어, 도피를 할 때가 있지만, 이혼하는 부부와 다른 점은 경멸적인 언어를 거의 쓰지 않고 금방 화해를 시도한다고 한다. 또 실제로 행복한 부부는 하고 싶은 말을 직설적으로 다 표현하지 않고 마음속으로 여러 번 다듬고 고쳐서 한다는 점도 발견했다. 가트맨연구소에서 부부 치료 최고 과정을 이수한 최성애 박사는 "미안해, 그런 뜻으로 말하려고 한 건 아닌데, 내가 좀 지나쳤네. 우리 흥분 좀 가라앉히게 좀 쉬었다 이야기하자" 등의 말은 싸움의 악화를 막는 브레이크 역할을 한다고 한다. 최 박사는 대부분의 부부가 한번 말을 꺼냈으면 끝장을 보려고 하는 성향이 있는데 이는 정말 위험하다고 조언한다.

여성동아(2006년 4월호)에 실려 있는 최성애 박사의 부부싸움 원칙을 실천하면 행복한 부부관계를 만드는 데 도움이 될 것으로 생각되어 여기 소개한다.

첫째, 부부싸움을 할 때는 아내와 남편 둘 다 부드럽게 말을 해야 하는데 특히 아내의 역할이 결정적이다. 아내가 부드러운 톤으로 말을 꺼내면 남편의 감정이 이완되고 사고 판단을 하는 전두엽이 활성화돼 문제해결이 보다 빨라진다.

둘째, 배우자의 의견을 관대하게 받아들여야 한다. 시시비비를 너무 가리는 것보다는 둘 다 행복한 길을 생각해야 한다. 이때 남편의 태도가 결정적이다. 남편이 아내의 영향력을 받아들이지 않으면, 아내의 사소한 불평이나 의견에도 벌컥 화를 내고 비난하는 양상이 나타난다. 이렇게 되면 앞서 언급한 부부들처럼 담쌓기라는 냉전에 돌입하게 된다.

셋째, 긍정적인 것부터 말해야 한다. 부정적인 면부터 지적하지 말고 먼저 긍정적인 것부터 공손하게 말해야 한다. 안정된 부부는 긍정적인 행동과 부정적인 행동의 비율이 5대 1로 나타난다. 긍정성이 압도적인 것이다. 긍정적인 행동과 부정적인 행동의 비율이 1.25대 1이면 이혼으로 방향을 트는 분기점이라 볼 수 있다. 이혼하는 사람들은 자신이 배우자한테 잘해줬는데도 상대편에서 불만이 많다고 하지만, 잘해주는 행동을 5배가량 늘려야 결혼이 안정적으로 유지되는 것이다.

넷째, 상대방의 요구를 귀담아들어야 한다. 불행한 부부는 서로 무엇을 원하는지 모르고 또 알려고 노력하지도 않는다. 상대가 욕구를 표현해도 무시, 비난하며 평가절하한다. 반면 행복한 부부들은 사소한 일에도 서로를 향해 관심을 보이며 상대가 무엇을 원하는지 잘 알고 있다.

다섯째, 큰 그림을 먼저 떠올린 후 세부사항을 함께 채워나가야 한다. 인생에 대한 큰 그림을 공유한 부부들이 행복지수도 높고 이혼 가능성도 적은 것이다. 공동의 목표가 있으면 일상의 사소한 일에도 서로의 소망을 발견하고 포부를 인정해줄 수 있다.

여섯째, 부부싸움을 하면 빨리 화해를 시도해야 한다. "내가 흥분을 가라앉힐 수 있게 도와줘", "잠깐, 여기서부터 오해가 생긴 것 같아", "내 반응이 지나쳤어요. 미안해요" 같은 짧은 코멘트는 감정이 악화되는 것을 막아준다.

서양 부부들에 비해 한국 부부들은 대화가 많이 부족한 편이다. 하지만 결혼 생활에서 가장 중요한 기본은 부부간의 대화다. '침묵은 금이다' 라는 격언은 적어도 부부 사이에서 만큼은 절대 적용해서는 안 된다. 특히 한국 남자들은 배우자를 칭찬하는 것에 상당히 인색한 편이다. 하지만 이는 원만한 부부 사이를 만드는 데 치명적인 장애물이 될 수 있다. 칭찬은 상대방을 감정적으로 기쁘게 해줄 뿐만 아니라, 자존감을 높여주고 칭찬한 사람에 대한 신뢰를 높여준다. 또한 '사랑한다' 는 말은 자주 할수록 좋다. 우리나라 부부들을 대상으로 조사한 바에 따르면 배우자에게 '사랑한다' 는 말을 들을 때 가장 사랑받는다고 느끼는 것으로 나타났다(남성 48.7%, 여성 56.7%).

특히 남자들이 '사랑한다' 는 말에 너무 인색한 편이다. 말로 직접 하기 쑥스러운 경우에는 편지나 핸드폰 문자로라도 표현하는 것이 좋다. '사랑한다' 는 말을 자주 쓰고 연습을 하게 되면 나중에는 자연스럽게 할 수 있게 된다. 배우자가 가장 듣고 싶어 하는 말인데, 어디 해주면 큰일이 일어나겠는가? 칭찬이나 '사랑한다'는 말이 아닌 다른 말을 하더라도 제대로 표현해야 한다. 상대방을 고치기 위해, 자신의 잘났음을 드러내기 위해, 상대방을 비난하거나 경멸하는 언어를 사용해서는 안 된다. 상대방의 말이나 행동이 마음에 들지 않는 경우에 이를 객관화해서 "당신은 ~"라고 말하는 대신 "나는 ~"라고 표현하도록 해야 한다. 즉 "당신은 항상 늦게 들어 와"라는 표현 대신 "나는 당신이 늦게 들어 와서 걱정도 되고 속상해"라고 표현해야 하는 것이다.

상대방의 행동에 비판을 하게 되면 상대가 방어를 하게 되지만, 자신이 느끼는 감정을 전달하게 되면 상대가 이를 받아들이고 능동적으로 행동을 교정하게 된다. 부부싸움이 감정적인 싸움으로 치닫게 되면 서로를 잘 알고 있고, 그동안 다른 좋지 않은 감정들이 쌓여있는 경우가 많아서 그만큼 상대에게 상처를 줄 수 있는 여지가 많다. 따라서 서로에게 파국으로 치닫는 마음의 상처를 주지 않기 위해서는 사전에 '금지 대화 목록'을 작성하는 것이 좋다. 특히 상대를 경멸하거나 집안 문제를 건드리는 것은 무조건 삼가도록 해야 한다.

부부싸움도 대화 수단의 하나로 보고, 대화의 원칙을 지켜서 상대의 감정을 격화시키지 않고 자신의 감정을 제대로 전달하는 지혜가 필요하다. 이를 위해 가장 중요한 것이 상대가 나와 다를 수 있다는 마음가짐을 갖는 것이고, 특히 남녀 간의 사고방식의 차이를 아는 것이 서로를 이해하는 첫걸음이 된다.

 행복하게 나이들기

___남녀의 차이를 알자

사자와 소가 너무 사랑을 해서 결혼을 했다. 사자는 소가 너무 사랑스러워서 매일 열심히 사냥을 해서 싱싱한 고기를 소에게 가져다주었다. 하지만 소는 고기를 먹을 수가 없을 뿐만 아니라 그 비린내만 맡아도 현기증이 날 지경이었다. 그래서 소는 그런 고기를 매일 먹어야 하는 사자가 너무 불쌍해서 자신이 좋아하는 풀을 부지런히 뜯어다 사자에게 가져다주었다. 하지만 사자는 자신이 애써서 가져다주는 싱싱한 고기는 마다하고 맛없는 풀만 고집하는 소를 이해할 수가 없었다. 소도 싱싱한 풀을 마다하고 비린내 나는 고기만 먹는 야만적인 사자의 행동을 이해할 수가 없었다. 서로를 이해할 수가 없었던 둘은 결국 이혼을 하고 말았다.

사자와 소의 우화를 듣고 나면 별 대수롭지 않은 이야기라고 흘려들을 수 있지만, 남녀의 다툼을 보면 바로 이런 남녀의 차이를 이해하지 못해서 일어나는 갈등이 큰 부분을 차지한다는 것을 알 수 있다. 남녀의 차이를 자칫 남녀 차별과 혼동할 수 있지만, 이는 전혀 다른 문제다. 남녀의 차이는 호르몬의 차이에 의해 자연스럽게 발생하는 문제로 남자와 여자가 다르다는 것이지 어느 한 쪽이 우수하고 다른 한 쪽이 열등하다는 뜻이 아니다. 사자가 고기를 먹어야 하고, 소가 풀을 먹어야 하는 것과 같은 자연적인 일이라는 것이다. 앞에서 예로 든 구자옥 씨와 이기명 씨의 경우에 이기명 씨가 텔레비전을 보고 있는 동안에 구자옥 씨의 말을 흘려들은 것은 구자옥 씨를 무시해서라기보다는 한 번에 한 가지 일밖에 못하는 남자의 특성에 기인한 것이다. 즉 여자는 한 번에 여러 가지 일을 동시에 할 수 있는 멀티형이지만, 남자는 한 번에 한 가지 일밖에 못하는 모노형이다. 만약 이런 남자의 특성을 구자옥 씨가 미리 알아서 이기명 씨가 텔레비전을 다 보고나서 자신에게 신경을 집중할 수 있을 때 대화를 시도했더라면 더 우호적인 분위기에서 대화를 나눌 수 있었을 것이다.

남녀의 차이에 대해서는 최근에 여러 연구들이 진행되고 있고, 그 중에서도 존 그레이의 『화성에서 온 남자 금성에서 여자』와 앨런 피즈와 바바라 피즈 부부가 쓴 『말을 듣지 않는 남자 지도를 읽지 못하는 여자』가 잘 알려져 있다. 존 그레이의 책 제목도 남자는 화성처럼 차가운 이성적인 면이, 여자는 금성처럼 뜨거운 감성적인 특성이 있다는 차이점을 비유한 것이라고 한다. 피즈 부부의 책 제목도 남자들은 듣기보다 읽기에 강하고, 여자들은 공간지각능력이 떨어져서 지도를 잘 읽지 못한다는 뜻을 내포하고 있다. 남녀의 차이를 자세히 언급한다면 그 자체가 별도의 책을 낼 정도의 작업이기 때문에 여기서는 부부 갈등에 관계된 남녀의 차이에 대해서 몇 가지 점만 간단히 기술하고자 한다.

남자들이 대개 대화에 약하다고 하는데 그 가장 큰 이유는 바로 공감 능력이 부족하기 때문이다. 여자들이 대화하는 것을 보면 사소한 내용인데도 불구하고 서로 '맞아 맞아' 하면서 강하게 공감해줌으로써 대화가 잘 진행되고, 이야기한 사람이 신이 나도록 돕는다.

반면에 남자들의 대화를 보면 논리적으로 서로 상대방을 공격하거나 공격거리를 못 찾으면 전혀 다른 주제를 꺼내는 특성이 있다. 남자들의 이러한 공감 능력의 부족은 부부 사이 또는 가족과의 대화에 큰 장애 요인으로 작용하고 있다. 효과적인 대화를 위해서는 1:2:3의 법칙에 의해 1분 동안 말한 다음, 2분 동안 들어주고, 3번 맞장구를 쳐주라고 하였는데, 잘 들어주지도, 잘 맞장구쳐주지 않고 무조건 자신의 말만 한다면 효과적인 대화가 될 수 없는 것은 당연한 일이다.

심리학자 앨버트 메러비언은 전체 의사소통의 7퍼센트만이 대화의 내용을 통해 이루어지고, 38퍼센트는 음조나 억양 등 말투를 통해, 나머지 55퍼센트는 표정, 몸짓, 자세 등 시각적 요소로 전달된다고 했다. 따라서 상대방의 이야기에 고개를 끄덕이며 동의를 표시하고, 우호적인 표정으로 듣는 등의 신체적 언어가 효과적인 대화에 절대적인 영향을 미치는데 대부분 남자들은 신체적 언어의 중요성을 간과하는 경우가 많다.

보통 부부싸움의 형태를 보면 남자들은 화를 잘 내고 여자들은 잘 운다. 이는 남자들이 강하고 여자들이 약해서 그러는 것이 아니라 남자들은 외로움, 섭섭함, 두려움, 속상함 등의 속마음을 화를 통해 드러내는 반면, 여자들은 울음을 통해 자신의 속마음을 표현하기 때문이다. 이는 어쩌면 남자들은 자신의 약함을 숨기기 위해 화를 내는 것이고, 여자들은 남자들이 여자의 눈물에 약하다는 사실을 이용하기 위해 우는 것이라고 볼 수 있다. 따라서 싸움 중에 여자가 남자에게 왜 괜히 화를 내느냐고 대들고, 남자가 여자한테 왜 우느냐고 면박을 주면 싸움이 주제에서 벗어나 자존심 대결로 치닫게 되어 걷잡을 수 없게 커지게 되기 때문에 유의해야 한다.

　부부싸움이 커지게 되는 또 다른 이유는 부부싸움에 대한 남녀의 태도 차이 때문이다. 남자는 미분형, 여자는 적분형으로 싸운다고 표현하는 것이 적당할 것 같다. 혹자는 남자는 대증요법 위주의 양방형, 여자는 전체균형을 중시하는 한방형으로 싸운다고도 표현한다. 즉 남자는 싸움의 발단이 된 그 주제 자체에 대해서만 생각하는 데 반해, 여자는 그 주제 이전의 과거 몇 년간의 사건을 종합해서 싸운다는 것이다. 이 경우 여자는 과거의 일까지 들먹이며 정확하게 조목조목 따지는 데 반해, 남자는 자신의 기억에서 이미 사라진 과거의 일을 이야기한다는 사실에 절망감과 분노를 느끼게 되어 싸움이 엉뚱한 방향으로 전개되게 된다. 따라서 남자가 여자의 마음을 얻고 싶다면 한 순간 잘 해주는 것이 아니라 평소에 칭찬, 감사, 유머 구사를 통해 감성적인 공감대를 지속적으로 형성하는 것이 중요하다.

　싸움에 대한 남녀의 시각차도 크다. 남자는 싸움의 발단이 된 문제의 해결책을 논리적으로 찾으려고 하는 반면, 여자는 남자의 감성적인 공조를 이끌어내는 것이 싸움의 진짜 목적이다. 따라서 남자는 여자의 주제에서 벗어난 괜한 생트집을 이해하지 못하고, 여자는 남자의 뻔뻔함에 분노를 느끼게 된다. 더욱이 남자는 싸움의 해결책을 찾아서 얼른 싸움을 마무리 짓고 싶은데 반해, 여자는 싸움을 그동안 쌓였던 감정 해소의 기회로 활용하려고 하기 때문에 길게 끌려고 하는 경향이 있다. 따라서 남자는 여자가 자신의 감정을 신세 한탄조로 풀어놓을 때 면박을 주면서 자신의 해결책을 논리적으로 내세우기보다는 그저 들어주는 것이 오히려 둘 사이의 관계를 회복하는 데 더 도움이 된다는 사실을 명심할 필요가 있다. 반면에 여자는 남자에게 자신의 잘못을 인정하도록 무조건 몰아부칠 것이 아니라, 퇴로를 열어주고 자존심을 세울 수 있는 기회를 주도록 배려할 필요가 있다. 왜냐하면 남자는 자신의 잘못을 인정하면 여자가 떠나버릴 것이라는 두려움을 갖고 있기 때문이다. 물론 여자의 입장에서는 남자가 잘못을 솔직히 인정하면 더욱더 사랑하겠지만 남자는 그 사실을 잘 모른다는 점을 이해하자.

스트레스를 받았을 때 푸는 방법도 남녀가 다르기 때문에 자칫하면 소외되었다는 오해를 서로 하게 된다. 남자는 스트레스를 받으면 술을 마시거나 섹스로 스트레스를 풀지만, 여자는 친구와 수다를 떨거나 쇼핑으로 스트레스를 해소한다. 존 그레이의 표현을 빌리자면 스트레스를 받으면 남자는 자기 동굴로 들어가고 여자는 이야기를 한다. 따라서 남자가 직장에서 스트레스를 받고 우거지상이 되어 집에 돌아와서 아무 말이 없으면 여자는 남자가 자신을 무시한다고 생각하고 무슨 일이 있냐고 다그치게 된다. 이때 남자는 여자의 그 다그침 자체가 다시 스트레스로 작용해서 더욱더 침묵으로 빠져들게 되어 여자의 화를 돋군다. 하지만 이때 여자가 남자의 그런 심리를 이해하고 잠시 혼자서 쉴 수 있도록 하면 얼마의 시간이 흐른 다음에 다시 활기를 찾고 여자에게 사정을 털어놓게 된다. 여자가 잠시 기다리는 지혜를 발휘할 수 있다면 남자를 다그치지 않고도 얼마든지 속상한 사정을 알 수 있고, 해결책을 찾을 수 있다.

나이가 들게 되면 누구나 갱년기를 겪게 되는데, 남녀는 갱년기를 겪는 형태도 다르다. 즉 여자는 50세 전후로 해서 수년의 짧은 기간 내에 갑작스럽게 겪게 되지만, 남자는 50대부터 늙어 죽을 때까지 서서히 겪게 된다. 따라서 여자가 갱년기로 인해 몸에서 갑자기 열이 나면 추운 겨울에도 창문을 모두 열어놓기 때문에 추위를 타는 남편이 '왜 추운데 문을 열어놓느냐?' 고 무조건 면박을 주게 되면 자신의 처지를 이해해주지 못하는 못난 남편 때문에 여자는 마음의 상처를 받게 된다. 여자가 갱년기를 겪을 때는 육체적으로도 힘들지만 여성성이 사라진다는 상실감이 겹치면서 우울증 등 정신적인 고통이 더 크기 때문에 남편을 비롯한 가족들의 따뜻한 이해가 절대적으로 필요하다. 특히 여자에게 심리적 안정은 건강하고 안전하게 갱년기를 보내는 최고의 비결이 된다.

사실 우울증이라는 것도 반드시 나쁜 면만 있는 것은 아니다. 우울증은 그동안 밖으로만 향해온 자아의 시선을 안으로 돌리려는 자연적인 현상이다. 타인을 위해 살던 삶에서 자신을 위한 삶으로 전환하도록 하기 위해 겪는 감기와 같은 고마운 현상(?)인 것이다. 마치 우리가 몸을 너무 혹사하게 되면 몸살감기가 오면서 더 이상 무리하지 말고 쉬라고 경고를 하는 것과 같은 현상이라고 보면 된다. 이런 의미에서 보면 우울증을 앓기 시작하는 중년의 위기는 자신을 찾아서 인생의 의미를 실현할 때가 되었다는 신호탄이다. 우울증의 신호가 오면 스스로도 자신의 내면의 목소리를 찾기 위해 노력해야 하겠지만, 주위의, 특히 배우자의 따뜻하게 감싸주는 배려가 절대적으로 필요하다. 단순히 우울증을 극복해야 되겠다고 막연하게 생각하는 것보다는, 친구나 배우자와 따뜻하면서 깊이 있는 대화를 나누고, 책을 읽고 명상, 요가 등을 통해 자신의 내면을 체계적으로 들여다보는 노력이 필요하다.

___조화로운 성생활의 비결

강성진(54세, 가명) 씨는 어젯밤 일을 생각할수록 화가 나서 견딜 수가 없다. 어젯밤에는 며칠 동안 술도 안 마셔서 컨디션도 좋고 모처럼 주말이고 해서 아내에게 잠자리를 요구했다가 거절당했다. 얼마나 매몰차게 거절하는지 자존심이 상해서 소리를 지를 뻔했다. 서로 등을 돌리고 자면서 '다시는 관계를 요구하나 봐라' 하고 속으로 굳게 다짐을 했다. 아내 김수정(52세, 가명) 씨도 어젯밤 일을 생각하면 화가 치민다. 남편이 자신을 무시하는 것도 아니고, 저녁 내내 자신과는 한 마디 대화도 없이 텔레비전만 보다가 잠자리에서 다짜고짜 옷부터 벗기려고 하니까 자존심이 확 상했다. 하긴 평소에도 분위기를 잡아가면서 차분하게 잠자리를 했던 남편이 아니지만 요즘 들어 갱년기가 왔는지 남편의 그런 일방적인 요구에 의해 관계를 가질 때면 통증만 느껴지고 짜증만 나서 도저히 참을 수 없는 지경이 되었다.

부부가 나이 들어갈수록 관계 재정립에 가장 큰 영향을 미치는 요소 중의 한 가지가 바로 '성' 문제다. 사실 성생활은 부부만이 누릴 수 있는 특권이기 때문에 잘만 활용하면 부부 사이를 더욱 친밀하게 만들어주고, 육체적으로나 정신적으로 건강하게 해주는 역할을 하지만, 잘못하게 되면 부부관계를 망치는 주범이 된다. 제약회사 화이자가 한국을 포함한 전 세계 27개국 25세에서 74세 남자 6291명과 여자 6272명을 대상으로 조사한 보고서에 의하면, '섹스가 인생에서 매우 중요하다'고 생각하는 비율은 한국 남자가 91퍼센트, 한국 여자는 85퍼센트로 매우 높은 반면에 '현재 성생활에 만족하느냐'는 질문에는 한국 남자의 9퍼센트, 한국 여자의 7퍼센트만이 '그렇다' 고 대답했다. 반면 멕시코, 브라질, 스페인 사람들은 53~78퍼센트가 '매우 만족한다' 고 대답했다고 한다.

한국릴리가 실시한 또 다른 조사에 따르면 '배우자와의 성관계에 만족하나' 는 질문에 한국 여성은 30퍼센트로 프랑스 여성의 80퍼센트, 미국 여성의 65퍼센트에 비해 상당히 낮게 나타났다. 남성의 경우에도 한국 남성이 50퍼센트로 프랑스 남성의 92퍼센트, 미국 남성의 78퍼센트보다 낮게 나타났다. 이 보고서들이 보여주듯이 현재 한국 부부들은 심각한 위기를 겪고 있다. 그 가장 큰 이유는 한국 여자들의 발언권이 커진 반면에, 한국 남자들은 아직 구태의연한 과거의 사고방식에서 벗어나지 못하고 있기 때문이다. 특히 여성들이 성만족도가 낮은 이유로 '남편이 자신의 충족감만 생각하고 전후의 로맨틱한 분위기에 신경을 쓰지 않는다' 고 지적한 대목은 한국 남자들이 유의할 필요가 있다.

사실 젊어서도 남자와 여자는 섹스에 대해 생각하는 바가 아주 다르다. 좀 과장해서 이야기하자면 여자는 사랑을 위해 섹스를 하고, 남자는 섹스를 위해 사랑을 한다고 할 정도로 여자는 감성적이고 정서적인 사랑을 원하는 반면, 남자는 찰나적이고 충동적인 사랑을 원한다. 위의 경우에서도 남편 강성진 씨는 여자는 정서적인 교류가 선행되어서 마음이 열려야 진정한 성관계를 가질 수 있다는 사실을 모르고 있다.

사실 여자들은 접촉에 상당히 민감한데, 성인 여자의 피부는 성인 남자의 피부에 비해 접촉과 압박에 10배나 민감하게 반응한다고 한다.

따라서 여자의 환심을 사기 위해서는 피부 접촉을 자주 해야 한다. 특히 저녁 시간의 자연스런 스킨십과 잠자리에서의 밀어와 전희는 성공적인 성생활에 필수적이라는 사실을 깨달아야 한다. 더구나 나이가 들면 여자가 성에 대한 주도권을 행사하기 때문에 남자들이 감성적인 노력을 할 필요가 있다. 사실 남자들이 나이가 들게 되면 성기능이 약화되는 것을 막기 위해 정력제다 비아그라다 하여 기능적인 면에 집중하는 경우가 많은데, 그런 기능 보강에 힘을 쓰기보다는 아내와 정서적인 공감을 갖도록 하는 것이 훨씬 효과적이다.

앞에서 부부싸움 시에 여자들은 적분적이라고 했는데, 성생활에 대해서도 마찬가지다. 즉 남자의 경우 섹스를 생활과 별개의 행동으로 인식하지만, 여자는 섹스가 생활의 연속이기 때문에 낮부터 남편과 정서적인 공유가 잘됐을 때 성관계가 원만히 이루어진다. 반면에 위의 예에서 아내 김수정 씨가 간과하고 있는 사실 중의 하나는 남자는 섹스를 거절당하게 되면 자신의 존재 자체가 거절당했다고 생각한다는 사실이다. 여자는 단순히 섹스 자체가 싫어서 거절한 것이지만, 남자는 자신의 존재 자체가 여자에게 거부되었다고 생각한다는 것이다. 따라서 자주 아내로부터 잠자리 거부를 당하게 되면 남자는 자신감을 잃고 사회생활도 지장을 받을 수 있다.

남자들이 성생활에 대해 가장 크게 오해하는 부분이 바로 강한 남성이다. 나이가 들게 되면 성기능이 약화되는 것이 당연한데도, 남자들은 역설적이게도 나이가 들수록 강한 남성에 더욱 집착한다. 그래서 비아그라를 정력제로 착각하고, 정력에 좋다면 어떤 혐오 식품도 마다

하지 않는다. 또 비디오에서 보거나 인터넷에서 본 여러 가지 체위를 실현해서 아내를 만족시키기 위해 나름대로 노력한다. 그렇지만 이러한 노력에도 불구하고 이병주의 섹스 클리닉(문화일보 2007년 12월 17일)에 실린 어느 아내의 "제 남편은 저를 만족시키기 위해 정말 애를 씁니다. 열심히 애무하고, 체위도 다양하게 구사하고요. 여성 상위부터 69체위에 이르기까지 온갖 체위를 시도하고 움직임도 여러 가지 방식을 쓰는데 저는 좋은 줄 모르겠어요. 제 몸에 이상이 있는 건가요?"라는 하소연을 듣고 나면 힘이 쫙 빠지는 것을 느낄 것이다. 왜 이런 일이 일어나는가? 그건 남자들이 아직 성관계를 할 때는 힘이나 기교보다는 사랑의 감정, 즉 정서적인 교류가 더 중요하다는 것을 깨닫지 못하고 있기 때문이다. 온갖 체위보다는 귀에 대고 달콤하게 "사랑해. 당신 정말 예뻐. 당신이 내 곁에 있어서 얼마나 좋은지 몰라" 하고 사탕발린 이야기라도 한마디 해주는 것이 훨씬 효과적이라는 사실을 모르고 있기 때문에 생긴 비극이다. 이런 사소한 말 한마디는 돈도 시간도 별로 들지 않고 효과는 비아그라 보다 몇 십 배 뛰어나다.

남자가 성기능 저하를 자연스러운 현상으로 받아들이고 정서적인 교류에 노력한다면, 힘을 앞세우던 젊은 시절보다 오히려 알찬 성생활을 할 수가 있다. 성생활을 일상생활과 동떨어진 행동으로 생각하지 말고, 생활의 일부로 받아들여 부부 정서 교류에 활용한다면 부부애를 더욱 돈독히 할 수 있는 좋은 기회가 될 수 있을 것이다. 어쨌거나 남자의 입장에서는 나이가 들어감에 따라 기능적인 면이 떨어지는 것이 오히려 젊었을 때 힘으로 몰아붙였던 어리석음에서 벗어나도록 하는 전화위복으로 작용할 수 있다. 즉 기능이 떨어지는 면을 여자가 진정 원하는 정서적인 면에서 보완하게 되면 오히려 아내와의 관계가 더욱 돈독해질 수 있다. 젊었을 때는 남자가 일방적으로 자신의 욕구 해소를 위해 섹스를 했다면, 나이가 들어서는 여자와 정서적인 교류를 통해 진정 친밀한 관계를 맺을 수 있다는 이야기다. 또한 남자의 입장에서도 여자와 친밀한 성관계를 가짐으로써 단순 사정 시에는 느낄 수 없었던 진정한 오르가슴을 느낄 수 있게 된다.

부부 사이의 활발한 성생활은 정신적인 면에서도 유익하지만 육체적인 건강에도 상당히 긍정적인 효과를 나타낸다. 심지어 어떤 전문가는 근육이나 관절에 문제가 생기는 남성 갱년기의 초기 증세는 성행위가 드물어지면서 생기는 현상일 수도 있다고 진단하고 있다. 모든 연구 결과는 활발한 성생활이 몸을 젊어지게 만든다는 사실을 보여주고 있다. 남자는 더 많은 섹스를 할수록, 여자는 더 강한 오르가슴을 느낄수록 몸이 더 젊어진다고 한다. 그 이유는 남자들은 성관계 횟수가 많을수록 테스토스테론 수치가 높아지기 때문이다. 즉 남자들이 성행위에 대한 충동을 자주 느끼거나 실제로 성관계를 많이 가질수록 성욕이 높아지면서 테스토스테론이 높아진다.

물론 활발한 성생활을 위해서는 건강이 뒷받침되어야 한다. 특히 고혈압, 당뇨 등 혈액순환에 방해가 되는 질병은 발기에 직접적인 악영향을 미친다. 따라서 활발한 성생활을 위해서는 건강해야 하지만, 활발한 성생활 자체가 건강에 도움이 되기도 한다.

삼성서울병원 비뇨기과 이성원 교수는 섹스가 좋은 이유 열 가지를 다음과 같이 제시하고 있다.

① 혈액순환에 도움… 콜레스테롤 낮춰줘

② 한 번에 200~400kcal 소모… 다이어트 효과

③ 근육의 긴장 풀어줘 통증 완화시켜

④ 글로블린A 분비 증가… 면역기능 강화

⑤ 1주일에 3번 이상 하면 뇌졸중 예방 효과

⑥ 에스트로겐 분비 활발… 피부미용에 좋아

⑦ 뇌를 자극해 노화 · 치매 · 건망증 억제

⑧ 전립선 보호… 전립선암 · 염증 막는 효과

⑨ 정기적 섹스 땐 여성 자궁 건강해져

⑩ 따뜻한 사랑의 감정… 우울증 치료에 효과

나이가 들게 되면 식욕이 떨어지지만 완전히 없어지지는 않는 것처럼 성적 욕구도 감소하기는 하지만 완전히 사라지지는 않는다. 하지만 나이가 들어감에 따라 나타나는 성욕 감소 정도도 남자와 여자는 큰 차이를 보여서 갈등의 원인으로 작용하기도 한다. 각종 조사 결과에 따르면 65세 이상 남자 노인의 89.4퍼센트가 정상적인 성욕을 유지하고 있으며 배우자가 있는 66~70세 노년층의 62퍼센트가 월 1회 이상 성관계를 하는 것으로 나타났다. 반면에 여자 노인들은 폐경기에 이르게 되면 질 분비물의 양이 적어져 성관계 시 통증을 느끼게 되어 성관계를 거부하는 경향이 있다. 이런 남자와 여자의 갈등을 줄이기 위해서는 젤 등을 사용해서 성교통을 줄이는 노력을 할 필요가 있다. 또한 여자는 남자의 성적 요구를 주책이 없다는 식으로 몰아붙이지 말아야 하며, 남자도 일방적인 성관계 요구보다는 아내와 정서적인 교류를 가

지도록 노력해야 한다. 사실 남자가 성관계를 요구한다는 것은 그만큼 건강하다는 반증일 뿐만 아니라 올바른 성관계는 정신적 육체적 건강 증진에도 도움이 되니 일거양득이 아니겠는가. 나이 들어서 성관계를 활발하게 갖게 되면 노화와 치매, 건망증 등의 진행을 억제하는 효과가 있고, 뇌에서 분비되는 엔도르핀은 노년의 우울증이나 의욕 저하 등을 치료하는 데 좋은 영향을 준다고 알려져 있다. 실제로 전문가들은 여자가 남자의 성적 요구를 두 번에 한 번 이상 거부하게 되면 남자가 자신감을 잃고 발기부전이 될 확률이 높아진다고 한다.

남자와 여자의 성관계에 부정적인 영향을 미치는 또 다른 요인으로는 스트레스를 들 수 있다. 지속적인 스트레스는 남자의 발기부전에 직접적인 악영향을 미친다. 하지만 스트레스를 받는 순간 남자는 오히려 성적 관계를 가짐으로써 스트레스를 풀려고 하지만, 여자는 스트레스를 받으면 성적 욕구가 현저히 낮아져서 갈등을 겪는 경우가 많아진다. 남자와 여자는 나이가 들수록 서로 대화를 통해 정서적인 교류를 충분히 해서 둘 사이 스트레스가 쌓이지 않도록 해야 한다. 또한 성관계를 젊었을 때와 같은 단순한 성기의 결합 차원을 넘어 진정한 내면의 결합이 되도록 해야 한다. 성관계 시에도 '어떻게 해주면 좋다' 든가 '어떻게는 해줄 수 없는 몸 상태' 라든가 하는 솔직한 커뮤니케이션이 필요하다. 이를 통해 정신적인 교감을 나눌 수 있고, 서로의 건강 상태를 확인할 수 있다. 나이가 들수록 성생활을 주책이라고 생각하지 말고, 그 소중함을 깨닫고 서로를 배려하는 기회로 활용하도록 하자.

___남자들이여, 혼자 생활하는 능력을 키우자

외환위기를 겪으면서 남자들이 명예퇴직을 당한 후 힘이 없어진 상황을 자조적인 어투로 이야기했던 농담 중의 하나가 집이 이사할 때면 은퇴한 남자들은 애완견을 꼭 잡고 있으라는 것이다. 왜냐하면 남자는 차에 탔는지 확인하는 식구들이 없지만, 애완견이 안 보이면 온 식구가 다 찾기 때문에 애완견만 안고 있으면 놔두고 갈 염려가 없다는 자조적인 농담이다. 물론 남자는 이사할 때 거추장스럽기만 하고 도움이 안 되니까 강아지라도 데리고 있는 게 낫다는 뜻일 수도 있겠지만, 씁쓸하게 느껴지기는 매한가지다. 하긴 아내가 출근하는 남편에게 오늘 이사 가니까 저녁 퇴근 때는 어디로 오라고 주소를 적어서 주는 시절도 있었으니까 어찌 보면 자업자득일 수도 있겠다.

강미숙(56세, 가명) 씨는 오늘도 남편 진만철(59세, 가명) 씨와 가벼운 말다툼을 벌였다. 저녁을 준비하느라 바쁜데 가만히 앉아서 텔레비전을 보고 있던 남편이 자신을 부르기에 왜 그러느냐고 했더니 재떨이를 가져다달라는 것이었다.

"조금 전에 안방에서 담배를 피웠으니까 안방에 가보면 있을 거 아녜요. 지금 바쁜 거 안 보여요. 도와주지는 못할망정 가만히 앉아 텔레비전 보면서 그거 하나 스스로 가져오지 못해요? 아이고 내 팔자야."

강미숙 씨가 언성을 높이면서 쏘아붙이자 진만철 씨는 "알았어. 알았어. 괜히 그러네. 그거 하나 못 해주나?" 하면서 엉거주춤 일어나 재떨이를 가져왔다.

은퇴한 남편들이 가장 무서워하는 것 중 하나가 아내가 곰국을 끓이는 것이라는 이야기가 있다. 곰국을 끓인 다음에는 당연히 계모임이나 일 때문에 며칠간 집을 비운다는 말이 나올 것이기 때문이다. 남편 입장에서는 며칠간 혼자서 같은 반찬과 국에 밥을 챙겨 먹는 것도 고역이지만 혼자서 멍하니 시간을 보내야 한다는 자체가 싫은 것이다. 회사에서 조직 생활만 했던 남자들은 혼자서 생활하는 데 익숙하지 않다. 회사에서 나온 것이야 어쩔 수 없다 치고 집에서라도 아내가 있어야 편한 것이다. 이런 사정은 이웃 일본도 마찬가지여서 오죽하면 은퇴한 남자를 '젖은 낙엽'이라고 했을까? 마른 낙엽이면 치우기라도 쉬운데 젖은 낙엽은 아스팔트 바닥에 찰싹 붙어서 치우기도 힘들고, 모은 다음에 태우려고 해도 연기만 나고 타지 않듯이 귀찮은 존재라는 뜻이다.

아내 입장에서는 자신에게 달라붙어 떼려고 해도 잘 떼어지지 않는 남편이 꼭 '젖은 낙엽'과 같은 존재라고 여겨지는 것이다. 그렇다면 남편 입장에서는 그런 존재가 되는 것이 편안하고 좋을까? 절대로 그렇지는 않을 것이다. 다만 남편은 이제까지 혼자서 지내는 생활을 해 오지 않았기 때문에 어쩔 수 없이 구박을 받으면서도 아내와 같이 있고 싶은 것이다. 그렇다면 언제까지나 아내가 남편을 돌봐줄 것인가? 아내의 성격에 따라 다르겠지만 개인 생활에 큰 지장을 초래할 정도라면 아내가 좋아할 리는 없다.

이런 문제를 해결하는 방법은 하나 밖에 없다. 남자 혼자서도 얼마든지 생활할 수 있는 능력을 키우는 것이다. 혼자서 요리도 하고 빨래도 하고 청소도 할 수 있어야 한다. 하지만 한국 남자들은 혼자서 생활하는 면에서는 낙제점으로 나타났다.

앞에서 언급한 조선일보와 행복가정재단의 설문조사(2006년 1월 2일 기사)에 의하면 평균적인 한국 남자의 자립지수는 57.9점으로 '아내 없이 잠깐은 버틸 수 있지만 한 달 내로 엉망이 되는 수준'이라고 나왔다. 특히 전체 남성 열 명 중 한 명(11.8%)은 '아내가 없으면 일주일 내로 폐인이 되는 수준'으로 나타났다. 이러한 불행한 사태를 막기 위해서는 젊은 시절부터 가사를 분담하는 습관을 들일 필요가 있다. 특히 요즘은 맞벌이를 하는 부부가 많고 아내 혼자 모든 집안일을 하기에는 너무 벅차다. 따라서 부부가 즐겁게 집안일을 같이 하게 되면 아내의 부담도 줄어들게 되고 정서적인 공유를 할 수 있음은 물론 남자가 집안일에 익숙해질 수 있는 계기가 된다. 그러나 한국의 현실은 맞벌이 부부의 경우에도 일방적으로 여자가 집안일을 많이 부담하고 있다. 한 조사에 의하면 맞벌이 부부의 경우 직장에서 일하는 시간은 여자가 5시간 14분인데 비해 남성은 6시간 34분으로 1시간도 차이가 나지 않는 반면, 가사 노동 시간은 여자가 하루 3시간 28분인데 비해 남자는 32분에 불과한 것으로 조사됐다. 아마도 한국 남자들의 수명이 여자들의 수명보다 6년이나 짧은 이유도 생활 속에서 움직이지 않는 한국 남자들의 특성에 기인한 것이 아닐까 생각된다. 더구나 당연히 자기가 해야 하는 재떨이 찾는 일까지 아내에게 시키는 정도의 남자라면 운동부족에 수명이 짧아지고, 덤으로 아내에게 구박을 받아 마땅하다.

한 설문조사에서 다시 태어나도 남자들이 현재의 아내와 결혼하고 싶은 비율이 80퍼센트인데 비해, 여자들이 현재의 남편과 다시 결혼하고 싶은 비율이 20퍼센트에 불과하다는 결과가 나온 것도 이런 한국 남자들의 못된 습관 때문이 아닐까 생각된다.

한걸음 더 나아가 남자도 가끔 자신만의 일이 있어서 각자 저녁에 만나 그 일에 대해 이야기할 수 있는 여유가 있어야 한다. 그 일이 보수를 받는 일이든 무보수의 자원봉사 활동이든 큰 상관이 없다. 아내 이외의 다른 곳에 신경을 쓸 수 있어야 부부 사이가 원만해질 수 있다. 앞에서 언급했듯이 부부 사이도 너무 델 정도로 가까이 있어도 안 되고, 냉기를 느낄 정도로 너무 멀어도 안 되기 때문이다. 특히 여자들은 주위 사람들과 잘 사귀는 특성이 있는 반면 남자들은 주위 사람과 쉽게 사귀지도 못하고, 일상적인 대화를 나누기도 힘들다. 따라서 일과 연관된 시간을 통해 사람들과 지속적인 관계를 유지한다면 생활의 활력이 될 수 있다. 아니면 하다못해 젊은 시절 하고 싶었지만 못 했던 취미생활을 다시 시작해보는 것도 바람직한 일이다. 아무튼 집안에서 아내 치마폭만 잡고 이리저리 쫓아다니는 일만은 제발 하지 말자. 자신의 일은 자신이 챙기는 당당한 남자가 되어서 아내에게 사랑을 받자.

___여자들이여, 자신의 일을 찾자

한국의 여자들은 강하다. 스포츠를 보더라도 세계를 휩쓰는 쪽은 주로 여자들이다. 대표적으로 양궁이 그렇고, 골프가 그렇다. 한국의 엄마들도 물론 강하다. 한국의 근대화를 이끈 원동력인 교육열도 알고 보면 강한 엄마들의 힘이 뒷받침됐다. 지금 중년의 한국 여자들은 자신의 직업을 가졌던 경우도 있지만, 대부분 가족들을 위해 자신을 온전히 희생하면서 살아왔다. 남편의 출세를 위해, 자식들을 뒷바라지하기 위해 자신의 인생을 바친 것이다. 하지만 전업주부였던 중년 여자들은 이제 자식들은 다 커서 독립한다고 목소리를 높이고, 남편은 퇴직해서 새로운 짐이 되는 상황에서 과연 자신의 인생은 무엇이었던가 하는 무력감에 빠져들기 쉽다. 소위 말하는 '빈둥지증후군'을 앓게 되는 것이다.

더구나 여자 나이 50대에 접어들게 되면 갱년기까지 겹치면서 우울증 등 인생의 위기를 맞을 가능성이 커진다. 여자들이 이 시기가 되어 사랑이라는 이름으로 남편을 통제하고 자식들이 독립하지 못하도록 억지를 부리지 않으려면 이제까지 가족을 위해 살았던 삶에서 벗어나서 자신을 위해 살 수 있는 기회로 만들어야 한다. 그러기 위해서는 남편들의 적극적인 도움이 절대적으로 필요하다. 더구나 그런 도움을 통해 부부 사이의 관계가 돈독해질 수 있는 계기가 될 수 있다. 아내가 결혼과 동시에 접었던 문학소녀의 꿈을 되살릴 수도 있도록 하거나, 댄스나 붓글씨 등 취미 생활에 시간을 낼 수 있도록 도와줘야 한다. 가족들 뒷바라지 때문에 못했던 자원봉사 활동을 할 수도 있다. 가족들을 향했던 정열이 아내 자신과 사회를 위해 발산될 수 있도록 하자. 아내가 쓸모없는 존재라고 느끼도록 해서는 안 된다. 만약 그렇게 느끼게 내버려둔다면 모든 가족들의 불행이 시작된다고 봐야 한다.

아내가 자신의 일을 찾을 수 있도록 남편이 적극적으로 나설 필요가 있다. 첫째, 아내가 평소 어떤 일을 하고 싶어 했는지 또는 어떤 취미가 있는지 관심을 가지고 있다가 아내에게 넌지시 제시할 수 있어야 한다. 아내의 입장에서는 막연하게 가지고 있던 방향을 남편이 구체적으로 제시해주면 고마움을 느낄 수 있고, 남편의 격려에 적극적으로 나설 수 있다. 둘째는 아내가 하고자 하는 일에 돈이 들어가는 경우에는 남편이 적극적으로 돈 걱정을 하지 않도록 배려해줘야 한다. 일반적으로 지금껏 아내들은 가족들을 위해서는 돈을 쓰는 것을 아까워하지 않았지만 자신을 위해 쓰는 것에는 익숙하지 않기 때문에 아내 자신을 위해서 돈을 쓰는 데 편안한 마음을 가질 수 있도록 남편이 미리 나서서 이야기해주어야 한다. 셋째는 아내가 어떤 일을 찾든지 아낌없는 칭찬을 하도록 하자. 이제까지 하던 일과는 전혀 다른 일을 하기 때문에 처음에는 어색하고 잘하지 못할 수 있다. 물론 아내 자신이 평소에 품고 있던 꿈이나 취미를 실현하는 것이지만 처음에는 성과가 나지 않고 어색하다. 이때 아내가 작은 성취만 이뤄도 남편이 아낌없이 칭찬을 하게 되면 아내는 큰 힘을 얻게 된다. 설사 성취가 없다 하더라도 그런 시도를 하는 자체만으로도 충분히 칭찬받을 가치가 있다. 넷째는 가능하면 아내와 남편이 같은 봉사활동이나 취미를 가지는 것도 고려해볼 필요가 있다. 물론 이 경우에는 무조건 같이 하는 것보다는 아내가 어떤 것을 선호하는가를 고려해야 한다. 예를 들면 혼자 다니기를 싫어하고, 사람 사귀는 것이 익숙하지 않은 내성적인 성격의 아내라면 남편이 같이 다니는 것이 도움이 되지만, 새로운 사람을 사귀는 것을 좋아하는 외향적인 성격의 아내에게는 남편이 같이 다니는 것이 오히려 역효과가 날 수 있다. 하지만 댄스를 배운다든지 하는 경우에는 파트너가 필요하기 때문에 같이 다니는 것이 도움이 될 수 있다.

아내가 맞벌이를 하다가 퇴직한 경우에도 마찬가지로 남편의 배려가 필요하다. 물론 여자 퇴직자가 남자 퇴직자에 비해서는 사회 적응도가 높은 것은 사실이다. 서울대 한경혜(소비자아동학과) 교수팀이 조사한 바에 의하면 퇴직 뒤 가족 갈등으로 힘들다고 답한 남성이 32.1퍼센트인데 비해 여성은 17.1퍼센트로 나타나 절반 정도의 수준이었다. 외로움이나 소외감을 호소하는 경우도 남성이 42.3퍼센트인데 비해 여성은 27.4 퍼센트로 훨씬 적은 것으로 조사되었다. 한 교수는 그 이유를 남자들은 직장생활을 중심으로 일상이 짜인 데 반해 여자들은 일상을 가족과 직업 역할로 나누기 때문이라고 분석하고 있다.

나아가 여자가 가족과 친구관계, 취미 등 '소프트 파워'에서 남자보다 강하기 때문에 퇴직 뒤 부부관계나 친구관계 등 사회적 관계 전반에 대해서도 좋아졌다고 말하는 비율이 두 배 이상 높았다고 한다. 하지만 여자도 일을 하다가 갑자기 그만두게 되면 상실감을 크게 느끼고, 익숙하지 않은 집안일을 하게 되면 짜증이 날 수 있는데다가, 빈둥지증후군과 갱년기를 동시에 겪게 되면 가정에 위기를 맞이할 수 있다. 이때에는 아내가 가사를 전담하도록 하지 말고 남편이 분담해서 하며, 집안일을 너무 완벽하게 해야 한다는 강박관념을 버리도록 도와쳐야 한다. 이제까지 해왔던 직장일과 관련된 자원봉사 활동 등을 계속 할 수 있도록 해서 갑작스런 변화를 덜 느끼도록 해야 한다. 물론 취미 활동이나 즐거움을 느끼는 새로운 일을 하면서 바뀐 환경에 빨리 적응하는 것도 좋은 방법이다.

아내를 집안일을 전담하는 주부가 아니라 한 사람의 인격체로서 독립해서 자신을 찾아갈 수 있도록 해야 할 의무가 남편에게 있다. 다시 말해 아내를 단순히 자신을 내조하는 보조자가 아니라 인생의 동반자로서 활기찬 삶을 살 수 있도록 도와줄 의무가 남편에게 있는 것이다. 제이스 케이크의 전미경 씨도 늦게 사업을 시작해서 성공했는데 남편의 도움이 절대적이었다고 한다. 물론 전미경 씨의 경우에는 남편이 출근한 후에는 정장으로 갈아입고 긴장된 생활을 하면서 자신의 취미인 요리를 더 잘할 수 있도록 연구하고, 붓글씨를 연습하는 등 본인의 노력도 있었지만, 남편이 워드를 쳐주고 음식 맛을 품평해주고, 이야기 있는 케이크라는 아이디어를 낼 수 있도록 끊임없이 격려해준 것이 큰 힘이 되었다고 한다. 만약 전미경 씨의 남편이 여자가 쓸데없는 짓 한다고 핀잔을 줬다면 제이스 케이크는 탄생하지 못했을 것이다. 혹시 당신의 아내도 숨겨진 소질을 찾아서 사업에 성공해서 당신의 퇴직 후 걱정을 덜어줄지 모른다. 아니 사업적인 성공은 아니더라도 적어도 아내가 자신의 일을 하면서 밝은 얼굴로 생활할 수 있다면 얼마나 좋은 일이겠는가.

나이가 들어감에 따라 남편이 아내를 위해 해야 할 또 한 가지 중요한 일은 재산에 관한 문제다. 한국의 대부분의 가정에서는 아내가 경제권은 가지고 있지만 재산은 남편 명의인 경우가 많다. 하지만 여자의 평균 수명이 남자보다 6년 정도 길고, 또 대부분의 경우 아내가 남편보다 나이가 적기 때문에 10년 정도는 더 산다고 봐야 한다. 문제는 남편 사후에 자칫하면 아내가 경제적으로 독립해서 살 수 있는 기반이 마련되지 않을 가능성이 있다는 것이다. 따라서 미리 아내가 편안한 노후를 보낼 수 있도록 경제적인 대책을 마련해둘 필요가 있다.

___자녀를 독립시켜라

자녀수가 적어서 그런 건지 시대 조류가 그런 건지 모르겠지만, 자식들에 대한 한국 부모들의 집착은 유별난 것 같다. 중고등학교까지 온 힘을 다해 뒷바라지하는 거야 그렇다 치고, 성인이 돼서도 공부를 할 때에는 당연히 뒷바라지를 하고, 결혼할 때도 모든 비용을 다 대고(그것도 아주 많이), 심지어는 자녀가 결혼한 후에도 끈을 놓지 않기 위해 노력한다. 물론 그 반대급부로 자녀가 자신에게서 떨어져 나가지 않을 것을 요구한다. 자녀의 대학 시험에 필요한 모든 학원 정보, 대학 입시 정보를 알아다가 자녀에게 주입시키는 것까지는 애정이라고 쳐도, 대학과 학과의 선택에서 아이의 적성보다는 부모의 의견이 우선시되는 것은 무언가 단단히 잘못되어 가고 있는 것이다.

요즘은 그 정도가 더 심해져서 대학에 입학한 후에도 수강 신청에 관여하고 학교 시험, 취업 시험까지 관여하는 경우가 있다고 한다. 심지어 자녀의 데이트 상대 결정과 데이트 스케줄까지도 관리해주는 엄마들이 있다고 한다. 그런 아이들을 일명 캥거루 보이라고 한다나.

　얼마 전 가게를 하는 친구를 만났더니 요즘 엄마들 참 대단하다고 혀를 차는 것이었다. 아르바이트할 사람을 뽑을 일이 있어서 광고를 냈더니 한 아주머니한테서 전화가 왔다고 한다. 그래서 우리는 대학생을 원한다고 정중히 말했더니, 알고 있다면서 딸을 대신해서 전화를 했다고 한다. 그래서 딸이 바빠서 그런가 보다 하고 면접 시간을 정하고 가게에 나오라고 했다고 한다. 그랬더니 그날 오후에 엄마가 딸을 데리고 나와서는 딸에게 묻는 질문을 엄마가 대신 다 답했다고 한다. 딸은 그 옆에서 딴 짓만 하고 있고, 엄마는 열심히 면접을 봤다는 것이다. 예를 들어 "일의 특성 상 까다로운 손님들이 있어서 맘이 상할 경우가 있을 텐데 이겨낼 자신이 있어요?" 하고 물으면 딸은 전혀 대답할 생각을 하지 않고, 엄마가 나서서 "아니 얘가 숫기도 없고 해서 그런 걸 좀 배우는 목적으로 나오는 거예요. 돈도 돈이지만 사회에 나가기 전에 이런 경험이 필요할 것 같아서 말이지요"라고 답했다고 한다. 그 친구는 어이가 없어서 정중하게 다른 자리를 알아보라고 이야기했다지만, 요즘 아이들이 정말 불쌍하다는 생각이 들었다고 한다. 마치 자녀를 강아지 키우듯 하는 것 같아 안타까운 심정이었다고 한다.

　왜 이런 현상이 나타나는 걸까? 아마도 자녀를 자신의 분신이라고 생각하는 부모들의 잘못된 생각 때문일 가능성이 크다. 또는 자녀의 성공이 가문의 영광이었던 과거 유교 사회의 잔재물이 아닐까? 아니면 자녀가 부모의 노후 보험이 되었던 시절의 유물이 남아 있어서 노후를 든든하게 하기 위한 중년의 발악으로 보아야 하는 걸까? 어떤 경우든지 자녀가 부모가 생각한 만큼 '묻지마 투자'를 할 가치가 있을까? 결론부터 이야기하면 이는 부모들의 커다란 착각일 뿐이며, 자녀는 결코 부모의 분신도 아니고, 부모의 소유물은 더더욱 아니다. 자녀도 한 사람의 독립적인 인격체다. 자녀의 인생을 책임지는 것은 부모가 아니라 자녀 자신이다. 자녀의 인생을 안내하고 잘 가도록 돕는 것은 부모의 책임이지만, 자녀의 인생을 온통 차지하는 것은 부모의 월권행위다.

한국의 부모들은 자식이 부모 말을 듣지 않는다고 걱정하지만, 사실은 이스라엘 부모들처럼 자식이 장래에 어떤 사람이 될 것인가를 걱정해야 한다. 어차피 부모가 자식의 평생을 책임져줄 수 없다면 정말 걱정해야 할 일은 자녀가 자신의 의견은 하나도 없이 너무 부모 말만 잘 듣는 것이다. 진정 자식을 걱정한다면 자신의 꿈에 자녀를 끼워맞출 것이 아니라 자녀가 꿈을 이룰 수 있도록 후원자가 되어야 한다. 우리의 아이들은 충분히 영리해서 자신의 길을 찾을 수 있는데 부모가 걸림돌이 되고 있다면 얼마나 불행한 일인가.

사실 자식이 잘못되는 것을 바라는 부모는 없을 것이다. 하지만 진정 자식을 위하는 길은 부모의 생각을 강요하는 것이 아니라 그들의 미래 세상에서 자신의 역량을 충분히 발휘하도록 도와주는 것이다. 그런데 불행하게도 때로는 부모들이 앞으로 지식정보화사회로 변한 세상에서 살아갈 자녀들에게 아직도 옛날의 산업사회적인 사고방식을 강요하는 경우가 있다. 다시 말해 자녀들은 컴퓨터가 지배하는 세상에서 살고 있는데, 아직도 중년 부모들은 산업사회의 필수품이었던 주산의 중요성을 가르치는 것이다. 부모들이 살아왔던 산업사회에서는 표준화된 인간이 요구되기 때문에 학교에서의 공부도 모든 과목을 골고루 잘하고, 좋은 대학에 들어가는 것이 중요했지만, 앞으로 아이들이 살아가야 할 지식정보화사회에서는 차별화된 창의적인 인간이 요구되기 때문에 아이가 특별히 잘하는 분야를 키워주는 노력이 필요하다. 그렇기 때문에 산업사회에서는 학교에 모든 교육을 일임하면 됐지만, 지식정보화사회에서는 부모가 자식의 장점을 파악하고 키울 수 있는 멘토 내지는 조언자 역할을 해줘야 한다. 하지만 우리의 실정은 어떤가? 대다수 부모가 자녀의 조언자 역할을 하기보다는 감시자 역할을 하고 있다. 진정 자식을 위한다면 부모의 말을 일방적으로 강요할 것이 아니라 아이의 말에 귀를 기울이고, 아이의 마음을 이해해서 그들이 자신의 속마음을 털어놓을 수 있는 푸근하고 너그러운 마음을 가져야 한다. 아이들과 깊은 대화를 나누기 위해서는 그들과 눈높이를 맞춰서 그들이 좋아하는 노래, 게임, 만화 등에 대한 정보도 공부하는 적극성이 있어야 한다.

다른 모든 인간관계에서와 마찬가지로 부모와 자식 간에도 너무 뜨거울 정도로 가까운 사이거나 너무 냉기를 느낄 정도로 너무 먼 사이가 되면 안 되고 적당한 간격을 유지해야 한다. 그런데 불행하게도 한국의 부모와 자식 사이는 ‘어머니와 자녀’ 간은 너무 가까워서 델 정도고, ‘아버지와 자녀’ 간은 너무 멀어서 얼음이 얼 정도다. 아버지들은 산업사회를 맞이하면서부터 자녀들과 멀어지기 시작했다. 그 책임은 온전히 아버지에게 있다고 보아야 할 것이다. 물론 농경사회와 같이 아버지가 집에서 일하는 시대에는 일상생활 속에서 자연스럽게 자식들과 접촉할 수 있었지만, 산업사회에 와서는 집에서 멀리 떨어진 직장에 나가게 되었기 때문에 낮 시간 동안에는 가정과 떨어져 지낼 수밖에 없는 한계가 있는 것은 분명하다.

하지만 가정이 중요하고, 아이가 중요하다면 일과 후에나 주말에는 아이들과 대화를 나눌 수 있도록 노력해야 한다. 특히 아버지 역할을 대신할 수 있는 사람들이 많았던 대가족 제도와 달리 오직 남자는 아버지 밖에 볼 수 없는 핵가족 제도에서는 자녀들에게 아버지의 역할이 절대적인 영향을 미친다. 따라서 아내에게 자녀 교육에 대한 책임을 미룰 것이 아니라 일정 부분은 남자가 책임을 분담해야 한다. 남편이 아버지로서 제 역할을 담당했을 때 아내도 자녀들에게 자상스럽고 부드러운 제 역할을 수행할 수 있고, 자녀에게 너무 기대어 자신의 인생을 온통 맡기는 어리석음을 저지르지 않을 수 있다. 그런데 여기서 한국의 아버지들이 많이 저지르는 실수 중의 하나가 '아버지 역할을 한다'는 의미를 '아이에게 잔소리한다'라고 착각한다는 점이다. 아이들 입장에서는 이성적으로 모든 것을 알고 근엄하게 잔소리만 하는 아버지보다는 자신을 감성적으로 이해해주는 친근한 아버지를 더 원한다. 하지만 한국의 아버지들은 그렇게 감성적으로 자녀와 소통하는 경우가 드물다. 실제로 초등학교 고학년 남학생들과 그들의 아버지들을 대상으로 설문조사한 결과, 아버지들은 92퍼센트가 아들이 어려운 일이 있을 때 자신과 의논할 것이라고 믿는 반면, 아들들 중 오직 4.2퍼센트만이 그런 상황에서 아버지와 상의하겠다고 답했다고 한다. 그만큼 한국의 아버지들은 자신의 아들들과 감성적인 교류를 하지 못하고 있다.

한 전자회사의 광고에 웃음을 자아내면서도 아이와의 관계에서 무언가를 느끼게 해주는 장면이 있었다. 아들은 분명히 학원을 간다고 나갔는데, 학원에서는 아들이 학원에 안 왔다고 전화가 왔다. 전화를 받고 걱정하면서 화를 내는 아내에게 남편이 자기가 알아서 할 테니 맡겨달라고 한다. 드디어 학원을 빼먹고 친구와 신나게 놀던 아들은 학원이 끝날 시간이 되자 집으로 돌아오게 되는데, 아버지가 아들을 조용히 방으로 부른다. 아내는 아버지가 아들을 혼낼 거라고 생각하면서 방문을 열었는데, 오히려 아들이 아버지의 품에 뛰어들면서 안기는 장면이 나온다. 대사는 나오지 않지만 상황으로 봤을 때 '네가 학원에 안 간 걸 다 알고 있지만, 엄마한테는 비밀로 하고, 만약 엄마가 알아도 아빠가 잘 이야기할 테니 다음부터는 그러지 말자'고 말했을 것이다. 사람이 친해지고 공감대를 형성하려면 둘만의 사소한 비밀을 가지는 것이 하나의 비결이 될 수 있다. 이 광고에서는 아버지가 아들과 학원을 안 간 비밀을 공유함으로써 아들과 감성적으로 통하게 된 것이다.

이런 감성적인 교류는 어릴 때부터 하는 것이 바람직하다. 일단 자녀들이 크게 되면 자녀들도 아무래도 감성에 무디게 되고, 어릴 때부터 아버지와 감성적인 교류를 하지 못한 것이 굳어져서 풀기가 힘들게 된다. 얼마 전 한국리더십센터에서 온 이메일 '남관희의 학부모 코칭' 칼럼(한겨레 2007년 12월 10일)에 남관희 교수는 자신이 하고 있는 자녀와의 감성적인 교류 방법을 소개하고 있었다. 그는 첫눈이 오는 날이면 온 가족이 모여 그들만의 행사를 가지기로 약속했다고 한다. 그래서 첫눈이 오면, 설사 다른 모임에 참석하고 있는 중에라도 양해를 구하고 가족이 전부 모인다는 것이다. 그렇게 그들만의 비밀을 15년 동안이나 서로 공유하고 있기 때문에 자녀들이 커서도 가족이 더욱 소중하고 가깝게 느껴질 수밖에 없을 것이라고 생각된다. 그런데 만약 나를 포함한 일반적인 대한민국의 아버지라면 어떠했을까? 설사 그 전해에 자녀들과 첫눈이 오면 만나기로 약속했다 하더라도(할 리도 없겠지만), 다른 모임이 있다면 자녀들과의 약속은 별로 대수롭지 않게 생각하면서 양해(?)를 구했을 것이다. 물론 나중에 자녀들에게 사정을 설명하고 사과를 하겠지만, 자녀들의 마음은 이미 닫히고 말았을 것이다.

물론 아버지가 자식과 감성적인 교류를 한다고 해서 무조건 부드럽게만 잘 해주라는 뜻은 결코 아니다. 어머니와 달리 아버지의 경우에는 자녀들과 대하는 시간이 짧기 때문에 아주 무심하거나 아니면 무조건 잘 해주려는 경향이 있다. 하지만 이는 어쩌면 아버지로서의 직무유기라고 보아야 한다. 아버지는 부드럽지만 엄격함이 있어야 한다. 안 되는 것은 절대 안 된다는 것을 보여주는 것은 아버지의 역할이다. 아이들과 훨씬 더 많이 지내는 어머니가 그런 엄격한 역할을 할 경우 아이들은 어머니와 큰 갈등을 겪을 가능성이 크다. 물론 현재의 대부분의 가정에서와 같이 자녀의 기를 살리기 위해 자녀를 버릇없이 키운다면 더욱 문제가 커질 수 있지만 말이다.

내가 미국에 처음 갔을 때의 일이다. 당시 한국에서는 어린아이들이 차에 타도 별도의 안전장치가 없었다. 하지만 미국에서는 7살 이하의 어린이는 반드시 안전 좌석(car seat)에 앉혀야만 했다. 큰애는 초등학교 2학년이었기 때문에 문제가 없었지만, 작은애는 막 6살이 되었을 때이기 때문에 안전 좌석에 앉혀야만 했다. 만약 그 규칙을 어기게 되면 벌금을 무는 것은 물론이고 아동학대죄로 처벌되어 심한 경우 아이를 격리시킬 수도 있었다. 하지만 작은애는 한국에서 편하게 차에 타던 습관이 있어서 안전 좌석에 앉지 않으려고 반항을 했다. 나는 그 상황을 아이에게 설명하고 강제로 안전 좌석에 앉혔다. 아이의 입장에서는 좁고 불편한 좌석에 양 어깨를 누르는 안전벨트까지 하고 앉아서 꼼짝도 못하는 것이 여간 고역이 아닐 수 없었을 것이다. 쇼핑몰까지 가는 30여 분 동안 울고불고 온 몸이 땀범벅이 되어서 아내가 제발 풀어주자고 하는 걸 내가 절대 안 된다고 고집했다. 지금 일순간 괴롭다고 불쌍해서 풀어주면 앞으로 진짜 고생을 하게 되니까 아예 지금 버릇을 들이는게 좋겠다는 것이 내 생각이었다. 그리고 정말 그 후에는 아이가 차에 타면 당연히 자신의 안전 좌석에 앉게 되었다. 그 순간의 엄격함이 장기적으로는 서로에게 편한 관계를 가져다준 것이었다. 만약 그때 규칙을 어기고 아이를 안전 좌석에 앉히지 않았더라면 그 후에도 계속 실랑이를 하면서 괴로웠을 것이다.

언젠가 저녁 늦게 아는 친구에게서 술이나 한잔하자고 전화가 왔다. 마침 내가 사는 동네 근처에 사는 친구라서 나가서 가볍게 술을 마시게 되었는데, 술이 한 잔 들어가자 그 친구가 푸념을 하기 시작했다. 올해 작은애가 고2가 되었는데, 아내가 그 애를 위한다면서 자신을 숨도 제대로 못 쉬게 한다는 것이었다. 집에 일찍 들어갔는데 만약 아이가 있으면 시끄럽다고 텔레비전도 못 보게 하고, 자신을 귀찮아 한다는 것이다. 아이를 뒷바라지한다는 명분으로 아내가 잠자리를 거부한 지도 벌써 몇 달 째라는 것이었다. 언젠가는 퇴근해서 냉장고 문을 열어보고 배가 있어서 깎아 먹었더니 조금 있다가 아내가 난리를 쳤다고 한다. 밤에 공부할 때 아이에게 줄려고 산 건데 왜 당신이 먹어버렸느냐고 하면서 눈물까지 글썽였다고 한다. 아니 옛날같이 아버지 밥상을 따로 차릴 정도는 아니더라도 아버지가 배를 하나 먹었다고 야단을 맞는 이런 세상이 됐느냐는 것이다. 아버지의 위상이 이 정도밖에 안 되는 줄은 몰랐다면서 왜 자식을 낳아 기르는 것인지 모르겠다고 한탄하였다.

그 친구와는 한국 아버지들의 떨어진 위상에 대한 한탄과 아버지로서의 역할 부재에 대한 반성을 가지면서 술자리를 마무리했지만 뒤끝은 영 개운치 않았다.

이렇게 떨어진 아버지의 위상을 찾는 방법은 무엇일까? 그것은 너무나 간단하게 아버지로서 제 역할을 하는 것이다. 아버지로서 자립적인 모습을 보여주고, 아내의 다정한 동반자요, 자녀들의 든든한 후원자가 되어야 한다. 그리고 가정의 중심이 자녀가 아니라 부부가 되도록 해야 한다. 물론 자녀를 돌보고 이끌어주는 것을 소홀히 하라는 이야기가 아니라 자녀를 위한다는 명분으로 부부의 생활을 희생해서는안 된다는 말이다. 그와 동시에 자녀의 인생은 자녀에게 돌려주라는 것이다. 그렇다고 자녀를 방치하라는 이야기는 절대 아니다. 자녀를 방치하는 것과 스스로 자신의 생활을 개척해 나가도록 도와주는 것은 근본적으로 다르다.

남편은 아내가 자녀에게 집착하는 것을 막도록 노력해야 한다. 어머니는 임신과 출산, 성장 과정을 통해 자녀와 자신을 동일시하려는 본능이 있다. 특히 한국에서는 어머니들이 자녀 외에는 집중할 대상이 없기 때문에 더욱 자녀에게 집착하게 된다. 이런 집착은 어머니와 자녀 모두에게 커다란 불행의 씨앗이 될 수 있다. 나중에 자식이 어머니로부터 독립을 못하게 되면 자식의 인생이 문제고, 만약 자녀가 독립을 하게 되면 어머니와 갈등을 빚게 되는 문제가 발생하게 된다. 따라서 그런 불행을 막기 위해서는 어머니의 자식에 대한 집착을 미리 막아야 하는데, 가장 좋은 방법은 아내에게 자신의 인생을 찾아주는 것이다. 남편으로서 아내에게 '자식의 인생은 자식의 것이기 때문에 우리는 그들이 독립해서 잘 살 수 있도록 돕는 것까지가 할 일'이라는 사실을 상기시킬 필요가 있다. 자식의 인생을 송두리째 움켜쥐고 부모의 생각대로 움직이려고 노력할 것이 아니라, 유태인 부모들처럼 성년식 때 종자돈을 쥐어주면서 '앞으로 네 인생은 네가 책임지고 살아가도록 해봐라'라고 할 수 있는 부모가 되어야 한다.

부모가 생각하는 좋은 직장을 선택하도록 강요할 것이 아니라 자녀가 진정 즐겁게 할 수 있는 일을 찾도록 같이 노력해주는 보조자가 되어야 한다. 산업사회에서는 수입을 위해 하기 싫은 일도 했지만, 앞으로 자녀들의 세계에서는 자신이 진정 잘하고 즐기는 일을 찾는 사람만이 행복하게 일하면서 돈도 많이 벌 수 있기 때문이다.

3장 행복을 실현해주는 일

최근 들어 직장다니는 사람들의 가장 큰 관심은 어떻게 하면 직장 생활을 오래 할 수 있느냐이다. 삼팔선, 사오정, 오륙도로 표현되는 조기 퇴직은 나이 들어 삶이 불안해지는 가장 큰 요인이 되고 있다. 그래서 안정된 직장이라 일컬어지는 공무원, 공기업, 교사 등의 정년이 보장된 직업이 젊은이들 사이에 선망의 대상이 되고 있고, 이미 직장을 다니는 사람들도 기회가 되면 그런 직장으로 옮기기를 원한다. 오죽하면 급여가 좋으면서도 정년이 보장되는 몇몇 공기업이 '신이 내린 직장' 이라고 불리겠는가?

인간 수명 100세 시대를 맞이하여 가장 확실한 노후 대비는 목돈을 모아놓는 것이 아니라 가능하면 오랫동안 일을 하는 것이다. 그러면 그 '오랫동안' 이라는 기간이 언제까지일까? 아마도 가장 바람직한 것은 수명이 다하는 그 날까지 일하는 것일 것이다. 물론 죽을 때까지 일하는 것은 너무 삭막하지 않냐고 생각할지 모르겠지만, 인생 제2막에서의 일같이 하기 싫은 일을 고강도로 계속 하는 것이 아니라면 죽을 때까지 일을 하는 것이 바람직하지 않겠는가. 인생 제2막에서의 일이 생계를 위한 수입 증진에 중점이 있다면, 나이가 들어감에 따라 수입보다는 삶에 즐거움을 주고, 인생의 의미를 실현하는 것으로 옮겨 가면 된다. 일을 통해 수입을 올리게 되면 모아놓은 노후자금을 소모하지 않아도 되기 때문에 생활의 안정을 도모할 수 있고, 일을 통해 자신의 존재 의미와 삶의 즐거움을 가질 수 있고, 사회와의 네트워크를 유지함으로써 정신적인 건강을 향상시킬 수 있기 때문에 가능하면 계속적으로 일을 하는 것이 좋다.

그렇다면 앞에서 언급한 정년이 보장되는 직업을 가지면 모든 것이 다 해결될까? 현재 가장 정년이 긴 직업도 정년이 65세에 불과하고, 대부분은 60세 미만이다. 100세까지 산다고 보면 정년퇴직 후 35~40년의 세월을 무위도식하면서 앉아서 죽음이 빨리 오기를 기다리는 쓸모없는 노인으로 보낼 수는 없지 않은가.

인간 수명 100세 시대를 맞이해서 인생 제2막에서 어떻게 오랫동안 일을 할 수 있느냐와 더불어 어떻게 즐겁게 일을 할 수 있느냐를 생각해봐야 한다. 물론 오랫동안 일을 하기 위해서는 자신이 잘할 수 있고, 하면 할수록 힘이 나는 즐거운 일을 찾는 작업이 선행되어야 한다. 다시 말해 오래 일하는 것과 즐거운 일을 하는 것은 동전의 양면과 같다는 이야기다. 산업사회에서와 같이 즐겁지도 않은 일을 무조건 열심히 하는 것은 새로운 시대에는 맞지 않는다. 따라서 시대 변화에 따른 일에 대한 패러다임이 어떻게 바뀌었는지 살펴볼 필요가 있다.

___산업사회에서의 일의 의미

　　민기복(45세, 가명) 씨는 오늘도 새벽 6시가 되자 자명종 소리에 잠을 깼지만 '5분만, 5분만' 하면서 이불 속에서 30분이나 뭉그적거리다가 겨우 자리에서 일어났다. 그리고는 정신이 멍한 상태에서 화장실로 가서 세수를 하고, 아내가 차려준 아침밥을 뜨는 둥 마는 둥 하고서 출근을 했다. 주말 내내 쉬어 월요일에는 몸이 풀릴 만한데 몸이 무겁기는 마찬가지다. 지하철을 기다리면서 '언제쯤 아침 출근 걱정 하지 않고 편안한 생활을 해보나' 하는 어이없는 생각에 피식 웃음이 나왔다. 벌써 화학제품 영업을 해온 지도 19년이 됐고, 그래도 알아주는 대기업에서 영업부장을 맡고 있으니 월급이나 사회적 위치도 괜찮은데 마음 한구석은 허전하고, 뭔가에 자꾸 밀리는 듯한 느낌이 들어 기분이 개운치가 않다. 올해는 민기복 씨의 실적이 괜찮고 회사 내에서도 실력을 인정받고 있어서 내년에는 이사 진급도 바라보고 있지만, 개인적으로는 이렇게 등 떠밀리듯 살아서 되겠느냐는 막연한 걱정(?)이 마음 한구석에 자리 잡기 시작했다.

　　민기복 씨처럼 산업사회를 살았던 대부분의 사람들에게 '일' 하면 가장 먼저 떠오르는 생각은 지겹고 벗어나고 싶다는 것일 것이다. 왜 그런 생각이 드는 것일까? 아마 그 이유는 지금까지 일을 하고, 직장을 다니는 가장 큰 목적이 돈을 벌기 위해서이기 때문일 것이다. 자신을 포함한 가족의 생계를 위해서 마지못해 직장을 다니기 때문에 더욱 그런 생각이 들 것이다. 이제까지 일은 즐겁기 위해서 하는 것이 아니라 생계를 위해서 또는 더 나아가 성공을 위해서 하는 것으로 여겨졌다.

빌 게이츠 같은 일부 창업자들은 자기가 좋아하는 일을 하면서 성공했지만, 대부분의 사람들은 주어진 환경에 떠밀려서 직업을 선택하고, 생계를 위해 마지못해 그 일을 해왔던 것이 사실이다.

직장에 다니는 사람들은 월급이라는 독을 마시면서 서서히 마비되어 하루하루를 그저 주어진 조건에 맞추어 살아가고 있다고 보면 너무 지나친 과장일까. "남의 옷을 얻어 입으면 그 사람의 우환을 가져야 하며, 남의 밥을 얻어먹으면 자신의 목숨을 내놔야 한다"는 누군가의 말 대로 취직을 해서 월급을 받는다는 것은 나의 시간과 자유를 파는 대가로 얻는 것으로 보아야 한다. 그렇지만 노예도 아닌 우리가 단순히 생계를 위해서 억지로 일을 하면서 일생을 끝낸다면 너무 서글픈 일이 아니겠는가. 불행히도 산업사회에서는 그런 노예 처지에서 벗어날 수 있는 기회가 많지 않았다. 더구나 자신이 좋아하는 일을 하면서, 돈도 벌 수 있는 기회는 별로 없었다.

취업·인사 포털 사이트인 인쿠르트에 따르면 28~32세 직장인 530명을 대상으로 '서른 살을 전후해 위기를 느끼고 있는가'라는 설문조사 결과 88.3퍼센트가 '그렇다'고 답했다고 한다. 이들은 그 원인으로 '앞날을 책임진다는 것에 대한 부담감(29.8%)'과 '꿈이나 적성에 맞지 않은 일(27.2%)' 등을 꼽았다. 30대 전후 직장인들 중 적지 않은 이들이 '내가 생각해온 게 아니라는 석연치 않은 기분(36.4%)'에 휩싸인다고 했다. 그러한 이유에서인지 '더 나은 인생을 위해 직장을 그만두고 새로운 일이나 재충전의 기회를 가질 생각이 있는가'라는 질문에 83.1퍼센트가 '그렇다'고 답하기까지 했다(연합뉴스 2007년 12월 6일). 이 설문조사 결과에서도 나타났듯이 지금의 직장인들은 막연하게나마 이렇게 살면 안 되겠다는 생각은 가지고 있지만 구체적인 방법에 대해서는 알지 못하고 있다고 보여진다.

그렇다면 어떻게 해야 하는 것인가? 직장에 자신의 인생을 맡길 수는 없지만, 다른 한편으로는 이제는 우리가 마음만 먹으면 얼마든지 자신이 주체가 되어 즐겁게 일을 할 수 있는 시대가 되었다는 사실을 먼저 인식할 필요가 있다. 그렇지만 즐겁게 일할 수 있는 기회는 가만히 앉아 있어도 저절로 찾아오는 것이 아니라, 자신의 몫을 찾기 위해 노력하는 사람에게만 주어진다. 아직도 인생 제2막에서는 주어진 조건에 맞추어야 하는 경우가 많지만, 적어도 인생 제3막에서는 조금만 준비를 하면 자신이 좋아하는 일을 하면서 돈도 벌고, 인생도 즐길 수 있는 기회가 주어진다.

___새로운 시대의 일의 의미 변화

내가 처음 사회에 발을 들여놓던 산업사회에서는 직장 생활이 곧 자신의 인생이라고 해도 과언이 아니었다. 회사, 특히 대기업은 평생 직장을 보장해주었고, 개인은 직장에서 거의 자연 수명이 다할 때까지 일을 할 수 있었다. 따라서 회사 생활만 잘하면 인생이 편안할 수 있었다. 요즘 젊은이들이 부러워하는 안정된 직장 생활의 모습이었다. 하지만 그런 안정된 직장 생활이 지금은 가능하지도 않지만 과연 바람직한 모습일까? 나는 과거의 직장 생활 모습을 새장 속의 새나 동물원의 맹수로 비유하곤 한다. 당신은 새장 속의 새나 동물원의 맹수가 행복하다고 생각하는가? 그들은 관람객들에게 날개짓을 하면서 노래를 불러주거나 몇 번 어슬렁거리기만 하면 맛있는 음식을 거저(이 부분이 중요하다) 얻어먹을 수 있고, 먹이를 찾아 고생할 필요가 전혀 없다. 그렇지만 그런 생활에 익숙해지다 보면 야성을 잃어버리게 되고, 그런 후에 야생으로 보내지면 어떻게 되겠는가? 아마 얼마 못가서 굶어 죽거나 잡혀 먹히는 신세가 되고 말 것이다. 그러니까 새장 속이나 동물원 우리 안에서 생을 마감할 수 있다는 확실한 보장만 된다면 그 나름대로 편안한(?) 생활을 위해 자신의 인생을 팔기를 원할 수도 있을 것이다. 하지만 시대가 변하면서 여러 가지 이유로 이러한 편안한(?) 생활은 종지부를 찍어야 할 형편이 되었다는 데서 문제가 시작되었다.

우선 앞 장에서도 언급했듯이 산업사회에서는 공급자(기업)가 힘을 가지고 있었으나, 지식사회가 되면서 수요자(소비자)가 힘을 가지게 되었다. 힘의 이동으로 소비자의 급변하는 요구에 맞추어 변신하지 못 하는 기업은 도태되게 되었다. 따라서 기업의 수명이 점점 짧아져서 지금은 개인의 자연 수명보다 훨씬 짧아지게 되었다. 즉 기업이 개인의 정년을 보장해줄 수 있는 능력이 없어졌다는 것이다. 그와 동시에 생사여탈권을 가진 소비자의 요구에 맞추기 위해서는 기업이 지속적인 변신을 통해 경쟁력을 갖춰야 하는데, 이는 곧 경쟁력 없는 구성원을 잘라내야 한다는 의미가 된다. 즉 누구든지 경쟁력이 없어지게 되면 언제든지 퇴출되는 불안한 시대가 되었다는 것이다. 그런데 여기서 문제는 경쟁력이 없어져서 일찍 퇴출되게 되면 '행복 끝 불행 시작' 이 된다는 것이다.

그렇다면 이런 불안한 시대에 경쟁력을 갖추고 살아남기 위해서는 어떤 자세로 살아가야 할 것인가? 첫째는 직장에 사표를 쓰는 것이다. 물론 실제로 사표를 써서 제출하고 직장을 그만두라는 이야기는 아니다. 회사에 기대어 나를 보호해주겠지 하는 헛된 기대를 버리고, 회사와 대등한 자세를 가지라는 것이다. 내가 회사에 필요 없는 존재가 되면 미련 없이 나가겠지만, 나도 회사가 내 능력에 맞게 대우를 안 해주면 미련 없이 그만 두겠다는 마음가짐을 가져야 한다. 실제로 앞으로는 회사를 자주 옮기는 것이 아주 일상적인 일이 될 것으로 예상되고 있다.

뉴욕대학의 사회학자 리처드 세네트의 분석에 의하면 2년 이상 대학교육을 받은 미국 젊은이들은 은퇴할 때까지 평균 11번 직장을 바꿀 것이라고 한다. 거의 4~5년 주기로 직장을 옮기게 된다는 의미다. 이런 불안정한 직장 생활에 적응하기 위해서는 앞에서 말한 동물원의 게으른 맹수가 되지 말고 야생의 맹수 본능을 찾아야 한다. 물론 그러기 위해서는 자신의 능력을 끊임없이 계발해야 하는 것은 말할 필요도 없다. 실무 능력은 물론이고 리더십, 커뮤니케이션 등의 능력도 갖춘 경쟁력 있는 인재로 거듭나야 한다.

둘째는 시대 변화에 따른 직업 변신에 대비하는 자세가 필요하다. 산업사회에서는 평생직장을 당연하게 생각했고, 지식사회에 들어오면서는 평생직장 개념이 무너지게 되자 평생 직업이 바람직하다고 생각했지만, 이는 직업의 급속한 변화를 간과한 데서 온 판단 착오다. 미래학자 톰 피터스는 앞으로 10~15년 내에 화이트칼라 직업의 90퍼센트가 사라질 것이라고 예견하고 있다. 빌 게이츠는 10~15년이 아니라 3년 내에 그런 일이 일어날 것이라고 경고하고 있다. 너무 과장되었다고 생각하는가? 물론 빌 게이츠의 경우에는 변화의 속도가 엄청나게 빠른 IT분야에 중점을 두고 한 말일 것이다. 각 분야에 따라 변화의 속도에 약간의 차이는 있을지 모르지만, 각 분야 간에 상호연관성이 커지는 현실을 생각해보면 어느 직업이고 안정된 직업은 없다. 극단적으로 지금 안정적이라고 생각하고 있는 공무원도 앞으로 세계화 추세에 따라 국가의 역할이 축소될 것이기 때문에 그 역할과 숫자가 급속도로 줄어들 것으로 예측되고 있다. 또 같은 회사, 같은 직종에서 계속 근무한다 하더라도 정보 공급의 급속한 증가로 지식의 수명이 3~5년에 불과하고, 그 주기는 갈수록 짧아질 것이다. 따라서 끊임없이 자신의 지식을 업그레이드하지 않으면 금방 뒤처지는 신세가 된다.

셋째는 자신이 좋아하고 즐거움을 느끼는 일을 해야 한다. 천재는 노력하는 자를 이길 수 없고, 노력하는 자는 즐기는 자를 이길 수 없다는 격언이 있다. 특히 앞에서 말한 불안정한 사회에서 살아남기 위해서는 즐거운 일을 하는 것이 무엇보다 중요하다. 산업사회에서는 열심히 노력하는 것만으로도 가상함을 인정받아 진급도 하고, 월급도 오를 수 있었지만, 지식사회에서는 열심히 노력만 해서는 안 되고 남이 하지 못하고 나만이 할 수 있는 차별화된 능력을 발휘해야만 된다. 이렇게 나만의 차별화된 능력을 발휘하기 위해서는 내가 잘할 수 있고, 즐거움을 느낄 수 있는 일을 해야 한다. 더구나 인생 제3막에서는 일이 단순히 금전적인 수입을 위한 수단이 아니라 인생의 의미를 실현하고 즐거움을 느낄 수 있는 존재이기 때문에, 인생 제2막에서 미리 자신이 좋아하고 즐거움을 느끼는 일을 찾도록 하자.

인생의 의미를 느끼고 실현하는 것은 쉬운 것 같으면서도 어려운 문제다. 아니 그보다는 같은 일을 하면서도 생각하는 바에 따라 인생의 의미를 느낄 수도 있고, 전혀 느끼지 못할 수도 있다. 이에 관해서는 너무나 유명한 일화가 있다. 어떤 사람이 길을 가고 있는데, 광장에서 석공들이 돌을 다듬고 있었다. 그 사람이 그 중 한 명에게 "당신은 지금 뭘 하고 있소?" 하니까 그 석공이 귀찮다는 듯이 "보면 모르시겠소. 돌을 다듬고 있잖소" 하고 짜증스럽게 말을 하면서 땀을 닦았다. 그 사람이 조금 더 걷다가 다음 석공이 보여서 다시 "당신은 지금 뭘 하고 있소?" 하고 물으니까 석공이 환한 웃음을 지으면서 "저는 지금 아름다운 성전을 짓고 있는 중이랍니다"라고 하는 것이었다. 같은 일을 하면서도 한 사람은 생계를 위해 마지못해 일을 하고 있었지만, 다른 한 사람은 아름다운 성전을 짓는 거룩한 일을 하고 있었던 것이다. 우리가 즐겁게 일을 하기 위해서는 두 번째 석공처럼 자신이 하고 있는 일에서 인생의 의미를 느낄 수 있어야 한다.

___인생 제2막에서 인생 제3막을 준비하라

과거 산업사회에서의 평생직장과는 달리 이제 우리는 정년퇴직 후의 기나긴 인생 제3막에서의 일까지 고려해야 하는 상황이다. 이미 인생 제2막에 들어서서 한참 일을 하고 있는 상황이라면, 현재 하고 있는 일과 인생 제3막에서 하고자 하는 일과의 연관성을 다시 생각해볼 필요가 있다. 물론 인생 제2막의 일과는 상관없이 인생 제3막에서 새로

운 일을 시작할 수는 있지만, 가능하면 완전히 새로운 일보다는 지금
하고 있는 일과 연관성이 있는 일이 여러모로 좋은 점이 많다. 즉 인생
제3막에서 인생 제2막의 경험을 살릴 수 있으면 비교적 쉽고 즐겁게
새로운 일을 할 수 있다.

건설회사에 다니는 장상민 부장(45세, 가명)은 최근 건설 법무 관련 석사
과정이 생겼다는 말을 듣고 제1기로 등록했다. 민원의 증가로 건설현장에서
법무 관련 일은 늘어나는데 비해 전문 인력이 없어서 차후에 그 분야가 유
망해지지 않을까 판단하고 있다. 민원이 발생할 경우 회사 입장에서는 단순
히 법률회사나 변호사에게 의뢰하면 법리상으로는 해결이 되지만, 민원 상
으로는 완결이 되지 않는 상황이 발생할 수도 있다. 더구나 최근에는 회사
이미지 자체가 중요한 시대가 되다 보니까 민원을 단순히 법률적으로만 해
결하기에는 미진한 것이 사실이다. 나아가 민원인도 넓게 보면 고객에 포함
될 소지가 있기 때문에 민원을 원활하게 해결하는 것이 중요한 일이 되고
있는 것이다. 장부장의 경우 회사 내에서 이미 현장 경험을 통해 환경 민원
을 해결해본 경험이 있고, 대부분의 민원이 비슷한 유형이기 때문에 법률적
인 지식만 갖추면 건설회사의 취약 부분을 해결해주면서 자신의 수입을 올
릴 수 있다고 판단했다. 건설회사 입장에서도 발생하지도 않는 민원을 대비
해서 상시 인력을 보유할 수도 없기 때문에 필요한 경우에만 의뢰를 할 수
있다는 이점이 있다. 또한 장부장의 입장에서 보면 자신이 다니던 회사뿐만
아니라 다른 회사에서도 일거리를 찾을 수 있고 퇴직의 걱정 없이 일할 수
있다는 장점이 있다.

장부장 같이 인생 제2막에서의 경험을 살릴 수 있으면서 회사에 고용된 직원보다는 효율적으로 일을 처리할 수 있는 분야를 찾는다면 얼마든지 인생 제3막에서도 활발하게 일을 할 수 있다. 그런 일을 찾으려면 평소에 인생 제3막에서 무슨 일을 할까 고민하고, 자신이 잘할 수 있는 강점에 대해서도 살펴보는 자세가 필요하다. 더 나아가 트렌드를 잘 파악해서 어떤 분야가 유망해질 것인지 미리 예측하는 노력도 기울여야 한다.

물론 인생 제2막의 일이 적성에 맞지 않다고 생각되거나, 자신이 좋아하면서 즐거운 새로운 일을 찾은 경우에는 완전히 새로운 분야의 일을 할 수가 있다. 그렇지만 이렇게 완전히 새로운 일을 시작할 경우에는 상당한 기간 동안 많은 준비를 해야 한다. 막연히 쉬워 보여서 시작했다가는 낭패를 보기 쉽다. 어느 분야건 겉으로 보기와는 달리 극복해야 할 고비가 있게 마련이기 때문이다. 다만 자신만의 차별화된 능력이 있고, 그 일을 함으로써 즐거움을 느낀다면 어려운 고비가 있더라도 극복할 수 있겠지만 말이다. 따라서 새로운 일을 시작하고자 할 때는 병행직업(요즘 말하는 투잡스)을 통해 그 분야에 대한 실전 경험을 쌓는 것이 중요하고, 그 분야에서 일하는 사람들에게 조언을 구하는 게 좋다.

얼마 전 후배 진광호(45세, 가명)가 갑자기 내 사무실로 찾아왔다. 요즘 소위 말하는 신이 내린 직장이라는 공기업에 다니고 있어서 주위의 부러움을 사고 있는 후배인데, 자리에 앉자마자 자신도 직장을 그만두고 무언가를 해볼까 하는데 어떻게 생각하느냐고 묻는 것이었다. 그래서 무슨 준비한 거라도 있느냐고 되물었더니, 그냥 답답해서 그런다고 했다. 직장에서는 더 이상 올라갈 가능성도 없고, 후배들이 벌써 윗자리를 차지하고 요즘은 실적을 따지기 시작해서 답답하고 미치겠다는 것이었다. 그러면서 "정 안 되면 구멍가게라도 하지 뭐" 하는 것이었다. 그래서 "구멍가게는 쉬운 줄 아냐? 그렇게 준비가 안 된 상태에서, 더구나 안정된 직장 생활만 하다가 나와서는 절대 사업할 생각을 하지 마라. 지금의 자리에 있으면 답답하기는 할지언정 뒤로 밀리지는 않지만 만약 퇴직한 후에 일을 벌였다가 잘못되면 끝없는 나락으로 떨어지게 되니까, 정말 관두고 싶으면 최소 2~3년은 철저히 준비하는 게 좋다"고 단단히 이야기했다.

___인생 제3막에서 일 시작하기

강인철(46세, 가명) 씨는 요즘 손님이 없는 자신의 식당에서 한숨만 쉬고 있다. 6개월 전 회사에서 명예퇴직한 다음에 무얼 할까 고민하던 중, 아는 사람의 소개로 식당을 인수했다가 낭패를 보게 된 것이다. 강인철 씨 입장에서는 갑자기 회사를 그만두게 되었는데 특별한 기술도 없는 형편이라 사업을 하기는 마땅치 않아서 고민하고 있다가, 마침 식당을 경영하던 사람이 개인적인 사정이 있어서 식당을 팔려고 한다고 해서 인수하게 되었다. 물론 식당을 인수받기 전에 그 식당이 잘되는지 사전 답사도 했었는데, 그때는 손님도 많고 해서 유지만 해도 괜찮겠다는 판단이 들었었다. 그런데 나중에 안 사실이지만 식당을 그에게 넘긴 사람들은 전문적으로 식당을 만들어서 권리금을 받고 넘기는 사람들로 그 날도 그가 식당을 탐색하러 간다는 소식을 입수하고는 일부러 주위 사람들은 물론 아르바이트하는 사람들까지 고용해서 손님이 많은 것처럼 보이게 했던 것이다. 그것도 모르고 그저 열심히 하면 되겠지 하는 막연한 생각에 식당을 인수하는 데 퇴직금까지 다 털어넣었는데 식당 운영이 여의치 않아서 앞으로가 막막할 따름이다. 전에는 식당이라는 것이 별 노하우 없이도 할 수 있는 것이라고 가볍게 생각했는데, 실제 해보니 나름대로 경험이 없으면 운영하기가 곤란하다는 것을 깨닫고 있다. 자신이 직접 일을 할 수 없으니 주방장도 함부로 다룰 수 없고, 종업원들도 기업과는 달리 장기간 근무한다는 의식이 없어서 차별화된 서비스를 제공하도록 만들기가 정말 힘들다.

강인철 씨처럼 준비 없이 새로운 일을 시작해서 낭패를 보는 경우가 종종 있다. 실제로 창업 전문가들은 창업에 나선 퇴직자 중 1년 이상 사업을 지속하는 경우는 30퍼센트도 안 된다고 한다. 따라서 퇴직 후에 사업을 할 경우에는 신중을 기해야 하고, 특히 안정성에 비중을 두어야 한다. 즉 인생 제3막에서 새로운 일을 시작할 때는 가능하면 준비된 노후자금에 손을 대지 않는 것을 원칙으로 해야 한다. 특히 50이 넘어 새로운 일을 시작할 때는 큰 자금이 들지 않으면서 가지고 있는 지식이나 노력만으로 할 수 있는 일을 찾아야 한다. 아무리 쉬워 보이는 일도 막상 시작하면 계획대로 진행이 잘되지 않기 때문에 자금이 들어가는 사업은 점점 많은 돈이 요구된다. 생각해보라. 일단 어느 정도의 돈이 들어갔는데, 일이 진척이 잘되지 않고 조금만 돈을 더 넣으면 술술 풀릴 것 같으면 점점 더 돈을 투자하지 않을 수가 있겠는가. 그러다가 그나마 노후자금으로 준비한 돈을 모두 쓰고 마는 어리석은 일을 저지를 수 있다. 그러니 조금 수입이 적더라도 준비한 노후자금이 들어가는 사업은 시작하지 않는 것이 좋다. 특히 인생 제2막에서 경험이 충분히 쌓이지 않은 채로 새로운 일을 시작하는 것은 아무리 많은 돈이 벌리는 것 같아도 삼가는 것이 원칙이다.

인생 제3막에서는 돈을 버는 것보다는 돈을 지키는 것이 중요하다. 인생 제3막에서 돈을 벌기 위해 일을 해야 하는 경우에도 노후자금을 보충하는 정도에 그치는 것이 좋다. 만약 그래도 모자란다면 지출을 줄이는 방법을 선택해야 한다.

최근 내 또래들이 직장에서 퇴직을 많이 하면서 보험설계사를 많이 하는지 여기저기서 전화가 많이 온다. 그 덕분에 나도 보험을 몇 개 들었지만, 돈 안 들고 쉽게 시작할 수 있는 것이 보험설계사 같은 일이다. 다만 너무 많은 사람들이 이 분야에 뛰어들기 때문에 단순히 주위 사람들을 괴롭혀서 보험 몇 건 들게 할 요량이면 별로 권하고 싶지는 않다. 만약 보험설계사를 하더라도 고객관리를 철저히 한다든가, 노후재정설계까지 포함하는 종합재정 컨설팅을 겸하도록 한다든가 해서 다른 사람들과 차별화시킬 수 있도록 노력한다면 성공 가능성이 상당히 높다.

이 경우에 노후 대비에 대한 명확한 철학을 가지고 고객들이 노후를 잘 준비하도록 돕는다는 자세를 가져야지 단순히 보험에 들게 해서 내 욕심을 챙기겠다는 생각으로 한다면 길게 갈 수 없다.

최근 신문(서울신문 2007년 11월 19일)을 보니까 노인 전문혼례사를 소개하는 기사가 있었다. 은행지점장과 중학교 사무실장을 지낸 신동

선(60세) 씨의 예를 들었는데, 그의 말에 따르면 "주례를 하면서 한 번에 평균 10만 원씩 받아 월수입이 100여 만 원 정도 된다"고 한다. 물론 책을 사서 읽고, 신혼부부에게 알맞으면서도 결혼식을 지루하지 않게 하는 주례사를 준비하는 부담이 있지만, 젊은이들의 새 출발을 도와준다는 보람과 자본 없이 소득을 올릴 수 있는 직업으로 괜찮다는 생각이 들었다. 이렇게 보람을 느끼면서도 큰 자본을 들이지 않고 소득을 올릴 수 있는 일들을 주위에서 찾을 수 있다. 물론 전문혼례사의 경우에도 그에 맞는 조건이 있을 것이다. 우선 외모가 단정해야 하고, 사회적인 경력이 어느 정도 되어야 한다거나, 주례사를 지루하지 않으면서도 유익한 내용으로 할 수 있어야 한다거나 하는 조건 등이 필요할지 모르지만, 요지는 잘 찾아보면 별도의 투자 없이도 자신에게 맞는 일을 얼마든지 찾을 수 있다는 것이다.

요즘 내 친구들은 나를 만나면 "너는 사업을 하고 있으니 노후 걱정은 없겠다. 직장에서 쫓겨날 염려도 없고 계속 일을 할 수 있으니 얼마나 좋냐" 면서 부러워한다. 하지만 정말 사업을 하는 사람은 노후 걱정이 없을까? 과거 산업사회에서는 사업을 위해 가장 필요한 것이 자본이었다. 또 공급자, 즉 기업이 우위에 있는 체제였기 때문에 한 번 기업을 세워서 어느 정도의 궤도에 오르면 지속적으로 유지되는 것이 일반적이었다. 하지만 지식사회에 접어들어서는 기업의 수명이 급속도로 줄어들고, 지속적인 변신을 하지 않으면 살아남을 수 없는 시대로 변했다. 따라서 어느 정도의 궤도에 들어왔으니까 이제부터는 안심하고 저절로 회사가 굴러갈 수 있다고 자신할 수가 없어졌다. 사업 환경의 변화가 빠르기 때문에 나이 들어서도 그 변화를 계속적으로 따라잡으면서 사업을 지속하기가 쉽지 않다는 이야기다. 다시 말해 사업을 한다고 해서 노후 준비가 다 됐다고 안심할 수 없는 게 오늘의 현실이다. 물론 사업이 커져서 개인적인 역할보다는 회사 시스템에 의해 움직이는 경우라면 그동안의 사업 경험을 살려 적절한 의사결정만 내려주어도 되기 때문에 나이가 들어서도 계속적으로 일을 할 수 있을 것이다. 하지만 그런 정도로 사업을 키운 사람은 극히 일부에 지나지 않다.

___은퇴 대신 역할 변경을 하자

지금 우리가 생각하는 은퇴의 개념은 산업사회의 산물이다. 수렵사회나 농경사회에서도 나이가 들면 일선에서 물러나는 경우가 있었지만, 나름대로 원로로서 역할을 수행하는 경우가 대부분이었다. 비록 육체가 노쇠하여 직접 몸으로 하는 일에는 능률이 떨어지지만 수렵하는 방법이나 농사짓는 지혜를 젊은이들에게 가르쳐주는 역할을 수행할 수가 있었다. 하지만 산업사회에 들어오면서 기계에 의한 표준화로 나이 든 사람들의 지혜는 큰 영향력을 발휘할 수 없게 되었다. 즉 모든 생산이 표준화된 공정에 의해 기계로 이루어지기 때문에 젊은이의 힘만 필요하게 되고, 노인들의 경험은 쓸모없는 잔재로 남게 되었다. 그래서 육체적으로 더 이상 일을 할 수 없게 되면 일선에서 물러나 폐품 취급을 받게 된 것이다. 그렇지만 그 경우에도 나이 들어 은퇴한 사람들이 별로 불만이 없었던 이유는 열심히 일한 다음에 잠시만 여유를 즐기면 바로 생명이 다하는 경우가 대부분이었기 때문이다. 어쩌면 오히려 그렇게 주어진 잠시의 여유가 젊어서 열심히 일한 데 대한 보답으로 여겨지기도 했다.

그러면 지식사회에 들어와서는 어떤가. 물론 지식사회에서도 젊은이의 창의성과 새로운 기술이 주류를 이루지만, 나이 든 사람들의 지혜도 나름대로 필요하게 되었다. 그 지혜란 사람에 대한 지혜, 곧 소프트 스킬을 통해 젊은이들이 치우치기 쉬운 하드 스킬 중심적인 사고를 보완하는 것을 의미한다. 지식사회에서는 기술 발전의 속도가 빠르기 때문에 하드 스킬에 대한 조언자 역할을 하려고 하면 쓸모없는 잔소리만 늘어놓는 노인으로 취급받게 된다. 더 나아가 나이 든 사람들이 젊은이들을 이해하고 그들을 진정으로 돕고자 하는 마음이 전제가 되어야지 그들을 나무라고 고치려고 하는 자세는 바람직하지 않다. 따라서 나이가 들게 되면 젊은이들과 경쟁하여 이기려고 하지 말고, 자신의 새로운 역할을 찾는 지혜가 필요하다. 일선에서 뛰는 것은 열정이 넘치는 젊은이들에게 맡기고, 나이 든 사람들은 이제까지 배운 지식을 지혜로 바꾸어 젊은이들을 돕는 역할을 해야 한다. 다시 말해 인생 100세 시대를 맞이해서도 산업사회의 낡아빠진 은퇴의 개념을 받아들여 한창 일할 수 있는 인생 제3막을 낭비하지 말고, 새로운 역할을 수행해야 하는 시기로 의식 전환을 해야 한다.

인생 제2막에서 뛰던 일선에서 물러나서 인생 제3막에서 새로운 역할을 수행하려면 몇 가지 사항을 고려해야 한다. 첫째, 금전적인 수입보다는 자신의 삶이 즐거워지고, 보람을 느낄 수 있는 역할을 찾아야 한다. 인생 제2막에서도 자신이 좋아하고 즐거운 일을 하면 능률도 오르고 성공할 확률이 높은 게 사실이지만, 특히 인생 제3막에서는 자신이 좋아하는 일을 찾는 것이 중요하다. 왜냐하면 인생 제2막에서는 가족을 부양해야 한다든지, 성공을 해야 한다는 뚜렷한 목표가 있어서 육체적으로 좀 힘들더라도 참을 수 있지만, 나이가 든 경우에는 자신이 원하지 않는 일을 하게 되면 금방 지치고 건강에도 악영향을 미치게 된다. 자신이 좋아하는 일을 하게 되면 저절로 힘이 생기고, 피곤을 별로 느끼지 않게 되고, 정신적으로 긍정적인 영향을 미치게 되기 때문에 건강이 증진되고 오랫동안 일을 지속하는 데 도움을 주게 된다. 더구나 일을 통해 자신이 아직 쓸모 있는 사람이라는 자존감을 가질 수 있고, 만나는 사람들과 긍정적인 네트워크를 형성하게 되면 사회의 일원이라는 소속감을 유지할 수 있는 이점을 얻을 수 있다. 이렇게 사회에서 여러 사람과 비교적 이해관계가 덜 얽힌 상태에서 어울리면서 얻는 심리적 안정은 건강과 장수에도 큰 도움이 된다. 심리적 안정은 생리적인 안정을 가져오고, 생리적인 안정은 신체의 신경체계와 내분비 계통, 면역 기능, 각 기관의 신진대사 기능도 원활하게 하면서 질병을 감소시킨다.

둘째로는 자신이 가진 것을 나누어준다는 관점에서 접근해야 한다. 나이가 들어서도 인생 제2막에서 추구했던 성공을 위해 새로운 일을 시작한다면 노쇠해지는 몸에 큰 부담을 주게 되고, 경쟁을 하다보면 정신적인 면에서도 황폐해질 수 있는 위험성이 있다. 아직도 나누어주기에는 자신이 너무 적게 가졌다고 생각한다면 자신이 가진 것들을 충분히 파악하지 못 했을 가능성이 많다. 우리가 나누어주어야 할 것들은 어떤 특별한 것들이 아니라 누구나 가지고 있는 평범한 것들이다.

자신이 누리고 있는 건강, 나에게 힘이 되어주는 가족관계 등을 포함해서 인생 경험, 직업에서 축적된 지식 등을 활용할 수 있는 방안을 모색해봐야 한다. 건강하기 때문에 노숙자를 위한 자원봉사 활동을 할 수 있고, 연구소에서 연구 활동을 해왔기 때문에 고급 인력 채용이 힘든 중소기업의 연구 활동을 도울 수 있고, 취미 활동으로 춤을 배웠기 때문에 노인들을 위한 댄스클럽에서 강사로 활동할 수 있고, 사업 경험을 살려 창업하는 사람들에게 도움을 줄 수 있지 않겠는가. 물론 이런 일을 하면서 금전적인 수입도 얻을 수 있고, 어떤 일은 그저 무료 자원봉사에 그칠 수도 있다.

나이가 들어 직장에서 은퇴를 했다는 것은 오랫동안 다니던 직장을 그만둔 것이지, 우리의 인생을 그만둔 것이 아니라는 사실을 명심해야 한다. 직장을 그만두었다는 것은 어느 한 가지 역할이 끝나고 새로운 역할을 해야 한다는 것을 의미할 뿐이다. 이제까지 일했으니까 아무것도 하지 않고 쉬어야겠다는 어리석은 생각을 하는 순간 우리는 쓸모없는 폐품으로 전락하게 되는 것이다. 인생 제3막에서도 즐거운 일을 계속 하게 되면 뇌에도 신선한 자극을 주게 되어 치매를 예방하고, 삶의 활력소를 얻어 장수하게 된다. 인생 제3막은 인생 제2막에서 했던 것처럼 성공을 위해 치열하게 일하는 것이 아니라 인생의 의미와 행복을 찾을 수 있는 즐거운 일을 하면서 보내도록 해야 한다. 주위 사람들을 경쟁의 상대로만 보던 습관을 버리고 내가 가진 것을 나누어주어야 할 이웃으로 받아들이는 마음 자세를 가져야 한다. 인생에서의 진정한 성공은 인생 제2막에서 남보다 얼마나 많이 쟁취하느냐에 달려 있는 것이 아니라, 인생 제3막에서 자기가 가진 것을 얼마나 잘 나누어주어 행복감을 느끼느냐에 달려 있다.

인생 제3막에서 인생을 즐기면서 살기 위해서는 인생 제2막에서의 성공 지향적인 사고방식을 벗어나야 하는데 이는 말만큼 쉽지가 않다. 만약 인생 제2막에서도 자신의 일을 즐기면서 행복을 느낄 수 있다면 그보다 더 바람직한 일은 없을 것이다. 다음의 일화는 사업가는 사업적인 성공에 파묻혀 진정한 행복을 알아보지 못한다는 것을 보여주고 있다. 무엇을 위해 사업을 하는지 모르고 있는 이 사업가가 어쩌면 나 자신의 다른 모습이 아닌지 생각해볼 문제다.

한 사업가가 바닷가에 놀러갔다가, 한 어부가 자기 배 곁에 누워 빈둥빈둥 담뱃대나 빨고 있는 것을 보고 알 수 없다는 듯 물었다.

"왜 고기잡이를 안 나가시오?"

"오늘 몫은 넉넉히 잡아놓았거든요."

"더 많이 잡으면 되잖소?"

"그래서 뭘 하게요?"

"돈을 더 벌 수 있지요. 그러면 배에 발동기도 달 수 있고, 발동기가 있으면 먼 데까지 가서 물고기를 더 많이 잡을 수 있고, 그러면 거기서 번 돈으로 좋은 나일론 그물을 갖출 수 있고, 그러면 또 더 많은 고기를 잡을 수 있어서 그만큼 돈을 많이 벌게 되지 않겠소? 얼마 안 가 어선을 한 척 살 수 있겠고, 그러다가 거대한 어로 선단까지 거느리게 될지도 모르지요. 그렇게 되면 당신도 나처럼 큰 부자가 되는 거요."

"그러고 나서는 뭘 하지요?"

인생 제3막을 잘 보내기 위해서는 인생 제2막에서부터 이에 대한 준비를 해야 할 필요가 있다. 그 준비의 첫 번째로는 인생 제2막과 인생 제3막을 따로 따로 생각할 것이 아니라 통합적으로 생각하는 것이다. 인생 제2막에서는 성취를 위해 노력하되, 인생 제3막에서는 그 성취를 나누어준다는 인식을 가져야 한다. 인생 제3막이 단순히 인생 제2막의 연장이나 단절이 아니라 다른 차원으로의 역할 변환일 뿐이라는 것을 알아야 한다. 둘째는 끊임없는 교육이 필요하다는 사실을 받아들여야 한다. 급속도로 변하는 세상에서 이제까지 가졌던 자신의 낡은 경험만으로 계속 살겠다고 고집하는 것은 고립을 자초하는 어리석은 일이다. 남보다 앞서 최신 IT기기를 사용하지는 못하더라도 남을 따라서 배우는 자세는 가져야 한다. 그런 의미에서 앞으로 평생교육의 중요성이 커질 것이다. 아직까지 평생교육은 노인들의 취미생활을 도와주는 수준이지만, 앞으로는 생존에 꼭 필요한 재교육 역할을 할 것으로 전망된다. 평생교육에서 가장 중요한 것은 호기심을 갖는 것이다. 새로운 것을 받아들이려는 마음이 없으면 교육은 아무 소용이 없다. 소설가 로버트슨 데이비스의 말처럼 나이 들어 호기심을 계속 가진다는 것은 노화에 대한 방부제이며 최고의 유연제다.

4장 행복을 완성해주는 마음가짐

나이 들어 행복하기 위한 조건들로 돈, 건강, 가족관계, 일 등을 들 수 있다. 사람이 행복하기 위해서는 이러한 요소들이 중요하다는 사실은 아무도 부인할 수 없을 것이다. 하지만 이러한 요소들은 행복의 기본 요소는 될 수 있을지언정 충분 요소는 될 수 없다. 즉 사람이 행복해지기 위해서는 건강해야 하고, 어느 정도의 돈이 있고, 좋아하는 일이 있고, 가족관계가 좋아야 하지만, 그것만으로는 충분하지 않다는 것이다. 진정한 행복은 마음가짐을 행복하게 가질 때만 느낄 수 있다. 즉 위에 제시한 조건들은 어느 정도의 수준이 충족되면 더 이상 행복 증진에 도움을 줄 수 없다는 것이다. 예를 들어 미국에서 소득과 행복지수의 상관관계를 연구해본 결과 4인 가족 기준으로 소득이 연 4만 달러 정도가 행복을 느끼기에 충분한 금액으로 나타났다. 연봉 2만 달러 이하의 경우에는 자신이 행복하다고 느끼는 비율이 상당히 낮았지만, 연봉이 4만 달러 수준대의 사람들과 연봉이 9만 달러 이상인 사람들과는 행복한 정도에 있어서 눈에 띄는 차이는 거의 없었다고 한다. 이 조사 결과는 어느 정도 기본 생계가 충족되고 나면 삶이 행복한가, 행복하지 않은가는 마음 자세에 달려 있다는 것을 보여주고 있다.

이런 관점에서 본다면 성공을 위해 뛰는 인생 제1막과 제2막에서는 진정한 행복을 느끼기 힘들다고 보아야 한다. 아니 돈, 건강, 가족관계, 일 등에 대해서 균형을 잡는 일도 쉽지 않다. 한 조사 결과에 따르면 사람들은 대체로 일에 50~70퍼센트, 건강에 5~20퍼센트, 인간관계에 5~20퍼센트, 마음가짐에 5~10퍼센트를 할애하는 것으로 나타났다. 하지만 가장 이상적인 비율은 각각의 항목에 25퍼센트씩 자신의 인생을 투자하는 것이다. 물론 이 비율은 인생의 각 단계에 따라서 조금씩 변할 수 있지만, 최소한 0이 되도록 해서는 안 된다. 특히 인생 제2막에서는 건강, 인간관계, 마음가짐의 비율이 거의 0에 가깝고, 일만이 전부인 경우가 많은데 이는 지극히 위험한 경우라고 볼 수 있다. 아마도 가장 이상적인 경우는 인생 제2막에서는 일의 항목이 약간 더 높았다가 인생 제3막에서는 건강, 인간관계, 마음가짐의 비율이 조금 더 높게 되는 것이다. 물론 각각은 완전 별개의 문제가 아니라 상호 연관되기 때문에 균형을 맞추는 것이 더욱 중요하다. 예를 들어 일을 긍정적으로 하고, 인간관계와 마음가짐이 올바른 경우에 건강이 더 좋을 확률이 높다. 마찬가지로 건강, 인간관계, 마음가짐이 좋아야 정말 일을 잘할 수가 있다.

___부드러워지자

내게 요가를 가르치던 분이 "사람은 태어날 때는 부드러웠지만, 점차 나이가 들면서 딱딱해지다가 결국 완전히 딱딱해진 상태가 되면 그것이 바로 죽음이다"라고 했던 말이 생각난다. 그래서 요가의 목표는 이렇게 딱딱하게 굳어가는 몸을 부드럽게 만들어주는 것이라고 한다. 그 분은 요가를 할 때도 힘을 주는 동작보다는 이완하는 동작에 더 중점을 둬야 한다고 가르쳤다. 스트레칭을 통해 움직이지 않던 근육을 긴장시켰다가 이완을 시키면 기 순환이 되면서 몸이 부드럽게 변한다는 것이었다. 나는 그 말이 아주 일리가 있다고 생각한다.

언젠가는 벌침이 몸에 좋다고 해서 벌침을 맞으러 다닌 적이 있었다. 다리와 등 부분에 집중적으로 벌침을 맞았는데, 벌침을 놓던 분도 내 다리와 등이 너무 굳어서 한 달 정도는 침을 맞아야 할 것 같다고 했다. 그 후 두 달 이상 벌침을 맞고 나서 다리와 등 부분의 굳은 부분이 부드러워지면서 혈액순환이 잘되고 건강이 좋아진 것을 확실히 느낄 수 있었다. 마찬가지로 안마도 몸을 부드럽게 하기 위한 것이 아닌가. 따라서 나이가 들게 되면 몸이 딱딱해지게 되기 때문에 이를 부드럽게 만드는 노력을 계속 해야 건강을 찾을 수 있다.

나이가 들면 몸만 딱딱해지는 것이 아니라 마음도 딱딱해진다. 나이 든 사람을 떠올리면 가장 먼저 떠오르는 이미지 중의 하나가 바로 '완고함'이다. 웃음이 없는 무표정으로 남의 말은 듣지도 않고 잔소리만 하는 모습이 전형적인 나이 든 사람의 이미지다. 그렇지만 이제는 이런 잔소리를 들으려는 젊은이는 아무도 없다. 예전에 내가 어렸을 때는 할아버지 앞에 불려가서 몇 시간이고 무릎을 꿇은 채 훈계를 듣는 일이 있었다. 지금은 하나도 기억이 나지 않는 일이고, 그 당시에도 언제 끝나나 하고 지겨웠던 기억밖에 없다.

그러나 당시에는 어른들의 잔소리는 가르침으로 미화되었고, 거역하면 여러 가지 불이익이 있었기 때문에 들을 수밖에, 아니 듣는 척이라도 할 수밖에 없었다. 물론 과거의 농경사회나 산업사회에서는 어른들의 잔소리는 삶의 지혜를 담고 있는 경우가 많았기 때문에 그나마 용인이 되는 분위기였다. 하지만 이제는 어른들의 단순한 삶의 경험은 크게 도움이 되지 않을 뿐만 아니라 때로는 앞으로 나아가는 데 방해가 되는 경우가 많다. 따라서 나이 든 사람들은 자신의 귀한 삶의 지혜(?)를 젊은 사람들이 귀 기울여 듣지 않는다고 푸념할 것이 아니라, 그들이 자신의 의견을 귀 기울여 들을 수 있는 방법을 찾아야 한다.

우선 나이 든 사람들이 가져야 할 자세는 열린 마음이다. 젊은 사람들 위에 군림하는 자세를 버리고 그들의 입장에서 그들이 원하는 방법으로 자신의 의견을 나타내도록 해야 한다. 무슨 일에건 혀를 끌끌 차가면서 나무라듯이 이야기하고, 공연한 참견을 해서 그들이 불편해하지 않도록 해야 한다. 젊은이들도 하나의 독립된 인격체라는 사실을 인지하고, 자신의 의견이 그들의 의견과 다른 관점에서 제시되는 하나의 의견일 뿐이라는 자세를 가져야 한다. 나이 든 사람의 의견이 절대적이라고 고집할 때는 젊은이들의 저항에 부딪쳐서 갈등을 유발할 수 있지만, 다른 관점에서 제시된 하나의 의견이라고 받아들여지면 오히려 값진 의견으로 대우받을 수 있다.

두 번째로는 훈계하는 방식으로 이야기를 하지 말아야 한다. 답답한 마음에 옛날에 내가 어렸을 때는 어땠는데 하면서 같은 이야기를 반복해서 하게 되면 환영받지 못할 것은 뻔하다. 이러한 푸념 섞인 또는 훈계조의 이야기는 나이 든 사람을 비참하게 할 뿐만 아니라 젊은이들과의 대화를 근본적으로 차단한다. 언제나 젊은이의 일은 그 당사자가 책임지고 결정해야 한다는 사실을 인지하고, 다만 그 결정을 나중에 후회하지 않게 옆에서 도와주는 입장으로 의견을 내야 한다. 따라서 많이 이야기를 하기보다는 많이 들어주는 것이 훨씬 중요하고, 즉각적이고 결정적인 이야기보다는 조언하는 입장에서 최소한의 이야기만 하도록 하자.

셋째는 젊은이의 잘못을 지적하기보다는 잘한 점을 찾아 칭찬해주어야 한다. 과거 농경사회 내지는 산업사회에서는 타고난 천성을 살리는 것보다는 나쁜 점을 찾아내어 고치는 것이 교육의 목적이라고 생각했다. 하지만 최근의 연구 결과에 의하면 타고난 단점을 보완하기보다는 장점을 키우는 것이 훨씬 효율적이라고 한다. 좀 과장해서 말하자면 사람의 타고난 천성을 고치는 것은 거의 불가능하지만 그 천성을 키우는 것은 가능하다는 것이다. 특히 현재의 지식사회나 앞으로 다가올 감성 사회에서는 차별화된 1등 인간만이 살아남을 수 있는데, 이를 위해서는 단점을 개선하기보다는 타고난 장점을 살려야 한다. 따라서 나이 든 사람들은 젊은이들의 단점을 찾아내어 고치려는 노력보다는 그들의 장점을 찾아내어 발전시킬 수 있도록 칭찬하고 격려할 의무가 있다.

완고한 마음은 나이 든 사람들이 사회에서 고립되는 가장 큰 원인이 된다. 끊임없이 잔소리만 하면서 귀찮게 하는데 좋다고 할 사람은 아무도 없다. 그런 완고한 고집쟁이는 가족에게도 이웃에게도 환영받지 못하고 기피의 대상이 되어버린다. 이런 기피의 대상이 되지 않기 위해서는 나이 든 사람도 항상 배운다는 자세를 가져야 한다. 젊은 사람들에게도 배울 것이 있다고 생각할 때 그들의 말에 귀를 기울이게 되고, 그들의 말에 고개를 끄덕거릴 수 있다. 오직 가르치기만 해야겠다고 생각하게 되면 듣지 않고 말만 하게 되고, 고개를 끄덕이지 않고 가로젓게만 된다. 특히 새로운 시대의 기술에 대해서는 젊은이들이 한 수 앞서 가기 때문에 그들에게서 겸손하게 또 열심히 그런 첨단 기술을 배우고자 노력하게 되면 그들의 자존심을 세워주게 되고, 시대에 뒤떨어지는 것도 막을 수 있다. 물론 젊은이들의 사정을 아랑곳하지 않고 괴롭힌다든가, 그들이 하는 말을 알아듣지 못하면서 그들을 탓하는 주책은 부리지 말아야 한다. 또 한 가지는 항상 감사하는 마음을 가져야 한다는 것이다. 이제까지 살아온 세월 동안 사회에서 받은 것을 감사하고, 젊은이들과 어울릴 수 있게 된 것을 감사하고, 건강하고 가족의 뒷받침이 있다는 사실에 감사하는 마음을 가져야 한다. 그런 감사하는 마음을 가지고 있을 때 주위 사람들이 훈훈하게 느끼고 다가설 수 있는 여지가 마련될 수 있다.

시대에 뒤떨어지지 않으면서도 열린 부드러운 마음을 가질 수 있는 가장 좋은 방법이 바로 독서다. 물론 나이가 들면 눈이 나빠져서 책을 읽기 힘들어지지만, 책을 전혀 읽지 못할 정도가 아니라면 안경을 쓰고 천천히라도 꼭 책을 읽는 것을 권하고 싶다. 책을 읽게 되면 새로운 지식과 지혜도 배울 수 있지만, 책을 가까이 한다는 그 자세 자체가 바로 내가 가지고 있는 것에 집착하지 않고 다른 사람의 의견을 받아들이겠다는 열린 마음을 가지고 있다는 것을 보여주는 것이다. 자신의 경험만 고집하면 완고한 노인이 되겠지만, 그 경험에다 책에 들어 있는 새로운 지혜를 보태면 변하는 세상에서도 꼭 필요한 지혜로운 노인이 되는 것이다. 더구나 나이가 들어 여유 시간 동안 수동적으로 텔레비전만 보게 되면 뇌에 자극이 덜 가게 되어 노화가 촉진되고, 치매에 걸릴 가능성이 커진다. 그러나 독서를 통해 새로운 것을 받아들이고 뇌에 자극을 주게 되면 치매가 예방되는 부수적인 효과도 볼 수 있다.

___나눔은 행복의 제1조건이다

인생 제3막을 이제까지 성취한 것을 나누는 시기로 여긴다면 인생의 의미를 더해주는 더없이 소중한 시기가 될 것이다. 록펠러 재단으로 유명한 록펠러는 사업에 성공하여 많은 돈을 벌었는데, 왠지 불안하여 잠을 못 자고, 피부병을 비롯한 각종 질병에 시달리고 있었다. 사실 그는 젊은 시절에는 사업의 성공을 위해서는 경쟁 상대를 수단 방법을 가리지 않고 무자비하게 짓밟아버리곤 했다. 다행히 그 방법이 모두 통해서 많은 돈을 벌었지만 사십대 무렵부터 강박관념에 시달리고 중병에 걸려서 시한부 인생을 선고받고 병원에 입원하게 되었다. 그런데 우연히 병원비를 못 내고 있는 불쌍한 환자의 사정을 엿보게 되고 몰래 대신 병원비를 내주면서 마음의 평화를 느끼게 되어 자선 사업을 벌이게 되었고, 그렇게 가진 것을 나누기 시작한 후에는 마음이 편안해지고, 시달리던 질병에서 해방되어 90세가 넘도록 장수할 수 있었다.

나눔이 건강과 장수에 좋은 영향을 미친다는 것은 이미 과학적으로 증명되어 있는 사실이다. 나눔을 실천하게 되면 세로토닌이라는 쾌감 호르몬이 분비되어 쾌감을 느끼게 된다. 그래서 돕는 자의 쾌감이란 말이 생겨났는데, 돕는 자의 쾌감은 일주일, 길면 몇 달 내지 몇 년씩 지속되기도 한다. 미시간 대학의 브라운 교수의 연구 결과는 나눔을 실천하는 봉사활동이 규칙적인 운동보다 건강에 더 이롭다는 것을 보여주고 있다. 과학자들이 캘리포니아 주 마린 카운티에 사는 55세 이상 주민 2025명을 5년간 조사해본 결과 두 곳 이상에서 봉사활동을 하는 사람들은 사망률이 보통 사람들보다 63퍼센트나 낮았는데, 이는 규칙적으로 운동하는 사람들이 44퍼센트, 매주 교회 등에 나가는 사람들의 사망률이 29퍼센트 떨어지는 것에 비해 훨씬 높은 수치였다. 이런 이유로 한스 셀리 박사는 나눔을 '이타적인 에고이즘(Altruistic Egoism)' 이라고 이름 붙였는데, 이는 나눔 행위의 실제 수혜자는 상대가 아니라 바로 나눔을 실행하는 자신이라는 의미를 내포하고 있다.

특히 하버드 대학에서 실험한 바로는 대가 없이 봉사활동을 한 학생들에게는 면역 기능이 크게 향상되는 놀라운 결과가 일어났다. 앨런 루크는 이렇게 '도움을 주는 사람만이 느끼는 황홀감' 은 신체적, 감정적, 정신적 활력을 가져온다고 주장하고, 이런 효과를 얻기 위해서는 가급적 개인과 접촉하고, 최소한 매주 두 시간은 남을 도와야 하며, 특히 낯선 사람을 돕기를 권유하고 있다. 메닝거 박사는 신경쇠약을 극복하는 처방으로 '지금 당장 나가서 누군가를 도우라' 고 권하고 있다.

남을 도와줄 방법을 생각하기 시작하면 자신의 걱정이 사라지고, 좀 더 건강하고 긍정적인 태도를 갖게 된다는 것이다.

그런데 여기서 혹자는 '나는 록펠러처럼 가진 돈이 없어서 나눌 수가 없다'고 생각할 수도 있을 것이다. 하지만 자세히 생각해보면 내가 가지고 있는 것은 너무나 많다. 누구나 나름대로의 재능, 건강, 철학 등을 가지고 있고, 오히려 헬렌 켈러처럼 자신의 부족함을 나눌 수도 있다. 미국 대통령 지미 카터와 빌 클린턴 중 누가 성공한 대통령이라고 생각하는가? 재임 시절의 업적으로 따지면 빌 클린턴이 성공한 대통령이지만, 인생 제3막을 잘 살고 있는 지미 카터 대통령이 더 행복한 인생이라고 생각하지 않는가? "가장 성공적인 전직 대통령, 대통령을 거치지 않고 바로 전직 대통령이 되었으면 좋았을 사람, 대통령 일보다는 목수 일을 더 잘하는 사람"이 바로 미국의 제39대 지미 카터 대통령이 자신을 표현한 말이다. 그가 성공적인 노후를 보내고 있는 것은 가족들과의 관계를 더욱 친밀하게 만드는 노력을 하면서도, 자신이 가진 전직 대통령이라는 신분을 활용해서 분쟁 지역의 평화적 해결 노력에 참여하고, 높은 보수를 받는 강의 대신 '사랑의 집짓기 운동' 등에 적극적으로 참여하는 나눔의 활동을 하고 있기 때문이다.

산업사회의 성공지향적인 가치관과 지식사회에서도 인생 제2막의 성공을 위해 앞만 바라보고 살아온 사고방식에 익숙한 우리에게 나눔이란 어리석은 자들의 행동이라는 생각이 지배적이다. 내가 부자가 되기 위해서는 남의 것을 빼앗아야 하고, 내가 승진하기 위해서는 남을 밟고 올라가야 된다는 사고방식을 가지고는 마음 깊은 곳에서 솟아나는 행복감은 절대로 느낄 수 없다. 더 많이 가져야 된다는 강박관념은 마치 목이 말라 바닷물을 마시면 더욱 목이 마르는 것과 같이 우리를 더욱 지치게 만들고 병들게 한다. 진정한 행복은 내가 가진 것을 주위와 나눌 때 찾아온다. 나눔은 나를 가난하게 만드는 것이 아니라 나를 더욱 풍요롭게 한다. 나눔을 생각할 때 아쉬운 점은 한국의 노인들은 나눔에 대해 인색하다는 점이다. '주당 반나절 이상 자원봉사를 한 경험이 있느냐' 는 질문에 한국의 60대는 21퍼센트, 70대는 16퍼센트만이 '그렇다' 고 응답해서 세계 평균인 30퍼센트와 큰 차이를 보였다.

나눔을 쉽다고 생각할 수도 있지만, 나눔은 생각만큼 쉽지가 않다. 우선 나눔은 생각만으로 되는 것이 아니라 인생관이 되어야 하고 체질화되어야 한다. 나눔을 통해 진정한 행복을 느낄 수 있어야지 마지못해 나누는 것은 크나큰 스트레스가 된다. 따라서 나눔을 실천하기 위해서는 인생 제1막, 제2막에서 꾸준한 연습을 통해 체질화시키는 것이 필요하다. 사회에서 완전히 은퇴한 다음에 나눔을 실천해야겠다고 생각하고 있다면 큰 잘못이다. 나눔을 실천하는 인생 제3막은 인생의 끄트머리에 주어지는 보너스 기간이 아니라 제2막과 차원이 다른 별개의 중요한 인생의 한 부분이라는 인식을 할 필요가 있다. 따라서 이렇게 중요한 인생 제3막을 맞이하기 위해서는 인생 제2막에서 내가 나누어줄 수 있는 것이 무엇인지 미리 살펴보는 과정도 필요하고, 나눔에 필요한 지식, 예를 들어 코칭이나 강의법, 커뮤니케이션 방법 등도 미리 익힐 필요가 있다. 또한 단독으로 나누는 것보다는 이미 구성되어 활동하고 있는 단체를 통해 나눔을 실천하는 것이 효과적이기 때문에, 미리 그런 단체에 가입해서 조금씩 나눔을 실천하다 보면 자신에게 맞는 나눔의 방법을 찾을 수 있다. 또한 막연한 마음보다는 조그만 나눔을 통해 진정으로 자신의 내면에서 기쁨을 맛볼 수 있는 분야를 미리 발견한다면 더욱 보람된 인생 제3막을 준비할 수 있을 것이다.

여기서 명심해야 할 중요한 사항은 나눔은 자신을 과시하는 수단이 아니라는 사실이다. 즉 나눔이 나의 우월성을 나타내고, 나눔의 대상이 나보다 열등하다는 생각을 가지게 되면 오히려 역효과를 볼 수 있다. 나눔을 자신의 우월성을 나타내는 수단으로 생각한다는 것은 열등감을 가지고 있다는 반증일 가능성이 많다. 따라서 진정한 의미의 나눔을 실천하고 싶다면 자신을 사랑하고, 자신의 존재 의미를 깨닫는 작업이 우선되어야 한다. 이런 과정을 거쳐 상대가 비록 나에게 도움을 받지만, 이는 단지 내가 받은 선물을 되돌려주는 것일 뿐이라는 확고한 사랑의 철학을 가지게 될 때 진정한 나눔을 통해 삶의 의미를 실현할 수 있다. 더 나아가 남을 도와준다는 명분으로 그에게 내 방식을 받아들이라고 강요하는 것은 옳지 않다. 상대를 진정으로 도와주겠다면 상대가 받아들일 수 있고, 상대가 원하는 방법으로 해야 한다.

내가 이러한 생각을 글로 쓰고 주위에 나누어주는 것도 의미 있는 삶을 살기 위한 하나의 방법이라 생각하기 때문이다. 내가 지금은 사업을 하고 있기에, 돈을 나눌 수 있는 처지는 아니기 때문에, 그나마 내가 가진 지식과 경험이라도 우선 나누면서 나눔에 대한 조그만 연습이라도 하자는 생각이다. 혹자는 "하는 사업이나 잘하서" 하고 비꼴지 모르겠지만, 나는 사업의 성공이 인생의 성공이라고 생각하지는 않는다. 물론 사업의 성공을 통해 더 나눌 수 있는 부를 축적할 수도 있고,

사회의 성공을 꿈꾸는 후배들에게 인생을 펼쳐 나갈 발판을 제공하고 도움을 줄 수는 있겠지만, 지금도 나눌 수 있는 것이 있다면 나누어야 한다고 생각한다. 내가 운영하고 있는 회사의 직원들도 단순히 이 회사를 위해 일을 하고 월급을 타는 관계로 생각하지 않고, 자기 인생을 실현할 수 있는 터전으로 생각했으면 좋겠다. 지금은 부족하지만 그 부족한 것이라도 나누려고 노력하다보면 우리 회사의 사훈처럼 모두가 '행복한 사람들'이 될 것이라고 확신한다.

___주위와의 관계를 회복하라

나이가 들수록 주위와 원만한 관계를 맺는 것이 중요하다. 존스홉킨스 대학 연구소의 제임스 린치 박사는 미국인 사망 원인의 첫 번째가 외로움에서 비롯된 것이라고 주장한다. 혼자 살게 되면 타인과 같이 사는 경우에 비해 조기 사망률이 2배에서 10배 정도 높아진다는 것이다. 장수 노인들의 공통점 중의 하나가 바로 가족이나 지역 공동체와 친밀한 관계 유지라는 사실이 이를 뒷받침하고 있다. 친구가 없는 사람은 감기도 더 심하게 앓는 것으로 나타났다. 경동맥 질환을 앓고 있는 환자를 대상으로 실시한 또 다른 연구에서는 친구나 친척이 없는 환자의 절반은 5년 이내에 사망했는데, 이것은 부부나 친구가 있는 환자의 사망률보다 세 배나 높은 것이었다. 이러한 연구 결과는 주위와 원활한 관계를 유지해서 그들로부터 친밀한 지원을 받게 되면 광범위한 신체적, 정신적 위협으로 인한 스트레스로부터 보호를 받을 수 있기 때문으로 분석되고 있다. 버크만의 지적대로 사회적인 고립은 '만성적인 스트레스'를 초래하기 때문이다.

나이가 들면 주위와의 관계가 원만해져야 함에도 불구하고 오히려 주위와 단절되는 경우가 많다. 그 이유는 여러 가지가 있겠지만 가장 큰 원인이 바로 자신만을 주장하는 완고함이다. 자신의 경험을 앞세워 다른 사람들을 가르치려 드는 자세는 주위와의 관계를 가로막는 가장 큰 걸림돌이다. 이런 완고한 자세를 견지하다보면 인간관계를 제대로 형성할 수 없어서 자신에게 맞춰주는 애완동물에 집착하는 경우가 많다. 물론 애완동물이 노인과 아이들에게 정서적인 안정감을 주지만, 나이가 들어서 비정상적으로 인간관계를 멀리하고 애완동물에만 집착하는 것은 바람직하지 않다. 특히 남자들은 영리라는 주어진 목적을 위해 모인 기업 내의 조직에서만 일하는 것에 익숙해 있기 때문에 퇴직 후 개인적인 관계나 지역적인 네트워크를 맺는 데 어려움을 겪는 경우가 많다. 따라서 남자들은 인생 제2막에서 사회활동을 하면서도 가족과의 친밀한 관계 회복 노력을 통해 개인적인 네트워크를 형성하는 데 익숙해질 필요가 있다.

나이가 들어가면서 주위와의 관계 회복에 가장 쉬운 대상은 바로 옛날 친구들이다. 나이 50이 넘어가면 거의 40년간을 만나지 못했던 초등학교 동창회까지 활성화되는 것도 이러한 이유에서다. 하지만 이렇게 옛날부터 알고 있던 친구를 만나는 것도 중요하지만, 노년의 생활에 활력을 불어넣기 위해서는 새로운 친구를 사귀려는 노력이 필요하다. 동창회를 가더라도 친하지 않았던 친구를 사귀도록 하고, 종교적인 모임, 동호회 등을 통해서 새로운 친구를 사귀도록 노력해야 한다.

동네에서 사귄 친구들이나 학교에서 사귄 친구들은 이해관계가 없는 순수한 관계였지만, 인생 제2막에서 사귀는 대부분의 친구관계는 직장의 지위나 이해관계가 얽히는 경우가 많다. 그러나 자원봉사 모임이나 인생 제3막의 일을 통해서 만나는 새로운 친구관계는 이해관계를 떠난 자연인으로 만날 수 있다는 이점이 있다.

최근 한 신문의 칼럼(경향신문 2008년 1월 24일)에 동호회 모임 이야기를 재미있게 쓴 글이 있어 가볍게 소개하고자 한다.

호(號, 닉네임)의 진화

일전에 이름만 대면 알 만한 사람은 다 아는 유명한 서예가 한 분을 찾아뵌 적이 있다. 이 분이 갑자기 나에게 호(號)가 무엇이냐고 물었다. 내가 호 같은 건 없다고 대답했더니, 약간은 의아한 표정을 지으면서 작업실로 가서 일필휘지로 '詩山藝舍(시산예사)'라는 글씨를 써주면서 앞으로 '詩山(시산)'으로 호를 삼으라고 했다. 아마도 문학 나부랭이나 한다고 하니 문학으로 산처럼 큰 업적을 쌓으라는 덕담쯤으로 여겨져서 그 분의 마음 씀씀이에 고마움을 느꼈다. 사실 '詩山(시산)'은 너무 커서 '詩卒(시졸)' 쯤으로 했어도 과분했지 않나 싶다.

좀 더 거슬러 올라가면 우리 조상들은 이름(家名) 외에도 자(字)와 호(號)를 동시에 사용했다. 자는 대개 20세가 넘으면 웃어른 또는 선생이 지어주거나 스스로 지어 사용했다. 자가 붙은 후로 윗사람에게는 자신을 본명으로 말하지만 동년배 이하의 사람에게는 자를 사용했다고 한다. 호는 이름이나 자 외에 누구나 허물없이 부를 수 있도록 지은 칭호였다. 추사 김정희니, 백범 김구니, 도산 안창호니 하는 말이 아주 귀에 익은 것처럼 호는 광범위하게 사용되었다.

사실 한 세대 전 사람만 해도 호를 많이 가졌었다. 김대중 전 대통령의 호는 후광(後廣)이었고, 김영삼 전 대통령의 호는 거산(巨山)이었다. 그런데 노무현 대통령은? 호가 없다. 이명박 당선인은? 이 글을 쓰면서 인터넷에서 검색을 해보니 청계(淸溪)란 호가 뜬다. 급조한 것 같아 좀 우습기는 하다.

요즘에는 호를 사용하는 문화가 거의 사라졌다. 그러다 보니 정치인들을 호명할 때 영문 이니셜을 사용하는 경우가 더 많아졌다. YS니 DJ니 MB니 하는 것이 그것인데, 간편하긴 하지만 좀 야박하게도 느껴진다. 하지만 인터넷 문화가 발달하면서 새로운 현대판 호가 다량 만들어지고 있다. 나는 싱글라인코리아(배낚시동호회 이름, 싱글들이 모여 있는 것이 아니라 줄 하나로 낚시한다고 해서 붙인 이름이다)의 회원인데 닉네임이 강물이다. '강태공' '백두조사' '다섯마리' '행복한어신' '꽝조사' '눈먼고기' '핸펀과우럭사이' 등이 우리 회원들의 닉네임이다.

'다섯마리' 님은 늘 다섯 마리 이상만 잡게 해달라고 '다섯마리'고, '꽝조사' 님은 만날 꽝이라고 제발 꽝만은 면해달라고 '꽝조사'다. '핸펀과우럭사이' 님은 좀 절박하다. 휴대전화 대리점을 하는 분인데 늘 낚시가고 싶어 온몸이 근질근질하단다. 그래서 자신의 존재는 생업을 위한 대리점 지키기와 우럭 잡으러 가서 바다에 떠 있는 마음 사이에 있다고 해서 붙인 이름이란다. '눈먼고기' 님은 고기들이 제발 눈이 멀어 자신의 낚시 바늘만 물어달라고 붙인 이름이다. 이 사람들의 나이? 30대부터 50대까지 다양하다. 이 사람들이 출조 전에는 카풀 때문에 전화 통화를 하기도 한다. 그 내용은 대개 이렇다.

"'람바다' 님, 쌍문동에서 '태권브이' 님을 태우고 성북동 아리랑고개로 오세요. '꽝조사' 님과 '눈먼고기' 님은 아리랑고개로 바로 오기로 했고요. '햅편과우럭사이' 님과 '길을찾아' 님, '백두조사님' 은 양재에서 바로 출발한답니다. 행담도에서 '어벙이' 님만 태우면 됩니다."

이럴 때면 옆에서 듣고 있던 아내가 가끔 한마디 한다.

"참, 나잇살들 먹어가지고 가관이네."

집에서 휴대폰을 아내가 대신 받을 때도 그렇다.

"여보, 강물님 찾네." 본명을 모르니 강물님을 찾을 수밖에.

하지만 나도 할 말이 있다. 아내가 활동하는 동호회는 식물도 기르고 집안도 꾸미는 뭐 그런 동호회인데, 그쪽 아줌마들 닉네임도 가관이다. '브룩실패' '핑클리아' '초록이좋아' '이쁜꽃' '꽃을든손' '바비걸' '목련댁' '가시많은장미' '마를린문자' …….

바다낚시와 동호회 활동을 통해 삶의 활력을 찾는 필자의 삶이 보기 좋아 잠시 소개해본 것이다. 하지만 이런 동호회 활동도 젊었을 때부터 꾸준히 하는 것이 중요하다. 나중에 퇴직한 다음에 시간이 나면 하겠다고 생각하면 손해를 보는 수가 있다. 동호회 활동 자체가 험한 세상을 살아가는 데 힘을 주는 활력소가 될 수 있기 때문이다.

자연인으로서 새로운 친구관계를 만들기 위해서는 자신 있게 자신을 표현할 수 있는 태도가 필요하다. 퇴직한 사람들이 새로운 관계를 맺을 때 가장 곤란을 겪는 문제 중의 하나가 명함이다. 이제까지 무슨 회사의 무슨 부서 무슨 직함을 가지고 자신을 소개해왔기 때문에 퇴직과 동시에 그 소속에서 벗어나면 갑자기 자신의 존재 자체에 대한 공황상태에 빠져들게 된다. 이런 문제를 미리 방지하기 위해서는 인생 제2막에서부터 자신의 아이덴티티를 스스로 확립하는 훈련이 필요하다. 어느 회사의 누가 아니라 무슨 일을 하는 누구라는 개념 정립을 할 필요가 있다는 말이다. 지식사회에 맞게 자신을 1인 기업(나 주식회사)의 CEO로 생각하고 퇴직 후에 자신을 알릴 수 있는 전문가로 변신하도록 해야 한다.

인생커리어코치, 한국문화유적 답사전문가, 한국야생화 연구가 등 자신이 정말 하고 싶었고, 잘할 수 있고, 정말 좋아하는 자신만의 분야를 가지고 자신에 차서 일을 한다면 그 에너지가 넘쳐 누구나 좋아하는 사람이 될 수 있을 것이다. 물론 자연인으로서 사회활동을 할 경우에는 일하는 능력 자체도 중요하지만, 타인을 배려하는 마음가짐, 분위기를 리드하는 유머감각 등이 더 중요한 요소가 된다는 점도 알아야 한다. 어떤 조직이나 모임에서도 갈등과 대립은 필연적으로 생기게 마련이다. 회사 조직 내에서 일을 하는 경우에는 갈등과 대립이 생기면 직급이나 회사 방침에 의해 수직적으로 해결하는 경우가 많지만, 사회 모임에서는 대화와 타협으로 해결해야 하는데, 이때 가장 중요한 요소가 자신과 다른 의견이나 문화를 용인하는 마음가짐이다. 그렇다고 자신의 의견을 덮고 무조건 상대에게 양보하라는 말이 아니라 서로 공통의 목표를 가지고 공감대를 찾는 노력을 해야 한다는 뜻이다. 이때 일반적으로 나타나는 가장 큰 문제는 갈등이 감정적인 대립으로 치닫는 것이다. 모든 문제를 상대 탓으로 돌리며 비난하는 순간 대화의 문이 닫히고 갈등은 점점 커지게 된다.

___죽음과 친구하자

최근 읽은 책에 설니홍조(雪泥鴻爪)라는 구절이 있었다. 눈 위에 남겨진 기러기의 발자국도 눈이 녹고 나면 사라지고 만다는 뜻이다. 인생을 열심히 살아왔지만 인생의 끝에서 되돌아보면 남은 것이 아무것도 없다는 비유의 뜻을 포함하고 있다. 진정 우리가 인생을 잘 살았다고 할 순간은 인생의 끝에서 흐뭇한 미소를 지을 수 있을 때일 것이다. 이러한 흐뭇한 미소는 단순히 남들보다 열심히 살아 부나 명예를 가지고 있다고 지을 수 있는 것이 아니라, 자기가 가진 것, 하고 싶은 일을 나누면서 의미 있는 삶을 살았을 때 지을 수 있는 것이다.

행복한 인생에 대한 평가는 사실 주관적이기도 하지만 주위의 냉정한 평가를 받기도 한다. 진정 행복한 삶을 산 사람이라면 그 사람이 세상을 떠났을 때 주위 사람들이 아쉽다고 느끼고, 슬퍼한다. 현재 세계적으로 가장 부자이면서도 자선사업에 가장 많은 돈을 기부하고 있는 빌 게이츠의 나눔도 자신의 죽음 후의 평가에 대해 생각하게 되면서 실천하게 되었다고 한다. 정확한 연도는 생각나지 않지만 만우절에 누군가 장난으로 띄운 빌 게이츠의 사망 소식에 보인 전 세계의 반응을 보고 충격을 받은 그가 진정 의미 있는 삶을 살아야겠다는 생각을 하게 되었다고 한다. 우리도 한 번 자신의 죽음에 대해 생각해보고, 주위의 가족, 친구, 동료 등이 나의 떠남에 대해 아쉬워하는 삶을 살고 있는지 생각해본다면 지금 나의 삶의 좌표에 대해 정확히 알 수 있지 않을까?

인생을 긴 문장이라 할 때 나이 50이 중간의 쉼표라면, 죽음은 그 문장의 마침표가 아닐까? 마침표가 없이 문장이 완성될 수 없듯이 죽음 없이 인생이 완성될 수는 없다. 더 나아가 그 마침표가 단순한 마침표가 아니라 느낌표로 대체될 수 있다면 더욱 좋지 않을까? 진시황처럼 인생의 마침표를 찍지 않기 위해 발악하다보면 인생이라는 문장이 엉망이 될 가능성이 높아진다. 사람이라면 피할 수 없는 죽음과 친해지고, 이를 자연스럽게 받아들이고 준비할 때 인생의 의미는 더욱 깊어질 수 있다. 사실 잘 살기(웰빙, well-being)는 잘 죽기(웰다잉, well-dying)와 불가분의 관계가 있다. 죽음이 없다면 삶이란 것이 그렇게 소중하고 가치가 있을 수 있겠는가. 미켈란젤로의 말대로ㅡ"생명이 우리들에게 바람직한 것이라면, 죽음 또한 우리들에게 있어서 불쾌한 것일 리가 없지 않은가? 왜냐하면 죽음이란 생명을 창조한 거장의 똑같은 손으로 만들어진 것이기 때문에……" ㅡ죽음이 없는 삶이란 생각할 수가 없다.

그래서 인생의 목표를 설정할 때 가장 많이 쓰는 방법이 역설적이게도 '유언장 작성', '묘비 문구 쓰기' 등이다. 죽음을 생각하면서 유언장이나 자신의 묘비 문구를 작성하다보면 자연스럽게 자신의 삶을 성찰하게 된다. 만일 글쓰기가 부담스럽다면 캠코더를 이용해서 동영상 유서를 제작하는 것도 하나의 방법이다. 아니면 불치병에 걸려서 육 개월의 시한부 인생을 산다고 생각하고 사랑하는 사람에게 이별의 편지를 써보거나, 남은 시간을 어떻게 보낼지 글로 써보는 것도 삶을 진지하게 바라보는 데 도움이 된다.

나이가 들면 실제로 죽음을 맞이할 준비를 미리 하는 것이 바람직하다. 준비된 죽음은 마음을 편안하게 하며 남은 유족들의 부담을 덜어줄 수 있다. 죽음도 삶의 일부로 받아들일 수 있도록 사회적인 분위기가 조성되어야 하는데, 숫자 '4' 가 죽을 '사(死)'와 발음이 같다는 이유로 엘리베이터 층수 표시에서 빠질 정도로 우리 사회에서 죽음은 언급 자체가 금기시되고 있다.

최근 종교 단체를 중심으로 죽음에 대한 교육이 이뤄지고 있지만 아직은 초보 단계를 벗어나지 못하고 있다. 더구나 공교육에서는 아예 생각하지도 않고 있다. 반면에 미국에서는 1970년대에 이미 1000여 개의 과정이 고등학교와 대학교에 개설되어 운영되고 있다. 고려대 교육학과 강선보 교수는 "미국에서는 초등학생들조차도 애완동물이 죽었을 때의 상황을 가정한 토론과 동식물의 생활사 교육 등을 통해 죽음을 삶의 일부로 받아들이도록 배우고 있다"면서 "한국도 지금까지 금기시해온 죽음 준비 교육을 공교육의 영역에 포함시켜야 할 때"라고 말하고 있다. 죽음 준비 교육은 단순히 아름다운 죽음을 맞이할 수 있도록 하는 역할뿐만 아니라 아름다운 삶을 살도록 돕는 역할을 한다.

이렇게 죽음에 대해 교육을 받고 있는 미국인들조차도 세 사람 가운데 두 사람은 유언장이나 유언을 남기지 않고 죽는다고 한다. 유언장을 작성하는 것은 죽음을 준비하는 가장 기본적인 절차이다. 꼭 남길 재산이 많아서가 아니라 후세에 남기고 싶은 말이나 장례절차 등에 대해서 미리 언급함으로써 자손들의 부담을 덜어줄 수 있는 것이다. 나이 50이 되면 특히 자손들에게 남기고 싶고, 기억되고 싶은 자신의 모습을 한 번 그려보면서 중간 점검을 하게 되면, 앞으로 남은 삶을 어떻게 살아야 할지 올바른 방향을 잡는 데 큰 도움을 받을 수 있다. 정말로 진지하게 유언장을 쓰다 보면 용서 못할 사람이 어디 있는가 하는 생각이 들게 되고, 그동안 미워하고 지냈던 주위 사람들과 화해할 수 있는 계기가 된다. 죽음을 앞둔 마당에 용서 못할 사람이 어디 있겠는가. 사실 미움은 자신을 갉아먹는 독이 되고, 용서는 상대방보다 오히려 자신을 위해 필요하다는 사실을 깨닫게 된다. 이런 과정을 통해 삶은 밝아지고, 너그러운 인생관을 가지게 되어, 죽음을 준비하는 것이 오히려 삶을 연장시키는 역할을 하게 된다.

5장 행복의 버팀목인 건강 챙기기

김찬혁(가명) 씨는 위암 수술을 받고 병원에 누워 있으면서 정말 인생 무상을 느끼고 있다. 김 씨는 대학을 졸업하고 입사해 28년간을 오직 회사만을 위해 열심히 살다가 3개월 전에 명예퇴직을 당하게 되었다. 명퇴라고는 하지만 사실상 권고사직이나 마찬가지라서 회사에 배신감도 느끼고, 오직 회사 밖에 모르다가 이렇게 되고 보니 솔직히 앞날이 까마득하게 느껴졌다. 그러다 머리도 식힐 겸 아내와 해외여행을 가기로 했는데, 퇴직 후 신경을 써서 그런지 그동안 안 좋았던 속이 더 아파서 병원에 갔다가 위암3기 판정을 받아서 바로 수술을 하게 된 것이다. 물론 해외여행이 취소된 것은 말할 것도 없다.

무엇이든 철저히 해야만 직성이 풀리는 김 씨의 성격이 위궤양을 불러왔고, 회사를 쉬는 게 불편해서 계속 참아왔던 것이 위암까지 불러온 원인이 아닌가 생각하니 분하고 후회스러울 따름이었다. 성격도 성격이지만 거의 김 씨의 경우는 대한민국에서 직장을 다니고 있는 40~50대의 전형적인 모습이다. 물론 김 씨는 한 직장에서 거의 정년까지 보낸 요즘 보기 드문 예지만 말이다. 어쨌든 40이 넘으면 꼭 정밀신체검사를 받을 필요가 있다. 이 나이대가 되면 신체 기능이 급격히 저하되는 데 반해, 업무는 과중해지고, 책임이 커지면서 스트레스는 늘어나고, 잦은 야근과 술자리로 위, 간, 신장 등 모든 장기에 과부하가 걸려 있을 확률이 높기 때문이다. 게다가 아직도 담배를 피우고 있는 비율이 높아 건강이 안 좋을 확률이 상당히 높다.

"돈을 잃는 것은 조금 잃는 것이요, 명예를 잃는 것은 많은 것을 잃는 것이요, 건강을 잃는 것은 모든 것을 잃는 것이다"라는 격언이 있다. 돈이 노후 준비를 위한 기본이라면 건강은 노후 준비를 위한 필수라고 볼 수 있다. 아무리 돈이 많아도 건강을 잃고 자리보전해서 누워만 있으면 행복은 물 건너간 것이다. 설사 노후자금이 좀 부족하다 하더라도 건강하면 나이 들어서도 일을 하면서 돈을 벌면 된다. 하지만 건강을 잃게 되면 모아놓았던 돈도 병원비로 쓰게 되어 노후 생활에 막대한 차질을 초래하게 된다.

또 병원비를 쓸 정도로 아프지 않더라도 관절이 안 좋거나 디스크가 있어서 거동이 불편한 경우에는 삶의 질이 급속히 떨어진다. 누구나 꿈꾸는 것이 은퇴를 한 후에는 여행도 하고, 취미 생활도 하는 것인데, 건강이 받쳐주지 않으면 돈이 아무리 많아도 소용이 없다. 누구 말대로 단체로 버스 관광을 가서 다른 사람들은 다 걸어서 구경하는데 혼자서 버스를 지키는 신세가 된다면 인생의 재미를 느낄 수 없을 것이다. 그때 가서 후회해도 이미 늦다.

건강은 건강할 때 지켜야 한다는 말이 있다. 즉 건강하기 위해서는 특별한 비법보다는 젊었을 때부터 건강한 생활 습관을 꾸준히 유지하는 것이 중요하다. 수많은 전문가들이 건강을 증진시키기 위한 갖가지 방법들을 제시하고 있다. 나는 의학이나 건강 분야 전문가가 아니기 때문에 다른 건강 전문가들이 제시한 여러 방법들 중에 내 수준에서 보편적이라고 생각되고, 내 수준 정도의 일반 사람들이 알아두었으면 좋겠다고 생각하는 사항들을 음식, 운동, 마음 분야로 나누어 소개하고자 한다. 이렇게 세 분야를 선택한 이유는 건강을 위한 빅토리아 선언에서도 건강을 위한 4대 기반으로 합리적인 식사, 적절한 운동, 금연과 절주, 심리적인 안정을 들고 있는데, 금연과 절주는 누구나 알 수 있는 일이고, 만약 이를 언급하려면 지나치게 의학적인 기술이 될 것이기에 이를 식사 부분에 간단하게 포함시켜서 크게 세 가지 분야만 언급하기로 한 것이다.

단, 음식 중에서도 특히 물이 중요하다고 생각하기 때문에 물은 별도의 장으로 다루고자 한다. 특히 마지막에 동양적인 방법들을 간단히 소개했는데, 그 이유는 현재까지의 수명 연장에는 서양 의학적인 방법들이 효과가 있었지만, 노년의 삶의 질을 높이기 위해서는 동양적인 관점에서 삶의 균형을 잡는 것이 중요하다고 생각하기 때문이다. 그럼

본격적인 해결책을 소개하기 전에 노화에 대해 우선 살펴보겠다.

___노화에 대해 다시 생각한다

2000년에 우리나라도 65세 이상 노령 인구가 전체 인구의 7퍼센트를 넘는 고령화 사회가 되었고, 2018년에는 그 비율이 14퍼센트를 넘는 고령 사회가 될 것이라고 야단이다. 물론 이렇게 노령 인구 비율이 늘어나게 되면 국민연금의 경우 내는 사람은 적고, 받을 사람은 많아져서 기금이 고갈되는 문제가 생기고, 국민 생산 능력이 떨어져서 세금이 줄어들어 국가 재정이 줄어드는 문제 등 여러 부작용이 생기게 된다. 하지만 역설적이게도 개인적으로 보면 이제까지 인류의 꿈이었던 장수의 혜택을 누리게 되었다고 볼 수 있다. 중국을 최초로 통일한 막강한 진시황마저도 이루지 못했던 장수의 꿈을 이제는 일반인 누구나 누릴 수 있게 된 것이다.

기원전 1천 년경 고대 그리스인과 로마인의 평균수명은 약 20년 정도였던 것으로 추정되고 있다. 그 후 3천 년 동안 인간의 평균수명은 25년이 늘어 1900년에는 45~47세가 되었다. 이때부터 50년 동안 평균수명은 또다시 25년이 늘어 1950년에는 70세가 되었다. 현재는 80세가 넘고 있으며, 21세기에는 120세도 바라보게 되었다. 이렇게 인간의 수명이 크게 늘어난 것은 청결한 환경, 항생제, 예방주사, 질 좋은 식수 등 의학의 발전과 생활환경의 향상 덕분이다.

그렇다면 인간의 수명은 얼마까지 늘어날 수 있을까? 생물학적 원리에 따르면 포유동물의 수명은 생장기의 5~6배 정도이다. 인간의 생장기는 20~25년이기 때문에 인간의 생물학적 수명은 최소 100세에서 최장 150세라는 계산이 나온다. 성경(창세기 6장)에는 노아의 홍수 후에 하느님이 인간에게 앞으로 120세까지 살 수 있도록 하겠노라고 한 내용이 적혀 있다. 아무튼 인간의 최대 수명은 대략 120세 정도까지라고 보는 것이 정설이다. 현재까지 세계 최고령은 148세로 시리아에 있는 무사이피라 마을 출신의 후세인 샤들리 씨로 알려져 있지만, 기네스북에 공인된 세계 최고령 남성은 112세인 일본인 다나베 도모지 씨고, 세계 최고령 여성은 114세인 미국의 에드너 파커 씨다. 최근 모로코의 시디 카두르 마크수리 씨가 123세라고 주장하면서 기네스북에 공인을 요청했지만 아직 공인을 받지는 못한 상황이다. 후세인 샤들리 씨나 시디 카두르 마크수리 씨가 공인을 받지 못하고 있는 이유는 그들이 정확한 나이를 기억하고 있지 못하고, 또 그를 증명해줄 공식 문서가 없기 때문이다.

인간은 오래 살기를 원하기 때문에 노화의 원인을 밝히는 데 많은 연구가 이루어지고 있다. 하지만 노화를 일으키는 원인에 대한 많은 연구 성과가 있었음에도 불구하고 아직까지도 많은 부분이 수수께끼로 남아 있다. 현재까지의 연구 성과로는 노화의 원인으로 크게 프로그램 설, 유해산소 설, 호르몬 설의 세 가지가 제시되어 받아들여지고 있는데, 어느 한 가지가 결정적인 노화의 원인이라기보다는 복합적으로 작용하는 것으로 보고 있다. 우선 프로그램 설은 인간의 세포가 분열할 때마다 세포 끝의 텔로머라아제가 조금씩 소진되어 짧아지다가

세포 분열이 75번 일어나고 나서는 이 효소가 완전히 소진되고, 그 세포가 죽게 되기 때문에 노화가 일어난다는 설이다. 그렇다면 세포의 텔로머라아제만 없어지지 않도록 하면 노화가 방지되어 영생을 얻을 수 있는 것인가?

대답은 그리스 신화의 티토노스에게 찾을 수 있다. 영생의 대가로 저주가 내려진다는 것이다. 즉 텔로머라아제가 없어서 세포가 죽지 않고 계속 증식만 하는 것이 바로 암인 것이다. 어쩌면 텔로머라아제는 암에 저항하기 위해 세포가 가지고 있는 생명 방어 수단이라고 볼 수 있다.

유해산소 설은 생명 유지에 필수적인 산소가 역설적으로 노화에도 작용한다는 것이다. 사람은 매일 약 500리터의 산소를 흡수하는데 이 중 일부는 활성산소가 된 후, 일산화질소 등과 함께 체내에서 세균을 죽이거나 혈압을 조절하는 등 생명 유지 역할을 수행한다. 이렇게 활성산소는 혈액이 순환할 수 있도록 돕고, 세균으로부터 몸을 보호하는 역할을 하지만, 동시에 이 활성산소는 세균에만 작용하는 것이 아니라 인체의 DNA나 단백질 등을 산화시켜 손상을 입히기도 한다. 따라서 노화를 방지하기 위해서는 과잉의 활성산소를 줄여주는 것이 필수적이다. 노화 방지 식품이나 약품들 대부분이 바로 이 활성산소를 줄여주는 역할을 한다는 것이다.

호르몬 설은 우리 신체의 성장과 유지에 필수적인 호르몬의 균형이 깨지면서 노화가 시작된다는 것이다. 즉 노화의 근본 원인을 호르몬의 정보 전달이 잘못되고, 호르몬의 협력 체제가 나빠지는 것과 관계가 있다고 보는 것이다. 호르몬이 균형을 잃게 되면 수면장애, 늘어가는 주름살, 건조한 피부, 성욕 감퇴, 우울증, 만성적인 통증, 지방과다, 당뇨, 심장·순환기 질병 그리고 암 등 노화의 전형적인 현상들이 나타나게 된다는 것이다. 반대로 적정한 호르몬 투여 요법을 통해 노화 과정을 지연시킬 수 있다는 논리도 성립한다. 물론 노화의 원인은 반드시 특정 호르몬이 모자라서가 아니라 호르몬의 정보 전달이 제대로 이루어지지 않아 기관이 제대로 작동하지 못하기 때문이다. 호르몬 대체요법이나 호르몬 관련 효소를 투여하면 노화현상을 적극적으로 지연시킬 수 있지만 노화를 단지 호르몬으로만 막으려 하는 것은 중대한 실수이다. 병적인 노화현상에는 의사의 처방을 받아 호르몬 대체요법을 적용하는게 바람직하지만, 그보다는 올바른 음식물 섭취, 적절한 운동, 스트레스 해소 등 균형 잡힌 생활 태도를 통해 노화를 방지하려는 노력이 우선되어야 한다.

위에 기술한 노화 원인과 비슷하지만 도쿄이과대학의 다누마 세이치 교수는 그의 저서 『사람은 왜 늙는가』에서 노화의 원인으로 특정한 노화유전자에 의해 미리 프로그램되어 있다(프로그램 설), DNA나 단백질 이상이 축적되어 노화한다(에러 축적 설), 자손을 남기기 위해 생식 쪽에만 에너지를 집중시켜 상대적으로 체세포 능력이 감소한다(체세포 폐기 설)는 세 가지 설을 주장하기도 했다.

하지만 설사 인간이 노화의 원인을 다 밝혀내고, 노화 유전자를 밝혀내서 오래 살게 된다고 해서 무조건 좋은 것일까? 물론 아니다. 오래 사는 것보다는 건강하게 오래 사는 것이 훨씬 더 중요하다. 요새 유행하는 말로 '9988234'라는 말이 있다. 99세까지 팔팔(88)하게 살다가 2

일 동안 아픈 후에 3일째 죽는(혹은 4일째) 것이 이상적이라는 말이다. 즉 고통과 질병 없이 건강하고 즐겁게 100세까지 살다가 고통 없이 조용히 죽는 것이 모든 이의 소망이라는 뜻이다. 장수보다는 웰빙(well-being)이 중요하고, 웰빙보다는 웰 다잉(well-dying)이 중요한 시대가 되었다는 의미다. 이제 단순히 얼마나 오래 사느냐 하는 평균 수명보다 얼마나 건강하게 오래 사느냐 하는 건강 수명이 중요하게 되었다. 어느 누구도 병석에 누워서 오래 살기를 원치 않을 것이다. 한 조사에 의하면 평균 수명은 한국이 78세, 미국이 77세, 일본이 82세이지만, 건강 수명은 한국이 65세, 미국이 70세, 일본이 74세로 미국인은 죽기 전에 병석에 누워서 보내는 기간이 7년인데 비해 한국인은 무려 13년으로 한국인은 웰 다잉을 못하고 있다는 것을 보여주고 있다.

나는 이렇게 한국인의 건강 수명이 짧은 이유가 산업사회의 성공지향적인 사고방식에 기인하고 있다고 생각한다. 직장에서 성공을 위해 혼신의 힘을 다해 뛰다가 은퇴를 하고 나면 이제 자신이 더 이상 쓸모 없는 존재가 되었다는 상실감이 우리를 더 늙게 하는 것은 아닌지 다시 한 번 생각해볼 문제다. 사람은 스스로 느끼는 만큼 나이를 먹는다는 말이 있다. 늙는다는 것에 강한 저항감을 가지고 있다면 '나이는 숫자에 불과하다'는 조언에 귀를 기울일 필요가 있다. 이제까지 사회에서, 직장으로부터의 요구에 의해 몸을 사정없이 혹사하면서 성공을 향해 질주해왔다면, 이제부터는 자신의 몸을 돌보면서 생을 이끌어갈 책임이 자신에게 돌아왔다는 자부심과 책임감을 느낄 필요가 있다.

역설적이게도 죽음이 있기에 우리의 삶이 가치가 있다. 출생이 생명의 시작이라면 죽음은 생명의 마감이기 때문에 죽음도 우리 삶의 일부라는 것이다. 어떤 면에서는 출생은 내가 선택한 것이 아니라 타의에 의해 주어진 것이지만, 죽음은 내가 선택하기에 따라 의미 있고 찬란한 죽음을 선택할 수 있기 때문에 나에게 더 소중한 의미를 줄지도 모른다. 죽음에 점점 다가간다는 생각을 함으로써 우리 삶의 순간순간이 더욱 소중하고 의미가 있는 것이 아니겠는가. 오직 인간만이 자신이 언젠가는 죽는다는 것을 인식하는 유일한 동물이라는 사실은 어쩌면 인간에게 주어진 가장 큰 축복일 지도 모른다. 컴퓨터 게임에서처럼 죽었다가도 스위치만 다시 켜면 금방 살아날 수 있다면 우리 삶이 그토록 소중할 수가 있겠는가.

노화는 병이 아니라 자연스러운 현상이다. 생명이 탄생해서 죽음으로 가는 과정의 일부일 뿐이다. 따라서 노화를 부정적으로 생각하고 거부하는 안티 에이징(anti-aging) 자세를 벗어나 노화를 인생을 즐길 수 있는 또 하나의 단계로 보는 엔조이 에이징(enjoy-aging) 내지 해피 에이징(happy-aging)의 자세를 가지는 것이 중요하다. 젊었을 때의 삶이 사회, 가족 등을 중심으로 떠밀려 사는 인생이었다면 노년에는 나를 중심으로 내가 주도하면서 인생을 즐기면서 살 수 있는 좋은 기회를 맞이했다고 사고의 전환을 한다면 노년이 정말로 인생에서 중요하고 행복한 시기가 될 수 있다.

물론 이렇게 행복한 노년을 보내려면 삶에 대한 긍정적인 사고와 철학이 있어야 하고, 내 건강은 내가 지킨다는 각오와 실천이 필요하다. 노년에 들어서면 젊었을 때 가졌던 사고에서 벗어나 인생의 의미 자체에 대해 생각하면서, 그동안 모았던 재산, 지식, 건강 등을 인생의 행복을 위해 어떻게 활용할 것인가 고민해야 한다. 더 나아가 건강한 몸과 마음을 유지함으로써 이런 자산을 효과적으로 사회에 환원하는 즐거움을 만끽하도록 해야 한다. 사람의 수명 차이는 4분의 1만이 유전적인 요인에 의해 결정된다고 한다. 알츠하이머병, 암 또는 심장병 등 수명을 단축하는 질병은 유전자와 관련이 큰 것으로 알려져 있다. 그러나 이러한 유전적 요인보다는 개인의 평소 생활습관이 수명에 절대적인 영향을 미치는 것으로 나타나고 있다. 설사 수명에 불리한 유전적 요인이 있는 사람도 올바른 생활습관에 의해 그 요인을 아예 없애거나 현저히 줄일 수 있기 때문에 올바른 생활습관은 아주 중요하다.

언젠가 텔레비전 드라마에서 '있을 때 잘해'라는 유행가를 흥얼거리며 자식을 비롯한 주위 사람들에게 자신이 있을 때 잘하라는 노인의 대사를 들은 적이 있다. 건강에 대해서도 정말 맞는 말이다. 건강은 건강할 때 지켜야 한다. 노후를 건강하게 보내기 위해서는 무엇보다도 젊었을 때부터 건강한 생활습관이 생활화되도록 해야 한다. 규칙적인 생활 리듬 지키기, 균형 잡힌 식습관, 적당한 운동, 스트레스를 덜 받는 긍정적인 마음 자세 등은 어느 날 갑자기 만들어질 수 있는 것이 아니라 꾸준한 노력에 의해 형성되는 것이다. 특히 과도한 음주와 흡연 습관은 반드시 고쳐야 한다. 홍자오광은 그의 저서 『40대, 이제는 건강에 미쳐라』에서 사람에게 가장 바람직한 바이오리듬으로 '3·8제'를 주장하고 있다. 일에 8시간, 수면에 8시간, 일상생활에 8시간을 부여하는 생활습관을 말하는 것이다. 물론 이런 절대적인 수치도 중요하지만 시간대도 그에 못지않게 중요하다. 요즘 젊은 사람들처럼 낮에 자고 밤에 활동하는 생활리듬으로는 건강한 삶을 유지하기 힘들다. 일상생활의 리듬은 최대한 규칙적으로 지키되, 생활에 자극을 줄 수 있는 이벤트, 예를 들어 여행, 자원봉사 활동 등을 끼워넣는 센스가 필요하다.

특히 중년에 들어서면 호르몬의 불균형에 의해 각종 질병이 발병하기 쉽다는 점도 고려해야 한다. 남자의 경우는 30~50세, 여자의 경우는 40~60세의 20년이 중요한 시기다. 특히 여자들은 이 시기에 나타나는 갱년기가 신체적, 정신적 건강에 지대한 영향을 끼치게 된다. 여성들의 발병률이 급속히 증가하는 것도 이 시기이고, 부부 갈등이 증폭되는 것도 바로 이 시기이다. 남자들은 여자들만큼 호르몬 변화에 의해 급격한 영향을 받지는 않지만 서서히 영향을 받는다. 그래서 어떤 전문가는 남성의 갱년기도 여성의 갱년기만큼 비중을 두고 다루어야 한다고 주장하기도 한다. 더구나 남자들의 경우에는 이 시기에 직장에서의 은퇴 등 호르몬 외적인 큰 변화를 겪는 경우가 많기 때문에 그 효과가 증폭되어 우울증 등의 심각한 증상을 보이기도 한다. 한 마디로 이 20년이 노년의 행복을 좌우하는 중요한 시기인 것이다.

노후의 건강에 대해 생각할 때 신체적인 건강 못지않게 중요한 것이 바로 정신적인 자세다. 장수 노인들의 공통점은 음식, 자연 환경 등 외부적인 요인 외에 아량이 넓고, 낙관적이며 활달하고 온화한 마음을 가졌다는 것이다. 장수 노인치고 우울한 사람은 없다. 더 나아가 삶을 대하는 긍정적이면서 적극적인 자세 자체가 노후를 더욱 행복하고 활기차게 만들어준다. 이러한 긍정적인 마음의 자세는 문명과 떨어진 오지에 사는 경우 주위 문화 환경에 의해 자연스럽게 체득될 수도 있지만, 경쟁을 최고 가치로 추구하는 현대사회를 살아가는 우리의 경우는 의식적으로 노력하고, 반복적으로 노력해서 습득해야 하는 능력이다. 이렇게 긍정적이며 적극적으로 노년의 삶을 받아들이고 그 안에서 자신의 할 일을 활발하게 찾아가는 노인들이 점점 많아지고 있는데, 김민주는 이런 노인들을 액티브 시니어(active senior)라고 명명하고 있다.

지그프리트 메린은 『호르몬 혁명』에서 노화를 방지하는 10가지 비결을 제시하고 있는데, 참고할 만하다고 판단되어 여기에 소개한다.

① 인생에서 가장 중요한 것은 바로 자신이다.

② 사회 속의 나―보다 적극적으로 사회에 참여한다.

③ 행복과 친구, 그리고 웃음은 절대로 포기하지 마라.

④ 균형 잡힌 음식을 먹는다.

⑤ 정신과 육체에 대한 운동을 게을리 하지 않는다.

⑥ 질병의 조기 발견과 올바른 예방법을 위해 노력한다.

⑦ 과체중이 되지 않도록 주의하고 정상체중을 유지하자.

⑧ 골다공증―남성도 걸릴 수 있으니 과소평가는 금물이다.

⑨ 담배와 술―둘 다 끊거나 줄이도록 노력하자.

⑩ 호르몬 대체요법은 새로운 힘을 선사한다.

건강의 첫걸음은 운동이다

요즘 어느 도시나 도시 내 하천길을 가꿔서 산책로를 만든 경우가 많다. 내가 사는 주변에 있는 양재천변을 가보면 걷기 운동을 하는 사람들로 가득하다. 40대 이후의 중장년층 이상이 대부분이지만 젊은 사람들도 간혹 보인다. 특히 저녁 무렵에는 어깨를 부딪치면서 걸어야 할 정도로 붐비는 편이다. 그만큼 최근 들어 건강에 대한 관심이 높아지고 있는 것이 사실이지만 아직도 절대 다수의 사람들에게 운동은 먼 남의 나라 이야기다. 특히 요즘은 자동차가 일상화되면서 동네 슈퍼에 갈 때도 차를 타고 갈 정도로 걷기를 싫어하는 사람들이 많다. 자동차 문화가 일반화되지 않았을 때는 보통 하루에 3만 보 정도를 걸었다고 한다. 하지만 요즘은 일부러 걷지 않는다면 5천 보를 채우기 힘든 실정이다. 건강을 유지하기 위해서 하루 최소 1만 보 정도는 걸어야 한다는 기준에 크게 못 미치는 수준이다. 미국에서 조사한 바에 의하면 성인의 60퍼센트가 운동 권장량(하루 30분)을 채우지 못하고 있고, 25퍼센트는 전혀 몸을 움직이지 않는 것으로 나타나고 있다. 아마 우리나라의 경우도 크게 다르지 않을 것으로 생각되는데, 컴퓨터와 게임기의 일반화로 젊은 세대일수록 걷는 것이 익숙하지 않다는 데 더 큰 심각성이 있다.

나이 들어 가장 먼저 소식이 오는 신체 부위가 바로 다리의 근육이다. 건장한 남성을 3주간 꼼짝 않고 지내게 했더니, 팔 근육은 그대로인데 비해 다리 근육은 무려 15퍼센트가 가늘어졌다는 보고가 있다. 그만큼 나이가 들수록 다리 건강에 신경을 써야 한다는 이야기다. 더 나아가 다리가 건강해야 무슨 운동이든 할 수 있고, 걸을 수 있어야 타인과의 자연스런 교류가 가능하다. 사실 걷기만큼 쉽고 돈도 안 들고 간단하면서도 몸에 좋은 운동도 없다. 걷기는 우리 몸을 구성하는 600개 이상의 근육과 200여 개의 뼈를 움직이는 효과가 있다. 걷기는 대표적인 유산소 운동으로 현대인이 가지고 있는 여러 질병의 원인들, 즉 비만, 당뇨병, 고지혈증, 동맥경화, 치매를 예방하는 효과가 있다. 일주일에 세 번 이상 한 번에 30분 이상씩 보통 걷는 속도의 한 배 반 정도 이상의 운동이면, 심근경색, 뇌졸중, 당뇨병 등에 걸릴 위험을 반 이하로 줄일 수 있고, 수명을 연장시키는 효과를 가져올 수 있다. 또한 심폐기능을 늘리는 운동을 하는 사람과 운동을 안 하는 사람 간의 건강의 정도는 나이가 들면 들수록 차이가 뚜렷해진다.

걷기 운동을 위해서는 발에 편한 신발을 준비하는 것이 중요하다. 요즘은 발에 부담을 주지 않는 조깅화나 워킹 슈즈가 많이 나와 있기 때문에 준비하는 데는 큰 어려움이 없다. 올바른 걷기 자세는 등과 허리를 곧게 펴고, 턱은 가볍게 당기고 시선은 10~20m 전방을 주시한다. 팔은 활기차게 흔들고, 아랫배는 가볍게 힘을 주고, 발뒤꿈치가 먼저 땅에 닿도록 걷는다. 보폭은 신장의 50퍼센트 정도로 한다. 그렇다면 걷기 운동은 어느 강도로 얼마나 하는 것이 좋을까? 그 기준은 숨이 약간 가빠지면서 심장박동수가 증가하는 정도로 매일 10분 이상 60분 이하로 하는 것이 좋다. 가능하면 30분에서 60분 정도가 이상적이다. 걸을 때의 심장박동수는 자신의 최대심장박동수의 50~80퍼센트가 적당하다. 최대심장박동수는 '220-나이'로 계산할 수 있다.

유산소 운동은 우리 몸에서 엔도르핀을 많이 만들어내어 기분을 상쾌하게 하고, 두뇌에 신선한 산소를 풍부하게 공급해서 두뇌 발달에 도움을 준다. 게이지 박사의 연구에 의하면 달리기를 한 생쥐들의 두뇌는 달리기를 하지 않은 생쥐들에 비해 새로운 뇌 신경세포(neuron)가 두 배나 더 많이 생성되었다고 보고하고 있다. 일리노이 주에 있는 커피 전문점을 자주 찾는 은퇴한 사람들을 대상으로 조사한 바에 의하면 그냥 앉아서 커피를 마시는 사람들은 더 똑똑해지지 않은 반면, 일주일에 세 번 이상씩 45분 걷기 운동을 하는 사람들은 IQ가 더 높아졌다고 한다. 또한 유산소 운동은 인체의 면역 기능과 인지 기능도 향상시키게 된다. 걷기는 골 관절 건강에도 좋다. 골다공증의 가장 큰 원인은 바로 운동 부족이다. 골다공증 예방을 위해서는 뼈에 큰 힘이 가해질 정도로 해야 하고, 힘을 가하는 횟수가 많을수록 효과가 높다.

지구력을 기르려면 유산소 운동을 해야 하는데, 유산소 운동은 산소를 몸속에 충분히 불어넣을 수 있도록 운동하는 것을 말한다. 운동량이 과다하면 호흡하기 곤란해서 말을 할 수 없는 상태가 되어 산소 공급이 원활하지 않게 된다. 고지혈증을 예방하려면 지방이 충분히 타들어 가는 15분 이상은 걸어주어야 한다. 과학적으로 밝혀진 바에 의하면 최대 맥박의 60퍼센트 정도를 유지하며 운동할 때, 즉 심장박동수가 120 정도일 때 효과적인 지방 연소가 이루어진다. 이 상태에서는 지방 연소가 약 80퍼센트, 탄수화물 연소가 20퍼센트가 된다. 이때는 1분에 약 8kcal가 소비된다. 운동 강도가 높아져서 심장박동수가 150~160으로 최대 맥박수의 75~80퍼센트가 되면, 에너지 소모량은 1분에 15~18kcal로 높아지지만 50~60퍼센트가 지방, 40~50퍼센트가 탄수화물 연소로 이루어지게 되어 지방 연소가 적어지게 된다. 즉 빨리 달리면 당의 연소가 많아지고, 천천히 달리거나 빨리 걷게 되면 지방이 연소되는 비율이 높아진다. 따라서 비만을 방지하고 싶다면, 빨리 달리기보다는 빨리 걷는 것이 훨씬 효과적이다.

최근 인터넷에 86세의 보디빌더 뉴린 할머니의 모습이 공개되어 화제를 뿌린 적이 있다. 젊은 사람과 다름없는 팽팽한 근육과 몸매는 보는 사람의 찬탄을 자아냈다. 그런가 하면 74세의 몸짱 할아버지 조해석 씨도 흰 머리와 수염만 빼면 젊은이 못지않은 몸매와 근육을 자랑한다. 나이가 들면 근육이 건강에 상당히 중요하다는 점을 간과하는 경우가 많다. 근육의 양과 힘은 20~25세에 최고치에 이르렀다가 그 이후에는 서서히 감소하게 된다. 일반적으로 50세가 되면 20~25세 때보다 근육의 10퍼센트 정도가 감소하고, 65세에는 약 25~35퍼센트, 80세에는 40퍼센트 이상 감소해서 일상생활이 어려울 정도에 이르게된다. 따라서 활기찬 노년을 보내기 위해서는 근력을 키워주는 바벨이나 아령 등을 이용한 무산소 운동, 즉 근력 운동이 필요하다. 근력 운동은 뼈의 미네랄 농도가 떨어지지 않도록 해주는 역할도 한다. 하지만 나이가 들면 근력 운동을 통해 근육을 키우는 데 시간이 많이 걸리므로, 가능하면 일찍 시작하는 게 좋다. 또한 짧은 시간 내에 근육을 키우기 위해 과도한 운동을 하게 되면 부상의 위험이 크기 때문에 주의할 필요가 있다.

일반적으로 근력 운동은 한 번에 30분가량, 일주일에 두세 번 정도로 제한하고 그 사이에 회복기를 두는 것이 좋다. 그보다 자주 하면 역효과가 날 수 있다. 따라서 매일 30~60분 정도 유산소 운동을 하고, 일주일에 두세 번 30분씩 근력 운동을 하는 것이 바람직하다. 세상 어떤 일이나 지나치면 좋지 않듯이 운동도 과하면 좋지 않다. 유산소 운동의 경우에도 활성산소가 생기기 때문에, 중간에 쉬지 않고 오랫동안 운동을 하게 되면 산화 스트레스가 생겨서 면역력을 떨어뜨려 장기적으로는 노인병에 취약하게 만든다. 따라서 60분 이상 운동을 할 경우에는 10분 이상 휴식을 충분히 취하고, 계속적으로 운동하기보다는 조금씩 자주 운동하는 것이 효과적이다.

진영수 서울아산병원 스포츠건강의학센터 교수는 "일주일에 6500kcal 이상 에너지를 소비하는 운동을 하고 있거나 1시간에 800kcal를 소비하는 강도 높은 운동을 2시간 이상 계속 하고 있다면 지나치다고 볼 수 있다. 과도한 운동은 오히려 몸에 해롭다"고 말한다. 또 한 가지 유의할 점은 공복일 때 운동하면 지방산이 혈액 속으로 다량 분비되어 심장의 기능을 떨어뜨릴 수 있다는 것이다. 물론 식사 직후에는 모든 신체 기능이 소화에 집중하기 때문에 식사 후 바로 운동하는 것은 내장기관에 부담을 주게 되어 좋지 않다. 따라서 음식물 섭취 후 한 시간 정도 지난 다음에 운동을 하는 것이 안전하다. 또한 나이가 들수록 근육의 유연성이 떨어져서 조금만 무리해도 부상을 당할 염려가 있기 때문에 운동 전후에 준비 운동과 정리 운동을 해야 한다.

현대인들이 운동의 필요성을 느끼면서도 실행하지 못하는 가장 큰 이유 중의 하나가 바로 불규칙한 생활 습관 때문이다. 특히 늦은 퇴근 시간으로 인해 평소에 운동하는 것이 불가능한 경우가 많다. 이런 경우에 가장 권할만한 운동 방법이 바로 일상생활 속에서 운동을 자연스럽게 하는 것이다. 실제로 미국 댈러스의 쿠퍼 에어로빅스 연구소에서 시행한 연구결과는 '생활양식 활동' 에 변화를 주면 체육관에서 하는 운동 프로그램에 맞먹는 건강증진 효과를 볼 수 있다는 것을 보여주었다. 이른바 액티브 프로젝트로 명명된 프로그램에서 대상 인원의 절반은 일주일에 적어도 3회 이상 30분씩 체육관에서 운동을 시작했고, 나머지 반은 매일 일상적 생활에 운동을 넣어 진행했다. 6개월이 지나 두 그룹은 혈압, 콜레스테롤 그리고 전반적인 몸의 상태 등 건강 지표가 비슷하게 향상된 것으로 나타났다. 세계의 장수 노인들을 조사한 결과에서도 장수의 공통된 요인 중의 하나가 바로 생활 속에서 끊임없이 움직이는 생활 태도였다.

일반적으로 생각해볼 수 있는 생활 속의 운동 방법으로는 엘리베이터를 타지 않고 계단으로 걷기, 약속 시간보다 여유 있게 출발해서 한 정거장 정도는 걷기, 주차장에 차를 멀리 세워놓고 걸어가기, 가능하면 대중교통을 이용하기 등을 들 수 있다. 물론 지하철이나 버스에서도 앉는 것보다는 서 있으면 운동 효과가 있고, 점심시간에 사무실 근방을 10분이라도 걸으면 좋고, 사무실에서도 가끔 일어나 발끝으로 서기 등을 실천하면 효과가 있다. 약간 독특한 방법으로 유아사 가게모토의 경우에는 연구실의 전화기를 책상에서 1미터 정도 떨어진 곳에 놓아두어서 전화가 오면 걸어가서 수화기를 들도록 해서 자연스럽게 움직이도록 했다.

걷기와 근력 운동 외에 나이 들어 몸에 좋은 운동으로는 수영, 수중 에어로빅, 골프, 자전거, 태극권, 요가, 등산 등을 들 수 있다. 물론 체력이 된다면 달리기, 스키, 스케이팅, 테니스, 스쿼시 등도 할 수 있지만 자칫하면 관절에 무리가 가고, 다칠 위험이 있으므로 젊었을 때부터 익숙해진 경우가 아니라 새로 시작한다면 권하고 싶지 않다. 나이가 들면 골다공증이 있기 때문에 축구, 농구와 같은 과격하면서도 접촉이 심한 운동은 피하는 것이 좋고, 탁구, 게이트볼 같은 운동이 바람직하다. 특히 탁구는 치매 예방에도 아주 효과가 탁월한 것으로 알려져 있다. 수영과 수중에어로빅은 관절에 무리가 가지 않는다는 장점이 있지만, 물에 있는 염소 성분이 눈과 피부에 자극을 줄 수 있고, 돈이 들 뿐만 아니라 실내에서 하는 운동이기 때문에 특별한 경우가 아니라면 다른 운동에 비해 선호도가 떨어질 수 있다. 골프는 친목도 다질 수 있고, 즐겁게 걷기 운동을 할 수 있다는 장점이 있지만, 경제적인 면에서 대다수의 사람들에게는 여건이 허락되지 않는다는 단점이 있다. 자전거는 관절에 무리가 가지 않으면서도 여행도 겸할 수 있다는 장점이 있어서 최근에 동호회 활동도 활발해지는 편이다. 자전거는 다리 근육과 심장, 폐에 좋은 운동이다. 그러나 지나치게 오래 자전거를 탈 경우 전립선암에 걸릴 확률이 높아진다는 보고가 있어 주의할 필요가 있다. 그 밖에 노인들에게 좋은 운동으로는 몸을 천천히 움직이면서도 운동 효과가 큰 요가와 태극권을 들 수 있다. 요가와 태극권을 하는 곳에서는 명상이나 참선을 같이 하는 경우가 많기 때문에 정신 수양에도 좋다.

돈이 별로 들지 않으면서도 운동 효과와 정신적인 안정 효과가 가장 큰 운동 중의 하나가 바로 등산이다. 등산은 전신을 고루 사용하고, 평지와 경사진 면을 걸으면서 심장박동수를 적당히 올릴 수 있는 유산소 운동이다. 등산을 할 때도 일반 운동과 같은 원칙이 적용된다. 우선 산행 전에는 준비 운동을 통해 근육과 관절을 충분히 풀어주어야 한다. 처음에는 몸이 과격한 운동에 적응하지 못한 상태이므로 천천히 걷기 시작해서 점점 빨리 걷는 것이 좋다. 걷는 속도는 경사 정도나 컨디션에 따라 달라지지만 대략 1시간에 3.6km가 적당하다. 대부분의 부상은 산을 오를 때보다는 내려갈 때 발생하기 쉽다. 더구나 나이가 들면 관절이 약해지는데, 하산 시에는 발목과 무릎에 전해지는 하중이 자기 체중의 세 배가 되고, 미끄럼 사고가 일어날 가능성이 많기 때문에 주의해야 한다. 따라서 무릎 보호를 위해서는 경사가 심하거나 돌이 많은 산보다는 평지이면서 흙이 많은 산을 택하는 것이 좋다. 또한 하중의 부담을 덜고, 미끄럼을 방지하기 위해서는 적절한 등산화를 반드시 착용해야 한다. 갑작스런 날씨 변화에 대비하기 위해 여벌의 옷과 우의를 준비하고, 장시간 산행을 할 경우에는 초콜릿, 견과류, 빵, 물, 과일 등을 준비해야 한다. 특히 등산을 하면 나무가 내뿜는 건강물질인 피톤치드를 마시게 되어 스트레스가 해소되고 장과 심폐기능이 강화되며 살균 작용도 이루어지게 된다.

건강에 좋은 또 한 가지 운동으로 댄스를 들 수 있다. 댄스는 유산소 운동일 뿐만 아니라 정신질환 예방 및 치료에도 좋은 효과가 있다. 댄스도 종류가 많은데, 왈츠나 트롯 등 가벼운 댄스는 10분에 35~55kcal, 자이브나 삼바 등 격렬한 댄스는 48~75kcal의 에너지가 소모된다. 특히 춤은 부부가 함께 즐길 수 있고 스킨십이 늘어나기 때문에 부부관계 개선에도 도움이 되는 부수적인 효과를 볼 수 있다. 춤을 배우기 위해서는 매너를 배워야 하고, 춤 동작을 외워야 하기 때문에 대인 관계 개선과 기억력 향상에도 도움을 준다. 요즘은 구청이나 백화점 문화센터 등에서 춤 강좌를 개설하고 있기 때문에 쉽게 배울 수 있고, 춤을 좋아하는 사람들끼리 동호회를 조직해서 활동하는 경우가 많아서 마음만 먹으면 얼마든지 배울 수 있는 기회가 많다.

건강을 위해 운동 못지않게 중요한 것이 바로 적절한 휴식과 수면이다. 신체 활동이 균형을 이루고 정신을 재충전하기 위해서 몸은 휴식이 필요하다. 밤에 규칙적으로 6~8시간을 자는 것이 필요하고, 특히 밤 11시부터 2시 사이에는 반드시 자도록 해야 한다. 이 시간에 멜라토닌 등 인체를 보호하는 여러 가지 호르몬이 많이 분비되기 때문이다. 몸이 요구하는 경우에는 오후에 10분 내지 20분 정도의 숙면을 취하는 것이 건강에 아주 좋다. 그보다 길게 자면 오히려 머리가 무겁고 피곤하기 때문에 좋지 않다. 낮잠을 자는 사람이 자지 않는 사람보다 대개 정신적으로 더 건강하고, 정신적 효율성도 뛰어나다는 연구 결과도 있다. 밤에 숙면을 취하기 위해서는 낮에 활발하게 활동하고, 햇볕을 받는 것이 중요하다. 물론 지나치게 햇빛에 노출되면 자외선에 의한 광노화가 초래될 수 있다.

피부의 탄력은 표피 내측의 진피 교원섬유인 콜라겐과 탄력섬유인 엘라스틴으로 유지되는데, 자외선이 닿게 되면 이들 섬유가 손상되어 콜라겐은 작게 절단되고 엘라스틴은 변성되어 피부 노화가 진행된다. 더욱이 젊었을 때 자외선을 많이 쬐게 되면 콜라겐이나 엘라스틴을 만드는 능력 자체가 약해진다고 알려져 있다. 나이가 들면 햇볕을 쬐는 것이 골다공증 예방에 좋다고 알려져 있지만, 직접 직사광선을 쬘 필요는 없고 낮에 활동을 하는 것만으로도 충분하다. 자외선에 의한 피부 노화를 막기 위해서는 외출 시에 가릴 수 없는 얼굴이나 목에는 자외선차단제를 바르는 것이 좋다. 만약 직사광선에 노출된 경우에는 샤워를 해서 피부를 식혀주고 로션, 올리브오일을 피부에 발라준다.

운동도 습관이다. 젊었을 때부터 운동을 생활화하고 특히 일상생활에서 많이 움직이도록 습관을 들이는 것이 무엇보다도 중요하다. 보통 습관을 들이는 데는 3개월 이상이 걸린다. 꾸준한 노력을 통해 습관이 몸에 배도록 해야 한다.

___균형 있는 식사를 하라

'위대한 밥상' 이라는 인기 텔레비전 프로그램이 있다. 몸에 좋은 식품을 한 가지씩 선택해서 소개해주는 프로그램인데, 그 프로그램에 등장한 식품은 그 다음 날이면 품귀가 될 정도라니 사람들의 건강에 대한 관심이 얼마나 큰가를 보여주는 좋은 예라고 생각한다. 하지만 정말 몸에 좋은 특정 식품만 골라 먹으면 건강할까? 전문가들은 특정한 식품을 계속 먹는 것보다는 여러 가지 식품을 골고루 먹는 것이 무엇보다 중요하다고 한다. UCLA 영양학연구소 소장 데이비드 히버 박사는 식물성 식품을 적색, 적보라색, 진홍색, 주황색, 황록색, 녹색, 백록색의 7가지 색깔로 나누고 색깔마다 몸에 다른 특성이 있다고 설명했다. 그렇지만 백색이나 미색을 띠는 스낵 식품과 밀가루, 백설탕, 프리마 등 정제 곡물로 만든 가공 식품은 가급적 먹지 말라고 조언하고 있다. 동양에서도 초록(목), 빨강(화), 노랑(토), 백색(금), 검정 또는 파랑, 보라(수)의 다섯 가지를 오행에 대비시켜 이 색깔에 대응하는 음식을 골고루 먹어야 한다고 권하고 있다. 초록색 채소로는 아스파라거스, 시금치, 브로콜리, 케일 등을 들 수 있고, 빨간색 채소로는 매운 고추와 비트, 노란색 채소로는 호박과 얌, 하얀색 채소로는 무, 콜리플라워, 검

은색 채소로는 가지, 해조류 등을 들 수 있다. 곡류, 과일과 견과류도 색깔별로 골고루 먹어야 한다. 이는 각 색깔별로 다른 영양분을 함유하고 있음을 뜻하기 때문에 우리 몸이 고른 영양 섭취가 필요하다는 것을 말해주고 있다.

내 친척 중의 한 분은 건강에 너무 신경을 써서 철마다 흑염소, 보신탕, 장어 등 보신식품을 꼭 챙겨서 먹곤 했다. 그런데 어느 날 몸에 이상이 생겨 병원에 갔더니 창자에 온통 혹이 생겼다는 진단을 받았다고 한다. 지나친 영양분이 장에 쌓여서 혹으로 나타난 것이었다. 소위 말하는 고단백 보신식품은 못살던 시절 영양결핍에 시달리던 경우에 좋은 식품들이었다. 그 시절에는 대부분의 병은 영양결핍에 의해 발생했다. 그래서 한약 처방의 대부분이 보신식품으로 이루어진 경우가 많았고, 심한 경우에는 돈이 들지 않지만 영양이 풍부한 굼벵이, 번데기, 쥐 등의 혐오식품을 처방으로 내리곤 했다. 하지만 오늘날에는 오히려 영양 과잉이 문제가 되기 때문에 영양식품보다는 균형 있는 음식물을 섭취하는 것이 무엇보다 중요하다. 즉 건강하게 살기 위해서는 열량, 영양소, 수분, 전해질, 미량 원소 면에서 균형 잡힌 음식물을 섭취해야 한다. 현대 문명병인 심근경색, 암, 뇌졸중 등은 부분적으로 과식과 잘못된 식생활에서 비롯된 경우가 많다. 특히 식품첨가물과 방부제가 많이 들어 있는 인스턴트식품을 많이 섭취하면 주의력이 흐트러지고, 욕구불만이 쌓여 즉흥적이고, 성급하며, 폭력적인 행동을 하기 쉽다. 이와 같이 음식 섭취는 영양적 측면에서 뿐만 아니라 정서적 측면에서도 중요한 영향을 끼친다.

장수 마을로 유명하던 오키나와도 서구 문명이 들어오면서 식생활이 서구식으로 바뀌고 나서는 각종 성인병이 많아지고 수명이 짧아지는 현상을 보였다. 이는 생선과 채식 위주의 식단에서 육식 위주, 특히 패스트푸드 위주의 식단으로 바뀌면서 나타난 현상이다. 패스트푸드의 문제점은 이미 잘 알려져 있지만, 그 안에 포함된 포화지방산이나 트랜스지방의 섭취가 콜레스테롤 증가 등 각종 부작용을 야기한다. 따라서 노후 건강을 위해서는 생선과 채식, 특히 발효식품 위주의 전통적인 동양식 식단을 유지하는 것이 중요하다.

불규칙한 식사와 과식도 건강에 악영향을 미친다. 건강을 위해서는 딱딱한 음식과 부드러운 음식을 골고루 먹고, 달거나 짠 음식은 삼가며, 하루에 3~5번 식사를 하되, 배를 70~80% 정도만 채워야 한다. 현재까지 알려진 가장 확실한 노화 방지 방법은 적게 먹는 것이기 때문에 포만감이 들 때까지 식사를 하지 않는 것이 좋다. 일반적으로 현대인들은 아침은 굶고, 점심은 적당히 때우고, 저녁은 과식하는 경우가 많다. 그러나 원칙적으로 아침은 배부르게, 점심은 알맞게, 저녁은 적게 먹는 것이 좋다. 여기서 가장 중요한 것은 아침은 꼭 먹어야 한다는 것이다. 또한 과식을 피하기 위해서는 천천히 꼭꼭 씹어서 먹어야 한다. 음식을 꼭꼭 씹어서 먹게 되면 위의 부담을 줄여주고, 침 속의 소화액이 충분히 섞여서 소화를 촉진하며, 뇌를 자극해서 뇌의 퇴화를 막는 역할도 하게 된다.

적절한 양의 비타민과 미네랄은 면역 기능을 강화한다. 따라서 나이가 들면 종합비타민을 복용하는 것이 좋다. 물론 그보다는 채소, 과일 등 비타민과 미네랄, 섬유질, 항산화물질이 풍부하게 함유된 음식을 많이 섭취하는 것이 더 바람직하다. 나이가 들어 발생하는 병의 90퍼센트 이상이 활성산소에 의해 발생하기 때문에 과일과 채소 등 항산화 식품의 섭취가 중요하다. 과일을 먹을 때 보통은 식사 후에 디저트로 먹는 경우가 많은데, 그럴 경우에는 이미 배가 부른 상태에서 맛있는 과일을 추가로 먹게 되어 과식을 하게 되기 때문에 식사하기 1시간 전에 먹는 것이 좋다. 고등어, 참치, 연어 같은 등 푸른 생선에는 불포화지방산이 풍부하게 들어 있어 두뇌 건강에 좋다. 두뇌를 열심히 사용하는 것도 뇌 기능 유지에 도움이 된다. 젊었을 때부터 콩 관련 식품을 많이 먹고 단백질을 보충하면 식물성 여성호르몬이 충분히 보충되어 갱년기 종합 증상을 억제할 수 있다. 물론 단백질을 과다하게 섭취하면 아미노산이 오줌을 통해 배출되면서 신장에 좋지 않으며 소화불량을 가져와 장내의 독소가 증가한다.

나이가 들게 되면 골밀도가 급격히 감소하게 되어 살짝 넘어져도 골절이 되는 등 생활에 지장을 주고, 경우에 따라서는 목숨까지 잃는 경우도 있다. 골량은 젊었을 때는 점점 증가하다가 35세를 정점으로 점차 감소하게 된다. 골다공증을 예방하기 위해서 초년에, 특히 청소년기 및 청년기 때 골량을 충분히 만들어둬야 한다. 젊었을 때 골량을 구축하려면 녹황색 채소와 칼슘과 비타민D가 풍부한 식생활을 하고, 알맞은 신체 활동을 꾸준히 해야 한다. 담배나 탄산음료, 커피, 술, 설탕은 골량을 감소시킨다. 그 중에서도 담배는 골량을 감소시킬 뿐만 아니라 폐암, 심장병 등 사실상 모든 현대인들이 겪고 있는 질병을 발생시키거나 촉진시키는 가장 큰 원인이다. 사실 2020년에는 흡연이 단일 원인으로는 건강에 가장 큰 영향을 끼치는 문제가 될 것으로 추정되고 있다. 전문가들은 직간접적으로 담배와 관련된 사망자가 의학 발전에 의한 사망자 감소 효과를 상쇄할 것이라는 우려를 하고 있다. 담배는 폐암 발생에 가장 직접적이고 치명적인 원인으로 작용하는데, 담배를 끊을 경우 폐암에 걸릴 가능성이 절반으로 줄어든다고 한다. 금연 후 10년이 되면 폐암 발병 가능성도 비흡연자와 마찬가지로 떨어지고, 금연 후 5~15년이 지나면 심근경색 발병 가능성이 비흡연자와 같아진다. 담배와 더불어 일반적으로 가장 많이 애용되는 커피도 하루에 6잔 이상 마시면 췌장암에 걸릴 가능성이 8배나 높아진다. 과음도 혈중 베타카로틴, 셀레늄 등의 부족을 가져온다.

　우유 제품의 섭취에 대한 논란은 끊임없이 제기되고 있다. 일반적으로 우유는 영양분이 고루 들어 있고, 특히 동양인에게 부족하기 쉬운 칼슘이 풍부하게 들어 있어서 적극 권장되는 식품이다. 우유 중의 칼슘은 다른 식품에 비해 2~3배 이상 흡수율이 높기 때문에 운동으로 빠져나가는 칼슘을 보충해주고, 피로감을 회복시키는 효과가 있다. 우유에는 비타민B2가 많이 함유되어 있어 매끄러운 피부를 만들어준다고 알려져 있다. 또 우유에 함유된 비타민E와 카로틴은 활성산소를 없애는 역할을 한다. 영양학자들은 우유 속에 함유된 단백질과 비타민 B1, B6, B12는 두뇌활성에 필수적이기 때문에 한창 자라나는 아이들에게 우유가 좋다고 말하고 있다.

　하지만 우유의 단점에 대해 지적하는 목소리도 만만치 않다. 일본에서 100만 부 이상 팔린 『병 안 걸리고 사는 법』의 저자 신야 히로미(新谷弘美) 박사는 지난 50여 년간 30만 명 이상을 대상으로 내시경 검사를 한 경험을 바탕으로 우유와 요구르트는 건강에 도움이 안 될 뿐만 아니라 오히려 건강을 해친다고 주장하고 있다. 그의 주장에 따르면 매일 요구르트를 먹는 사람 가운데 장이 좋은 사람이 없는데, 이는 우유에 포함되는 단백질의 약 8할을 차지하는 카세인이 위에 들어오자마자 굳어져서 소화가 잘되지 않기 때문이라고 한다. 또 골다공증 예방에 좋다는 우유가 오히려 골다공증을 유발하는 명백한 증거로 유유를 많이 마시는 4대 국가인 미국, 스웨덴, 덴마크, 핀란드에서 골다공증으로 골치를 앓고 있다는 사실을 들고 있다. 칼슘 성분이 많은 우유가 오히려 골다공증을 유발하는 이유로는 칼슘 농도가 높은 우유를 마시면 혈중 칼슘 농도가 급격하게 상승하고, 혈중 농도가 급격히 상승하면 몸은 혈중 칼슘 농도를 어떻게든 원래 상태로 회복시키려고 노력하기 때문에 혈중 잉여 칼슘을 결국 신장에서 소변으로 배출시키게 된다. 결론적으로 칼슘을 취하기 위해 우유를 마시면 오히려 체내의 칼슘을 몰아내는 역효과를 초래하게 된다는 것이다.

따라서 골다공증을 예방하기 위해 우유를 마시는 것은 바람직하지 않다고 신야 박사는 결론짓고 있다. 또한 신야 박사는 세밀한 임상 결과를 토대로 우유와 요구르트 등 유제품을 먹게 되면 골다공증뿐만 아니라 알레르기, 아토피성 피부염을 일으키게 된다고 주장한다. 이는 여러 가지 이유가 있겠지만 우유 자체가 인간이 섭취하기에는 농도가 너무 높고, 사료 등에 각종 항생제, 성장촉진제 등을 사용하기 때문으로 추정된다. 즉 우유는 태어난 지 몇 시간 만에 활동해야 하는 송아지들을 위해 고농도로 만들어져 있기 때문에, 태어나서도 약 1년간을 엄마 품에서 보호를 받고 천천히 성장하는 인간에게는 적합하지 않다는 것이다. 특히 소의 성장촉진제로 쓰이는 에스트로겐을 함유한 사료를 먹은 젖소에게서 나온 우유는 인간의 호르몬 체계에도 영향을 주게 된다. 일례로 세계 최고의 낙농 국가인 덴마크 남성들은 유럽의 다른 나라 남성들에 비해 정자수도 적고, 정자의 활동성도 떨어지는 것으로 조사되었다.

___건강에는 물이 중요하다

건강한 몸을 위해서는 물의 중요성이 너무 크기 때문에 물에 대한 항목을 별도로 다루고자 한다. 건강에서의 물의 중요성은 우리 몸의 75퍼센트, 특히 뇌의 93퍼센트가 물이라는 사실로도 미루어 짐작할 수 있다. 하지만 대부분의 경우 물의 중요성을 간과하는 경우가 많다. 그 이유는 누구나 목이 마르면 당연히 물을 마시게 되어 있기에 일부러 신경 쓸 필요가 없다고 생각하기 때문이다. 하지만 우리가 갈증을 느낄 정도가 되면 이미 우리 몸에서 2~3잔 정도의 물이 부족한 상태다. 이 정도 양의 물이 부족하게 되면 몸의 기능이 정상적으로 작동되지 않아서 천식, 알레르기 등 많은 문제를 유발하게 된다. 더구나 나이가 들어감에 따라 갈증 감각이 무뎌지게 되어 탈수로 인한 심각한 부작용을 겪는 경우가 많이 발생하게 된다. 패디 필립스(P. Phillips) 박사와 7명의 동료들은 1984년 9월 20일자 「뉴잉글랜드 의학저널(New England

Journal of Medicine)』을 통해, 노년기 남성들이 동일한 실험환경 내의 젊은 남성들보다 훨씬 더 신체의 갈증을 인식하지 못한다고 밝힌 바 있다(F. 뱃맨겔리지의 『물, 치료의 핵심이다』).

나이가 들어감에 따라 면역성이 떨어지고, 피부가 쭈굴쭈굴해지는 것은 바로 이런 갈증에 대한 무감각으로 인해서 수분 섭취가 부족해진 것에 기인한 바가 크다. 실제로 인간의 몸은 나이가 들어가면서 몸속의 수분이 줄어드는 것으로 나타나고 있다. 아이의 몸은 체중의 70퍼센트정도가 수분이므로 탱탱하다. 그러나 성인이 되면 몸속의 물은 체중의 55~60퍼센트로 줄어든다. 60세를 넘기면 수분은 더욱 줄어들어 체중의 50퍼센트를 차지한다.

그렇다면 왜 물이 우리 건강에 그렇게 큰 영향을 미치는 것일까? 우리 몸은 호르몬, 각종 효소, 혈액의 작용에 의해 생명을 유지하고 있다. 즉 우리 몸에서 일어나는 생명 유지 작용도 결국은 물에서 일어나는 여러 화학 작용이라는 것이다. 우리 몸의 온갖 기능을 조절하는 반응은 물(용제)에 이온들이 녹아 나와서 일어나게 되는 것이다. 이러한 이온 작용은 용액이 묽어야 잘 일어나는데, 갈증으로 인해 용액 농도가 진해지게 되면 그 작용이 제대로 일어나지 못하게 되어 몸의 기능을 제대로 발휘하지 못하게 된다. 어떤 면에서는 혈액만 제대로 순환이 되어도 대부분의 질병은 자연 치유되도록 되어 있다. 그런데 수분이 부족해지면 혈액이 진해져서 혈액순환이 제대로 되지 않아 여러 질병에 취약하게 되는 것이다. 따라서 노인이 되면 면역력이 떨어지는 이유 중의 하나가 바로 갈증에 무뎌져서 물을 충분히 섭취하지 못하기 때문이라고 볼 수 있다.

세포 안팎에 적절한 물이 공급되어 세포 내부가 건강한 알칼리 상태로 유지만 되면, 우리 몸은 스스로가 몸의 균형 상태를 유지하도록 되어 있는데, 물이 부족하게 되면 이런 균형 상태가 깨지게 되고, 그에 따라 여러 질병에 걸리게 된다. 특히 뇌는 수분의 소실에 극도로 민감하여 단 1퍼센트의 수분 소실에도 견디지 못하는 반면, 한 번 손상되면 치명적이다. 따라서 우리 몸은 물이 부족할 경우 뇌에 수분을 최우선으로 공급하도록 되어 있어서 다른 장기들, 즉 위, 심장, 신장 등은 치명적인 손상을 입을 수 있다. 더욱 안타까운 것은 물 부족으로 인하여 발생하는 각종 질병을 현대 의학에서는 화학약품인 의약품으로 치료하려고함으로써, 그렇지 않아도 농도가 높아서 기능이 떨어진 체액에 다른 이온들을 다시 공급하여 상태를 더욱 악화시키는 결과를 초래하고 있다는 것이다. 더구나 물을 요구하는 몸의 소리를 물을 공급하는 대신 의약품을 써서 억지로 침묵시키게 되면, 유전자를 포함한 환자의 체세포들은 심각한 피해를 입게 된다. 따라서 의사의 일차적인 의무가 환자의 자연치유력을 높이는 것이라고 볼 때 물의 치유력을 제대로 활용하는 것이 요구된다.

F. 뱃맨겔리지는 그의 저서 『물, 치료의 핵심이다』에서 물만 잘 공급해주어도 대부분의 건강 문제가 해결된다고 주장하고 있다. 그는 1979년 이란의 이슬람 혁명 중에 정치범으로 수감되었는데, 한 수감자가 궤양으로 통증을 호소하였다. 그러나 의약품이 없어서 오직 물 두 잔으로 8분 만에 통증을 완화시켰고, 2년 반 동안의 수감생활 동안 3천 건 이상의 스트레스로 인한 소화성 궤양을 수돗물만으로 치료하였다.

나도 석사 과정 공부와 회사 생활의 스트레스로 인해서 만성 십이지장 궤양을 겪었고, 그 병이 점점 악화되어 병원에 입원까지 했었는데, 물을 많이 마시게 되면서 건강해진 경험을 가지고 있기 때문에 뱃맨겔리지 박사의 의견에 전적으로 동의한다. 뱃맨겔리지 박사는 수용소를 나온 후에도 인체에 물이 부족한 것이 소화성 위궤양뿐만 아니라 다른 여러 질병의 원인이라는 사실을 깨닫고 이에 대한 연구결과를 지속적으로 발표하여 큰 호응을 얻고 있다.

수분 관리로 치유할 수 있는 대표적인 질병들로는 천식, 알레르기, 고혈압, 제2당뇨, 변비, 자가면역질환 등을 들 수 있다. 천식과 알레르기는 몸이 필사적으로 물을 원하고 있다는 신호라고 생각된다. 『물, 치료의 핵심이다』라는 책에 나온 예로서 앤드류 J. 보만 4세는 알레르기와 천식을 심하게 앓고 있었는데, 하루에 물을 2~3쿼트(1.9~2.8리터) 정도 마신 후 그 증상이 깨끗하게 없어졌다고 한다. 물은 가장 효과적인 천연 항히스타민제라고 할 수 있다. 천식과 알레르기 등의 증상에서 주로 문제가 되는 것은 히스타민의 과도한 활동이기 때문이다. 또 하나의 해결 방법은 운동을 통해 아드레날린의 자연스런 활동을 다시 강화시키는 것이다. 아드레날린은 과도한 히스타민 생성에 대응하는 천연해독제이기 때문이다.

중년 이후에 물을 충분히 마시면 심혈관 및 뇌혈관의 돌발사고 예방에 도움이 된다. 고혈압, 심혈관 및 뇌혈관 질환은 콜레스테롤이 지나치게 높아 혈관 벽에 쌓이면서 혈류를 막아 일어나게 된다. 물을 충분히 마시게 되면 혈액 속의 콜레스테롤 농도가 낮아지고, 수분 배설을 자주 하면서 노폐물이 함께 빠져 나감으로써 콜레스테롤이 쌓이는 것을 방지하게 된다. 건강을 지키기 위해서는 몸에 해로운 독성이 몸에 최소한도로 있도록 해야 한다. 이를 위해서는 우선적으로 독성에 노출될 기회를 최소화해야 하겠지만, 일단 체내에 쌓인 독성을 제거하기 위해서는 깨끗한 물을 많이 마시고, 규칙적으로 배변을 하고, 맑은 공기를 깊이 들이마시며, 땀을 배출하는 것이 좋다. 몸에 물이 부족하면 가장 쉽게 볼 수 있는 현상이 피부가 건조해지고 윤기가 없어지는 것이다. 수분이 부족하면 피부 모세혈관의 순환이 더 적어짐에 따라 본래의 건강한 혈색을 잃고 피부에 주름이 가게 되는 것이다. 그 밖에도 밤에 숙면을 취할 수 없거나, 임신 초기에 일어나는 식전 아침의 입덧도 탈수에 의해 일어날 수 있으므로 일단 물을 충분히 섭취하는 것이 좋다. 물을 충분히 마시는 것은 의사의 처방도 필요 없고, 별도의 비용도 들지 않기 때문에 충분히 시도해볼 가치가 있다.

앞에서도 지적했듯이 체액이 농축되고 나서야 갈증이 일어나기 때문에 목이 마를 때는 이미 우리 몸에는 탈수로 인한 부작용이 진행되고 있고, 물을 마신 다음 물이 필요한 신체 부위에 도달하기까지는 시간이 걸리기 때문에 갈증을 느끼기 전에 필요한 물을 마셔야 한다. 즉 물을 끼니와 마찬가지로 규칙적으로 마셔주어야 한다는 말이다. 그렇다면 어느 정도 양의 물을 언제 마시는 것이 좋은가? 우선 우리 몸에서 빠져나가는 물의 양은 하루 2.5리터다. 보통 소변으로 1.5리터, 대변으로 0.2리터, 호흡과 피부에서 0.8리터의 수분이 빠져나간다. 물론 운동을 많이 하거나 여름철에는 수분이 더 많이 빠져나가고, 다한증 등 체질에 의해서도 더 많은 물이 배출되기도 한다. 어쨌든 평균해서 하루

2.5리터의 물이 빠져나간다고 봤을 때, 우리 몸에 공급되는 물은 신진 대사에 의해 몸속에서 만들어지는 양 0.4리터, 음식물에서 0.6리터로 약 1리터가 보충되기 때문에 하루 약 1.5리터정도의 물을 마셔야 한다.

뱃맨겔리지 박사는 심장이나 신장질환이 있는 경우가 아니라면, 나이가 들수록 평소에 물을 많이 마시는 습관을 들이되 다음 요령에 따르면 좋다고 조언한다.

· 물은 식사하기 30 분 전에 두 잔을 마셔야 한다.

· 목이 마를 때는 언제든, 심지어 식사 중에도 물을 마셔야 한다.

· 식사 후 2시간 30분이 지난 뒤, 소화공정을 완수하고 음식물 분해에 의해 야기된 탈수를 바로잡기 위해 한 잔의 물을 마셔야 한다.

· 아침에 일어나 제일 먼저 물을 마셔야 한다.

· 운동하기에 앞서 물을 마심으로써 땀의 배출을 돕도록 한다.

· 변비가 있거나 과일과 야채를 충분히 먹지 않은 경우에는 반드시 물을 마셔야 한다.

물에 대한 또 한 가지 오해는 물을 마시면 살이 찐다고 생각하는 것이다. 하지만 물이 비만을 초래하는 것은 일시적인 현상으로 오히려 몸에 물이 부족하면 장기적으로 비만을 초래한다. 공복감과 갈증은 둘 다 우리 뇌의 같은 부위에서 느끼고, 똑같이 히스타민에 의해 유발된다. 이 두 가지 신호는 혼동하기 쉬우며, 사실상 목이 마른 것을 배고픔으로 착각하기 쉽다. 따라서 우리 몸은 갈증이 생기면 배고픔으로 잘못 인식하여 음식물을 더 섭취하게 되어 결국 비만을 초래하게 된다. 일반적으로 비만한 사람들은 히스타민의 수분에 대한 요구를 음식을 섭취함으로써 만족시키고 있는 경우가 많다. 반면에 식사 전에 물을 마시면 포만감과 몸의 균형 회복으로 비만을 방지하게 된다. 배가 고플 때 갈증에 의한 것인지 알아보기 위해서는 음식을 먹기 전에 물을 마셔보면 된다. 식사 전에 물을 많이 마시면 위가 만복감을 느끼게 되어 뇌에 있는 중추에 이 느낌을 전달하게 된다. 만복감은 보통 15분간 지속된다. 물론 식사 직전에 마시면 소화액이 희석되어 소화에 지장을 줄 수 있으므로 식사 1시간 전에 물을 마시는 것이 좋다.

물을 마셔도 비만이 되지 않는 또 다른 이유는 물은 아무리 많은 양이 남는다 해도 지방과 달리 몸에 저장되지 않고 모두 몸 밖으로 배출되기 때문이다. 물은 세포 내의 비축고를 가득 채우는 데 필요한 에너지를 만들고 나면, 세포의 독성 폐기물들을 가지고 몸 밖으로 나오게 된다. 반면에 물을 충분히 마시지 않아 탈수가 일어나게 되면 몸은 분해하기 어려운 지방은 저장하고 분해하기 쉬운 단백질과 전분 보유량을 사용하게 되어 비만을 초래하게 된다. 그러나 한 잔의 물을 마시면 1시간 반 내지 2시간 동안 교감신경계를 자극하여 아드레날린이 분비되어 저장된 지방이 점점 줄어들면서 초과 체중은 극적으로 줄어드는 결과가 나타난다.

갈증이 났을 때는 천연의 물(생수나 수돗물)을 마셔야지, 차나 커피, 술, 탄산음료 등으로 대신해서는 안 된다. 차는 우리 몸에서 일반적으로 배출되는 2.5리터와는 별개로 급속하게 빠져나가기 때문에 차를 마셨다고 해서 물을 대신할 수는 없다. 커피나 맥주를 마시게 되면 우리 몸은 그들 음료 자체에 포함된 물보다 더 많은 물을 빼앗기게 된다. 카페인과 알코올은 탈수를 유발시키는 원인물질이기 때문이다. 콜라나 사이다 같은 탄산음료 속의 카페인과 같은 탈수물질은 자신이 용해되어 있는 음료 속의 물은 물론, 몸에 비축되어 있는 물까지도 함께 배출시킨다. 탄산음료에 함유되어 있는 일부 화학물질들은 중추신경계에 악영향을 준다. 특히 탄산음료에 포함된 인공감미료를 일상적으로 섭취하는 사람들은 가짜 공복감을 느끼게 되어, 음료 섭취 후 90분에 이르기까지 음식을 탐하며 평소의 양보다 많이 먹게 된다. 따라서 청량음료를 많이 마시게 되면 비만에 걸릴 확률이 높아진다. 심지어 우유와 주스도 물을 대체할 수는 없다. 우유는 음식이며 음료로 취급되어서는 안 된다. 천연 과일주스도 콜라보다 열량과 당분함량이 많기 때문에 비만의 원인이 된다. 따라서 막연히 천연 과일주스가 탄산음료보다 몸에 좋을 것이라는 생각을 버리고, 과일 자체를 먹는 것이 좋다.

더운 여름철에 군사훈련, 축구, 등산, 골프 등 땀이 많이 나는 운동을 하고 나서는 땀으로 빠져나간 염분을 보충해주기 위해 소금을 물과 함께 먹어야 한다고 생각하는 경우가 있다. 조선일보(2007년 8월 2일) 기사는 이러한 상식이 잘못되었음을 잘 보여주고 있다. 땀 속 나트륨 농도는 50mEq/l로 혈중 나트륨 농도 135~155mEq/l보다 훨씬 낮다. 성인이 여름철 하루에 흘리는 땀의 양은 400ml이며, 땀 속 소금의 양은 20mEq로 400mg이 된다. 이는 한국인 하루 평균 소금 섭취량인 13g의 3퍼센트에 불과하고, 한국인의 소금 섭취량이 세계보건기구(WHO) 권장 소금 섭취량 5g을 훨씬 초과하기 때문에 별도의 소금을 섭취할 필요가 없다. 오히려 땀을 흘린 뒤 소금을 섭취하면 혈중 염분 농도가 갑자기 올라가서 몸에 무리를 주게 된다. 특히 고혈압 환자나 신장이 나쁜 사람은 소금 섭취를 조심해야 한다.

___뇌를 알면 건강이 보인다

우리는 보통 행복은 가슴으로 느낀다고 생각한다. 뇌는 이성적인 것들을 담당하고 가슴은 감성적인 것들을 담당한다는 것이 이제까지의 일반적인 생각이었다. 그래서 사랑을 뜻하는 하트 모양도 심장의 형태를 본떠서 만든 것이다. 하지만 모든 느낌은 뇌의 작용이다. 행복을 느끼는 것도 뇌시상하부에서 분비되는 세로토닌이라는 호르몬 작용 때문이다. 그 뿐만 아니라 뇌는 우리 몸의 건강 상태를 가장 많이 좌우한다. 뇌가 편안한 상태에 있을 때 몸과 마음 모두 건강한 상태를 유지할 수 있다. 건강하기 위해서는 뇌의 작용을 잘 이해하고 이를 잘 활용하는 것이 필수적이다.

인간의 뇌는 약 1천 2백억 개의 신경세포로 이루어져 있으며 무게는 약 1.4kg밖에 되지 않는다. 그러나 우리 몸무게의 2퍼센트에 불과한 뇌가 우리 몸에 필요한 산소와 당분의 25퍼센트를 영양분으로 사용한다. 성인의 뇌세포는 수가 줄어드는 일은 있어도 늘어나는 일은 없다. 노화로 인한 신경세포의 감소가 두드러지게 일어나는 곳은 대뇌와 소뇌다. 지적 기능의 중심인 대뇌와 운동 조절의 중심인 소뇌가 특히 퇴화되기 쉽다. 뇌의 세포는 줄어들기만 하지 늘어나는 일은 없지만 세포끼리 묶는 네트워크는 나이가 들어도 늘릴 수 있다.

뇌세포의 네트워크를 발달시키려면 뇌에 새로운 자극을 주어 뇌를 활발하게 움직이도록 하는 것이 효과적이다. 나이가 들어서 뇌가 노쇠한다고 느끼는 것은 새로운 일에 대한 도전에 소홀하여 뇌세포의 네트워크인 시냅스가 줄어들기 때문이다. 신경세포와 신경세포를 연결하는 시냅스는 나이와 관계없이 주위 환경으로부터 균형 있는 자극이 주어지는 한 계속 성장하며, 뇌는 그때마다 젊음을 되찾게 된다. 따라서 나이 든 사람의 뇌라고 해서 젊은 사람의 뇌보다 기능이 떨어질 하등의 이유가 없다. 나이 든 사람의 뇌는 전반적으로 젊은 사람의 뇌보다 더 우수하지도 않고 더 열등하지도 않다. 다만 다른 식으로 기능할 뿐이다. 예를 들어 젊은 사람의 뇌가 반응하는 속도가 빠르다면 나이 든 사람의 뇌는 판단력이 우수하다.

운동은 몸뿐만 아니라 뇌를 활성화하는 데도 효과적이라는 사실이 입증되고 있다. 운동을 조절하는 운동 뇌의 약 80퍼센트는 손과 신경을 개입시켜 연결되어 있다. 따라서 손을 많이 사용하면 뇌의 퇴화를 막는 데 도움이 된다. 또 등산, 걷기 등의 운동을 지속적으로 하면 뇌가 활성화된다. 특히 댄스, 탁구 등과 같이 즐기면서 사람들과 어울릴 수 있는 운동을 하면 유대감과 운동 감각이 자극되어 우울증, 치매 예방에도 큰 도움이 된다.

전에는 우리 감정과 몸의 건강과는 연관이 없거나 아주 적다고 생각했다. 하지만 최근 들어 마음의 상태, 더 정확히 말하자면 뇌의 상태가 건강에 아주 중요하다는 것이 밝혀지고 있다. 뇌가 건강에 중요한 이유는 몸의 균형을 조절하는 호르몬을 뇌가 관장하기 때문이다.

예를 들어 우리가 스트레스를 느끼게 되면 스트레스 호르몬인 코르티솔이 분비되어 기억과 감정을 주관하는 뇌의 뉴런에 독성을 미친다. 사실 모든 질병의 60~90퍼센트가 직간접적으로 스트레스와 관련이 있다고 한다. 스트레스로 인한 질병의 대표적인 예로는 심장발작, 궤양, 편두통, 과민성장증후군 등을 들 수 있다. 또한 스트레스는 노화도 촉진시키는 것으로 알려져 있다. 스트레스는 부적절한 상황에서 교감신경계의 과잉반응으로 인해 발생한다. 먼 옛날 사냥을 나갔다가 맹수와 마주치게 되면 다른 모든 기능이 정지되고, 오직 맹수와 싸우는 데 필요한 기능만이 활성화된다. 이는 생존을 위해 지극히 정상적이며 필수적인 반응이다. 그러다가 그 비상 상태가 해제되면 바로 정상적인 기능으로 돌아오게 된다. 하지만 현대사회에서는 그런 비상 상태가 금방 해소되지 않고 지속됨으로써 몸에 여러 부작용을 초래하게 되는 것이다.

나이가 들어 중년에 접어들기 시작하면 스트레스를 받을 가능성이 점점 높아진다. 직장 내에서는 직위가 높아지면서 책임감이 커지고, 새로운 시대 변화에 적응하고 자리에서 밀려나지 않기 위해 긴장의 끈을 놓을 수 없고, 호르몬의 변화에 의해 일어나는 신체적 변화를 겪게 되면서 강한 스트레스를 느끼게 된다. 또한 부모님의 사망, 배우자와의 사별, 자식의 독립, 퇴직 등 각종 '상실체험'은 또 다른 스트레스로 작용하게 된다. 노화의 진행과 더불어 이렇게 겪게 되는 스트레스는 자칫하면 건강에 치명적일 수 있다. 하지만 스트레스는 지극히 정상적인 것이며, 인생의 발전을 위해 필요한 것이라는 인식을 할 필요가 있다. 너무 스트레스가 없으면 몸의 저항력이 떨어져 오히려 일찍 죽는다고 한다.

가장 대표적인 예로 과거 미꾸라지를 일본으로 수출했을 때 메기를 같이 넣어서 보낸 것을 들 수 있다. 메기 없이 미꾸라지만 보냈을 때는 일본에 도착했을 때 상당수의 미꾸라지들이 죽었었는데, 메기를 넣고 나서는 비록 몇 마리는 메기에게 먹혔지만, 미꾸라지들이 살아남으려고 도망치면서 스트레스를 받아 오히려 생존율이 훨씬 높아졌다고 한다. 인간의 경우에도 환경의 변화라는 스트레스에 적응하는 것은 인간의 생존을 위해 꼭 필요하다. 다시 말해 스트레스는 그 자체가 문제가 아니라 스트레스를 대하는 나의 자세가 더 큰 문제라는 것이다. 스트레스를 극복하는 가장 좋은 방법은 외부에서 주어진 악조건을 변화시킬 수 없다면 그것을 받아들이도록 나의 마음 자세를 바꾸는 것이다. 장수 노인들의 공통점 중의 한 가지가 바로 스트레스를 잘 받아들이고 극복하는 낙천주의라는 사실은 시사하는 바가 크다. 어떤 사람의 낙천성이 크면 클수록 스트레스와 곤경을 성공적으로 헤쳐나갈 수 있는 능력이 크다는 샤이어의 주장이 이 사실을 뒷받침하고 있다.

스트레스를 극복하는 방법으로는 위와 같이 마음의 자세를 바꾸는 것과 더불어 충분한 수면과 휴식을 취하거나 명상, 요가 등을 활용하는 것도 좋은 방법이다. 스트레스가 몸의 긴장을 고조시킨다면, 수면, 휴식, 명상, 요가 등은 몸의 긴장을 풀어주어 몸의 자연적인 균형 상태로 돌아가도록 해준다. 또한 나이가 들면 수면장애로 인해 깊이 잠들지 못하고 자주 깨는 경우가 많아진다. 이는 물론 호르몬의 작용에 의해 일어나는 현상일 수도 있지만, 운동 부족과 불규칙한 생활 리듬에 의해 생기는 경우도 많다. 따라서 낮에 즐기면서 할 수 있는 일을 찾아 충분히 활동을 하고, 운동을 하고, 규칙적인 생활을 하면 숙면을 취할 수 있다. 숙면이란 자는 시간의 길이가 문제가 아니라 아침에 눈을 떴을 때 개운한 느낌이 드는 상태를 말한다. 대개의 경우 6시간 내지 8시간 정도의 수면 시간이 적당하며, 정해진 시간에 일어나는 습관을 들이는 것이 중요하다. 낮 시간에 할 일이 없어 장시간 졸게 되면 밤에 숙면을 취할 수 없게 되고, 숙면을 취하지 못하면 다시 낮에 조는 악순환이 반복될 수 있으므로 낮에는 가능하면 밖에서 활동을 하고, 집에 있을 때도 텔레비전을 보는 것보다는 화초를 가꾸거나, 집안 청소, 독서 등을 하도록 하자.

휴식도 피로 회복에 필수적인데, 단순한 휴식보다는 몸을 이완시키면 스트레스 해소에 큰 도움이 된다. 명상, 참선, 요가 등은 몸을 이완시켜주는 작용을 한다. 명상과 참선을 하게 되면 숙면을 했을 때 발생하는 알파파가 발생하여 몸의 면역력을 높여준다. 내가 요가를 처음 배울 때 지도하시는 분이 "요가는 운동을 하는 것이 목적이 아니라 몸을 이완시키는 것이 목적이다"라고 했는데 바로 건강에서 이완의 필요성을 강조한 지적이라고 생각한다. 몸을 이완시키는 다른 방법으로는 안마, 목욕 등이 있다. 안마는 전문가에게 받아도 좋지만, 스스로 하거나 부부가 서로 해주면 부부애도 살아나고 건강도 증진시키는 이중 효과를 거둘 수 있다. 안마 방법에 대한 책들은 시중에 많이 나와 있기 때문에 큰 힘을 들이지 않고 배울 수 있다.

스트레스를 다스리고 건강도 찾을 수 있는 가장 효과적인 방법 중의 하나가 바로 '웃음 요법'이다. 이는 고통을 겪고 있는 환자들이 코미디 프로그램을 보면서 웃으면 고통이 덜어지고, 치료 효과도 높다는 사실이 뒷받침한다. 캘리포니아 로마린다 대학의 리 버크 박사는 웃으면 바이러스나 기타 감염균에 대항하는 신체의 방어기전에서 중요한 역할을 하는 T세포의 수치가 올라간다고 주장한다. 웃음은 심장박동을 빠르게 하고 혈액순환을 향상시키고 스트레스 호르몬인 에피네프린의 수치를 떨어뜨리는 효과가 있다. 인도 뭄바이 출신의 의사 마단 카타리아는 최근에 '웃음 클럽'을 조직하여 웃음을 보급하고 있다. 이 클럽에서는 사람들이 모여 리더를 따라 아무 이유 없이 웃음을 터뜨린다. 이는 '행복해서 웃는 것이 아니라' '웃어서 행복하다'는 진리에 따른 것이다. 즉 우리의 뇌는 억지로 웃는 것과 즐거워서 웃는 것을 구별하지 못한다. 그런데 불행하게도 대부분의 사람들이 나이가 들어감에 따라 웃음을 잃어간다. 아이들의 경우에는 하루에 300~600번 정도 웃는데 반해 어른은 하루 평균 4~6회밖에 웃지 않고 그나마 파안대소할 정도로 크게 웃는 경우는 극히 드물다고 한다. 가장 손쉬우면서 돈도 들지 않는 건강 비법을 멀리 하고 있는 셈이다.

한국웃음연구소의 이요셉 소장은 웃음도 근육 운동과 마찬가지로 훈련을 통해 연마되어야 한다고 주장한다. 아침에 일어나서 거울 앞에 서서 또는 이불 속에서 그냥 크게 웃도록 하자. 주위에서 누가 웃긴 이야기를 하면 내용이 좀 썰렁하더라도 거침없이 웃어주도록 하자. 인간관계도 좋아지고 몸의 면역력도 높아지는 일거양득의 효과를 볼 수 있다. 누군가의 계산에 의하면 사람이 70 평생 동안 웃는 시간은 88시간밖에 되지 않는다고 한다. 텔레비전 앞에 앉아 있는 시간이 7년, 잠자는 데 23년, 화내는 데도 약 2년 정도를 보내면서, 우리 몸에 가장 좋은 웃는 시간은 4일도 채 안 된다니 이 얼마나 억울한 일인가. 모두 많이 많이 웃자.

___동양 문화는 웰빙의 원천이다

지금 우리가 누리고 있는 장수의 혜택은 서양 문명의 발달에 힘입은 바가 크다. 즉 수인성 전염병의 예방에 공헌한 깨끗한 식수 공급 기술, 항생제로 대표되는 세균 퇴치 기술, 충분한 영양 공급에 필요한 식량 증산을 가능하게 한 비료와 농약의 개발 등 서양 문명의 발달이 인간의 수명을 획기적으로 늘려놓은 것이다. 물론 지금도 서양 문명이 뒤진 후진국가에서는 아직도 인간의 수명이 선진국에 비해 크게 짧은 게 사실이다. 우리나라도 선진국 대열에 들어서는 시점에 서기 시작하면서 수명이 선진국 수준에 근접하게 늘어나고 있다. 하지만 이제 우리는 과거에 수명 단축의 요인이었던 기아, 페스트 등은 극복했지만, 그 대신 비만, 당뇨, 고혈압과 같은 생활습관병으로 괴롭힘을 당하고 있다. 이 병들은 한 마디로 서양문명병이라고 불러도 과언이 아니다.

이렇게 서양 문명의 발달이 유아사망률을 낮추고, 질병에 걸려 젊은 나이에 세상을 뜨는 확률을 낮추어 평균적인 인간 수명을 늘린 것은 사실이지만, 개인 입장에서 나이가 들어 건강하게 살 수 있게 만들지는 못했다. 이러한 사실은 현재 장수 지역의 대부분이 서양 문명과는 동떨어진 지역에 주로 분포하고 있다는 사실만으로도 충분히 뒷받침

된다. 장수 마을로 유명했던 일본의 오키나와의 경우에는 제2차 세계 대전 후 서양 문명이 들어오고 나서는 비만, 당뇨, 고혈압 등 서양문명 병이 증가하면서 더 이상 장수 마을로서의 명성을 유지할 수 없게 되었다. 따라서 진정한 의미의 건강 수명을 위해서 문명병이 훨씬 덜 나타나는 과거 동양의 생활습관에 점점 눈을 돌리게 되었다. 서양 문명을 통해 길어진 수명을 건강 수명으로 한 단계 끌어올리기 위해서는 동양 문명의 건강한 생활양식, 음식, 철학을 도입할 필요가 있다.

서양 의학과 동양 의학의 차이에 대해 에노모토 히데타케는 그의 저서 『마법의 코칭』에서 다음과 같이 설명하고 있다. 즉 이제까지 인간 수명을 연장시키는 데 절대적인 역할을 한 서양 의학이 대중요법 중심이라면 동양 의학은 예방요법이 중심을 이룬다. 또한 서양 의학이 인체는 무력하다는 X이론에 근거하여 의학이 인체를 도와야 한다(help)고 생각하는 데 반해, 동양 의학에서는 인체는 무한한 가능성이 있다는 Y이론에 근거하여 의학은 몸의 자연 치유력을 보조(support)하는 역할만 해야 한다고 생각한다. 따라서 서양 의학과 인체의 관계는 −상태인 인체를 0 상태로 만드는 지배·종속적 관계로 보는 데 반해, 동양 의학과 인체의 관계는 0 상태인 인체를 +상태로 만드는 협동적 관계로 보고 있다. 서양 의학이 질병을 정복해야 할 대상으로 보는 반면, 동양 의학은 질병을 몸에 발생한 불균형의 결과로 본다. 예를 들어 체온의 상승을 서양 의학에서는 바이러스에 의해 인체가 감염되어 나타난 현상으로 보기 때문에 해열제를 써서 열을 내려야 한다고 보는 반면, 동양 의학에서는 인체가 병균을 몰아내기 위한 자연 방어 기제로 보기 때문에 몸을 쉬어서 인체의 자연 치유력이 극대화되도록 해야 한다고 본다.

서양 의학에서는 신체 각 부위의 질병을 각각 따로 다루는 반면, 동양 의학에서는 질병은 몸의 각 장기가 불균형을 이루어서 나타나는 것으로 본다. 다시 말해 동양 의학에서는 인체 내의 5장(심장, 폐장, 간장, 비장, 신장)과 6부(위, 담낭, 소장, 대장, 방광, 삼초)가 서로 균형을 이루면 건강한데, 선천적이나 후천적 원인으로 그 균형이 깨지게 되면 건강을 잃게 된다고 보고 있다. 이러한 각 장기 사이의 균형과 조화를 나타내기 위해 동양 의학(한의학)에서는 5장 6부를 오행에 비유해서 설명하고 있다. 예를 들어 토(土)에 해당하는 위(胃)가 아플 경우 위 자체가 아플 경우도 있지만, 토를 극(克)하는 목(木)에 해당하는 간이 실(實)해서 위가 아플 수도 있다는 것이다. 실제로 위가 아픈 환자를 위 내시경으로 보면 아무 이상이 없는 경우가 있는데 이때는 간에 이상이 있기 때문이다. 여기서 간을 치료하기 위해서는 간자체를 치료하는 것도 좋지만 간에 해당하는 목(木)과 상생하는 수(水)에 해당하는 신(腎)이나 방광을 치료하는 것이 도움이 될 수 있다. 즉 질병이 나타난 장기 자체에 대한 직접적인 치료보다는 그 원인이 되는 장기를 치료하는 것이 근본적인 치료가 될 수 있다는 것이다. 다른 예로는 알레르기성비염의 경우에는 금(金)에 해당하는 폐가 실(實)해서 나타나는 현상으로 이는 화(火)에 해당하는 심장이 영향을 주어서 나타나기 쉽다. 이때는 화(火)를 상생하는 목에 해당하는 간을 치료하거나 금을 보하는 토(土)에 해당하는 위를 치료하는 것이 좋다.

동양 의학에서는 이와 같이 신체 내 장기들 상호간의 균형과 상호

영향이 중요하다고 보고 이를 체질로 나누어 치료에 이용하고 있다. 즉 선천적으로 인체의 장기들 중 어느 장기가 강하고 어느 장기가 약하냐에 따라 체질별로 분류가 되고, 그 체질에 따라 잘 나타나는 질병이 다르고, 또 같은 질병이라도 체질에 따라 치료법이 달라야 한다고 보고 있다.

체질 분류로서 가장 유명한 것이 태양, 태음, 소양, 소음으로 나누는 이제마의 사상(四象) 체질이다. 각 체질별로 강한 장기가 다르기 때문에 체형에서도 차이가 나는 게 당연하다. 예를 들어 태양인은 심장이 강하고 신장이 약하기 때문에 상체가 발달하고 하체가 약한 것이 특징이다. 사상 체질이 너무 단순하다고 하여 팔상 체질을 주장하는 사람도 있다. 신촌 8+1 클리닉에서 펴낸 『건강에는 편식이 최고다』에서는 사상에 음양 구별을 두어 수양, 수음, 목양, 목음, 금양, 금음, 토양, 토음 8체질로 분류하고 있다. 체질에 따라 이로운 음식도 달라지는데, 일반적으로는 육식보다는 채식이 좋은 것으로 알고 있지만, 체질에 따라서는 오히려 육식이 좋을 수도 있다는 것이 이 책의 주장이다. 예를 들어 간이 강하고 폐가 약한 목양체질과 담이 강하고 대장이 약한 목음체질은 육식을 해야 하고, 폐가 강하고 간이 약한 금양체질과 대장이 강하고 담이 약한 금음체질은 채식을 해야 한다. 왜냐하면 육식을 소화하기 위해서는 담즙이 필요한데, 담즙의 생산기관인 간을 강하게 타고난 사람은 담즙이 많이 생산되기 때문에 육식이 좋다는 것이다. 만일 간을 강하게 타고나기는 했지만 육식이 공급하는 영양소가 필요치 않다면, 육식이 도움이 되기는커녕 해가 될 수도 있다. 이것이 바로 체질 음식의 오묘한 이치다.

서양 의학에서도 혈액순환이 중요하다고 보지만, 특히 동양 의학에서는 혈액의 순환을 중요하게 생각한다. 특히 수승화강(水乘火降) 또는 두한족열(頭寒足熱)의 원리에 의해 머리를 차게 하고, 다리를 따뜻하게 유지하는 것이 건강의 비결이라고 여기고 있다. 액체든지 기체든지 따뜻하면 위로 가고, 차가우면 밑으로 내려가는 것이 자연 현상인데, 건강을 위해서는 인체가 차가운 수(水) 기운은 위로 올리고, 따뜻한 화(火) 기운은 밑으로 내려 보내야 자연스런 순환이 일어나게 된다는 것이다. 건강한 체질은 두한족열이 자연스럽게 일어나지만, 나이가 들거나 몸이 약해지면 장기의 기능이 약해져서 혈액순환이 제대로 안 되기 때문에 두한족열이 되도록 족욕(足浴)이나 반신욕(半身浴)을 해주면 건강에 도움이 된다. 족욕이란 더운 물에 발을 담가 따뜻하게 함으로써 신진대사와 혈액순환을 원활하게 해 몸속에 쌓인 노폐물을 제거하는 전통요법이다. 발은 제2의 심장이라 불리고, 심장에서 멀기 때문에 혈액순환이 잘되지 않는데, 따뜻하게 해주면 정체되었던 혈액을 위로 밀어주는 데 도움이 된다. 족욕 시 물의 온도는 38~40도 정도가 적당하고, 시간은 10분 정도 욕조에 발을 담갔다가 5분 정도 발을 빼서 휴식을 취한 다음 다시 뜨거운 물을 부어 38~40도로 물의 온도를 맞춘 후 10분 정도 족욕을 한다.

반신욕은 약 38~40도의 약간 뜨거운 물에 배꼽 아래까지 담근 후, 손을 물 밖에 내놓는 목욕 방법이다. 반신욕은 전신욕보다 건강에 더 좋다고 하는데, 그 이유는 열이 많은 심장을 뜨겁게 하지 않아서 부담을 주지 않으면서 만병의 근원인 냉기를 제거해주기 때문이다. 반신욕 시간은 약 30분 정도가 적당한데, 이마에서 땀이 난 후 5~10분 정도 더 해서 충분히 땀을 빼는 것이 좋고, 반신욕을 하고 나서는 실내에 30분 이상 있도록 해서 갑자기 차가운 기운에 노출되지 않도록 한다. 목욕은 전신욕이든 족욕이든 반신욕이든 최소 잠자기 2시간 전에는 마치는 것이 바람직하고, 특히 저녁에는 뜨거운 물보다는 따뜻한 물로 한다.

족욕과 반신욕 외에 몸의 긴장을 풀어주는 좋은 방법이 바로 안마다. 안마는 부작용 없이 안전하고 간편하게 건강을 지켜주는 방법이다. 전신 어느 부분이나 안마를 해주면 좋지만, 간단하게 손과 발만 안마해주어도 그 효과는 충분하다. 손과 발은 우리 몸의 모든 기관과 연결되어 있기 때문에 손과 발을 동시에 만져주고 눌러주면 몸 전체의 스트레스를 풀어줄 수 있고 체내의 이상을 바로잡아 쇠약해지기 쉬운 건강과 면역력을 높여준다.

예를 들어 엄지손가락은 간, 집게손가락은 심장, 가운뎃손가락은 비위, 넷째 손가락은 폐, 새끼손가락은 신장과 자궁에 해당된다. 따라서 안 좋은 장기가 있으면 그 손가락만 눌러주어도 좋다. 물론 전문 안마사에게 정기적으로 안마를 받으면 막힌 기를 뚫어주어서 기의 흐름을 좋게 하지만, 비용이 높아 문제가 된다면 시중에서 안마 방법이 실린 책을 구입해서 배워도 된다. 물론 이 경우에는 목을 돌린다든가 하는 고난도의 안마 기술은 삼가는 것이 좋다. 특히 부부가 안마를 배워서 상대에게 해주면 건강도 증진시키고 부부애도 높일 수 있는 일석이조의 효과를 볼 수 있다.

건강과 관련하여 최근에 동양 문화의 요가, 명상, 참선, 단전호흡 등이 관심을 끌고 있다. 이와 같은 수련법들은 고요한 내적 세계를 추구하면서 심리적인 안정을 얻고 스트레스를 해소해준다. 특히 모든 경우에 단전호흡 또는 복식호흡을 중요하게 여기고 있는데, 복식호흡은 정신 집중 효과도 있지만, 신체적으로도 깊은 호흡은 폐 하단의 횡경막을 아래로 깊이 밀어내어 폐 밑에 있는 대장, 소장, 그리고 장간막(腸間膜)이 눌려 장간막 속에 차 있던 순환하지 못하는 혈액이 밀려나와 전신을 순환하게 되므로 몸이 더워지고 마음이 안정되면서 건강을 증진시키는 효과를 가져온다. 일부에서는 깊은 복식호흡뿐만 아니라 호흡의 속도를 느리게 함으로써 오래 살 수 있다고 주장하고 있다.

요가는 간단한 스트레칭과 이완 작용을 통해 건강을 증진키고 아름다운 몸을 만들어주는 놀라운 건강법이다. 물론 태극권도 요가와 비슷한 원리로 몸을 유연하게 해주고 혈액순환을 원활하게 해주어 건강을 증진시키는 아주 좋은 운동이다. 특히 이러한 동양의 건강 증진 방법들은 나이가 들어서도 몸에 큰 무리를 주지 않으면서 실천할 수 있는 아주 좋은 방법들이다. 명상에 대한 관심이 높아지면서 틱낫한 스님이 설립한 프랑스 보르도 지방의 플럼빌리지, 인도의 위빠사나 명상센터, 유답(U-DAP)과 명상카페 선(SEON) 등 세계적인 명상센터와 더불어 국내에서도 불교계의 템플스테이 등의 명상 프로그램과 다른 개별적인 명상센터들도 인기를 끌고 있다.

웰빙 면에서 동양 문화에서 빼놓을 수 없는 부분 중의 하나가 바로 음식 문화이다. 채식과 발효음식 위주인 동양인들의 식습관은 웰빙 음식 그 자체라고 할 수 있다. 물론 동양인의 식단에는 칼슘이 절대적으로 부족하다는 지적을 하는 전문가들도 있다. 또한 채식 자체가 모든 사람에게 다 좋은 것이 아니라는 주장을 하는 사람도 있다. 오히려 육식을 해야 좋은 체질도 있다는 것이다. 신촌 8+1클리닉에서 지은 『건강에는 편식이 최고다』라는 책에서는 예를 들어 금체질은 생선과 채소가 맞기 때문에 육식을 하게 되면 문제가 생기지만, 목체질은 육식, 밀가루, 뿌리채소가 맞기 때문에 생선을 먹게 되면 병이 생긴다고 주장하고 있다. 아마도 서양인들은 육식을 많이 하기 때문에 채소가 좋다고 하지 않는가 생각이 된다. 그런 의미에서 육식이 많아진 요즘에는 과거에 구황식품으로 먹었던 고구마, 시래기 등이 건강식품으로 대접받고 있다는 사실이 아이러니가 아닐 수 없다. 아무튼 우리 인체는 웬만해서는 균형을 잡기 때문에 몸에 절대적으로 해로운 음식을 제외하고는 모든 음식을 골고루 먹는 것이 바람직하다.

동양 음식의 또 다른 이점 중의 하나는 음식의 궁합을 맞춘다는 것이다. 누구나 소고기에는 배, 돼지고기에는 새우젓, 고구마에는 김치국물 등이 궁합이 맞는다는 말을 들어본 적이 있을 것이다. 서양 음식에서는 각 식품의 영양 자체를 따지는 데 반해, 이렇게 동양 음식에서는 식품끼리의 궁합을 아주 중요하게 생각한다. 배추가 몸의 칼슘을 배출하는 작용을 하기 때문에 배추를 먹지 말자는 운동을 해야 한다고 주장하는 말을 들은 적이 있다. 하지만 이는 하나는 알고 둘은 모르는 소리다. 대부분의 경우 배추를 단독으로 먹는 경우는 극히 드물다. 어느 식품이나 그 단독으로는 부작용이 있기 때문에 다른 식품으로 그 단점을 보완하는 것이 동양적인 음식 섭취 방법이다. 배추의 경우에는 무, 고춧가루 등을 넣어서 그 찬 기운을 보완해줄 수 있고, 더 나아가 배추, 무, 고춧가루를 함께 발효시켜 김치를 만들게 되면 그런 단점을 완벽하게 보완해줄 수 있다. 한약재의 경우에도 한약재 자체를 그대로 사용하는 것이 아니라 순치(馴致)시켜 사용하게 된다. 예를 들어 인삼의 경우에는 성분상으로는 참 좋다고 알려져 있지만, 열이 많은 식품이라서 체질적으로 열이 많은 사람에게는 적합하지 않다. 그렇지만 인삼을 순치시켜 홍삼을 만들게 되면 누구에게나 좋은 식품이 된다.

동양 식품 중에 내가 꼭 추천하고 싶은 식품이 바로 차(茶)다. 차는 「타임」지가 선정한 몸에 좋은 세계 10대 식품에도 포함되었다. 참고로 「타임」지가 선정한 몸에 좋은 세계 10대 식품은 토마토, 마늘, 녹차, 각종 견과류, 귀리, 브로콜리, 연어, 머루, 시금치, 적포도주이다. 이들 식품 중에서 적포도주의 경우에는 소믈리에라는 전문가가 있을 정도로 식품 이상의 격을 가지고 있지만, 차도 다선일미(茶禪一味), 다즉선(茶卽禪)이라고 할 정도로 참선과 밀접한 관계를 가지고 있다. 다시 말해 차는 식품 이상의 정신적인 기여를 하는 식품으로 다도(茶道)라는 예법을 만들어낼 정도의 품격을 가지고 있다.

차의 산지는 인도, 중국, 스리랑카 등 아시아에 많이 분포되어 있지만, 그 소비는 중국, 일본, 대만 등 아시아 국가에서 뿐만 아니라 영국, 러시아, 미국 등 서양에서도 많이 소비되고 있다. 서양과 중국, 대만 등에서는 주로 발효차나 반발효차가 많이 음용되고, 일본에서는 불발효차의 일종인 증제차가 주류를 이룬다. 우리나라는 주로 티백 형태의 저급 증제차가 주류를 이루고, 일부 불발효차인 덖음차, 증제차와 더불어 중국에서 들어온 발효차인 보이차, 반발효차인 우롱차 등이 유통

되고 있다. 안타까운 일은 차가 좋다고 하여 티백 녹차를 마셨다가 위가 아프다는 등의 부작용을 호소하는 사람들이 많아지면서 차에 대한 불신이 늘어나고 있다는 사실이다. 사실 차는 찬 성질의 식품이기 때문에 덖음 또는 발효를 통해 순치시켜야 하는데, 티백 제품은 저질 녹차잎을 사용할 뿐만 아니라 덖음이나 발효 과정을 거치지 않기 때문에 찬 성질이 그대로 남아 있어서 위에 부담을 주는 것이다. 일본 녹차의 경우에는 차 제조 시에 단순히 증제 과정을 거치기 때문에 순치가 안 되어 위에 부담을 주는 것으로 알려져 있다. 이는 일본의 경우 차를 많이 마시는 사람들이 위가 안 좋다는 신야 히로미(新谷弘美) 박사의 임상 관찰 결과가 뒷받침해준다.

따라서 차를 마시려면 덖음이 잘된 차를 골라서 마시거나 발효된 차를 마시기를 권한다. 물론 우리나라에서 불고 있는 보이차 열풍은 자못 염려스러운 점이 많다. 제대로 된 보이차는 10년 이상을 발효시켜야 하는데, 이미 그렇게 오래된 차는 소진되어 현재 시중에 유통되고 있는 보이차 중에는 가짜가 많다고 한다. 따라서 가짜일지도 모르면서도 비싼 보이차를 구태여 마시려고 하지 말고 한국 고유의 덖음차를 구입해서 마시는 것이 바람직하다. 더욱이 찻잎은 산화가 덜될수록 항산화활동을 증진하고 건강 보호 효과가 크기 때문에 발효차보다는 한국의 덖음차를 마시는 것이 훨씬 몸에 좋다.

차에는 일일이 나열할 수 없을 정도로 좋은 약리 작용이 많지만, 특히 항암 작용, 항산화 작용, 활성산소 제거, 콜레스테롤 저하, 혈당강하, 항균 및 해독 작용, 면역계 활성화 작용, 치매 억제, 환경호르몬 및 다이옥신 작용 억제 등 나이 들어 생기는 고민을 거의 모두 해결해준다. 차에 포함된 카페인은 정신을 맑게 해주는 작용을 하는데, 커피에 포함된 카페인과는 달리 덖음이나 발효 과정을 통해 차의 성분인 카테킨류와 결합되고 테아닌이 카페인의 활성을 억제하는 작용을 하기 때문에 서서히 흡수되면서 위에 부담을 주지 않는다. 이렇게 차가 부작용 없이 정신을 맑게 하기 때문에 스님들의 참선 시에 필수품으로 자리매김하고 있는 것이다. 또한 차는 이뇨작용을 촉진시키는데, 이뇨 과정 중에 혈중의 노폐물, 특히 콜레스테롤을 배출시킴으로써 비만, 고혈압, 당뇨 등을 예방하는 역할을 하기 때문에 마시는 것을 꼭 권하고 싶다. 차는 이렇게 신체적인 건강만 돕는 것이 아니라, 정신적인 건강에도 좋다. 국민대 심연옥 교수는 차의 정신적 건강 작용으로 사람의 행실을 바르게 한다, 정신을 맑게 한다, 번뇌와 시름을 씻어준다, 예절을 돕는다, 사람과 사람 사이를 화합하게 한다, 중정의 도를 얻게 한다, 수신하여 도에 이르게 한다는 점을 지적하고 있다.

좋은 차 대신 티백 차가 일반화되는 아쉬움을 앞에 언급했지만, 다른 안타까운 점으로는 찻잎 증산을 위해 비료와 농약을 사용함으로써 건강을 위해 마시는 차가 오히려 건강을 해치는 부작용을 초래하고 있다는 것이다. 하지만 잘만 찾아보면 농약과 비료를 사용하지 않는 야생 덖음차를 구할 수 있으니, 이를 구해서 마시는 노력을 기울인다면 그 노력에 대한 대가는 충분히 얻을 수 있을 것이다. 물론 야생 덖음차의 값이 비싼 것은 사실이지만, 우선 건강에 좋고, 여러 번 우려내서 여러 사람이 먹을 수 있기 때문에 엄밀하게 따져보면 커피보다도 훨씬 비용이 싸게 든다. 나도 사무실에서 일상적으로 차를 마시는데 한 달 비용이 20만 원을 넘지 않으니 크게 부담이 되지 않는다. 또 한 가지 아쉬운 점은 다도를 빙자해서 차를 일상생활과 너무 동떨어진 고품격(?)으로 만드는 경우가 많다는 것이다. 차는 그저 차일 뿐이다. 경망스럽거나 너무 예의에 벗어나지만 않는 범위에서 자연스럽게 마시면 될 일이다.

공장생활 12년차인 김 차장은 최근 선배인 권 상무의 퇴직을 보면서 착잡한 마음을 금할 수가 없다. 오로지 공장에서만 25년을 보낸 권 상무의 경우에는 그나마 서울에서 자식을 교육시키느라고 서울에 32평짜리 집이라도 마련해놓고, 퇴직금도 조금 받았으면서도 송별회에서 앞으로 살 일이 걱정이라고 눈물까지 글썽이던 것을 생각하면 자신은 앞으로 어떻게 해야 되는 것인지 까마득하기만 하다. 월급을 모아서 서울에 아파트를 마련한다는 것은 벌써 물 건너간 상태인 것 같고, 그렇다고 본가나 처갓집의 사정을 볼 때 경제적인 도움을 받을 수 있는 처지도 안 되니 더욱 앞이 막막해진다. 더구나 최근에는 회사 사정도 별로 좋지 않아서 언제 감원 바람이 불지도 모른다고 생각하면 밤에 잠이 오지 않을 지경이다. 하지만 자신을 포함한 주위 사람들을 살펴보면 술자리에서는 막연히 퇴직 후를 걱정하는 것 같지만 실질적으로 준비하는 경우는 별로 보지 못한 것 같다. 그저 막연히 어떻게 되겠지 하는 경우가 대부분이다.

김 차장의 경우에도 새로운 직장을 찾는다는 것 자체가 막연하고, 모아놓은 재산도 별로 없다. 공장에 바로 입사하는 바람에 공장 사택에서 살면서 큰 불편을 느끼지 못하다 보니 별도로 집을 장만해야 한다는 생각도 하지 못했고, 저축도 많이 하지 못한 편이어서 전 재산을 다 합쳐도 1억 원이 안 된다. 보험을 하는 친구의 강권에 못 이겨 든 아이들을 위한 교육 보험과 세금 혜택을 받을 수 있다는 말에 든 월 20만 원짜리 개인연금 정도가 보험의 전부다. 그나마 얼마 전 서울에 있는 친구의 권유를 받아 투자한 주식이 떨어지는 바람에 그마저도 안 되는 처지라 가슴만 아플 뿐이다. 그래서 권 상무의 퇴직을 보면서 자신의 노후를 생각할 때마다 한숨만 나올 뿐이다. 지금부터라도 돈을 모아야 되겠다는 생각은 있지만 막연할 뿐인 게 현재의 처지다.

서울에서 직장생활을 하는 서 과장의 경우에는 그나마 조금은 나은 편이다. 서울 주변의 신도시에 살지만 전세금으로 1억 5천만 원 가량이 있고, 전세금 올리는 것과 앞으로 자녀 교육비, 노후를 대비해 월급의 20% 정도를 저축해서 총 재산이 2억 5천만 원 정도는 된다. 하지만 서 과장의 경우에도 노후자금이 얼마나 필요하고, 재테크를 어떻게 해야 하는지에 대해서는 별로 심각하게 생각해본 적이 없고, 더구나 전문가에게 상담을 받은 적도 없다.

노후 대비하면 가장 먼저 떠오르는 것이 바로 돈에 대한 걱정일 것이다. 나이가 들어서 수입원이 없어졌을 때 모아놓은 돈이 없어 생존을 걱정해야 하는 처지에 처한다는 생각만 해도 끔찍한 일이기 때문이다. 나이가 들수록 몸은 아파서 돈이 들어갈 일은 많고, 경조사는 왜 그렇게 많은지, 게다가 자녀들이 어려서 교육비 부담이 있거나 결혼 자금을 부담해야 하는 경우에는 앞이 캄캄해지게 된다. 하지만 노후자금에 대한 막연한 걱정과는 달리 구체적으로 은퇴 후 경제적인 문제에 대비하고 있는 경우는 드문 것으로 나타나고 있다.

조선일보(2007년 5월 22일)와 한국경제신문에 의하면 '은퇴 이후 돈 걱정이 되느냐' 라는 질문에, 50대 한국인의 50퍼센트가 '그렇다' 고 대답했다. 이는 덴마크(20%), 미국(40%) 등 선진국을 크게 웃도는 수치다. 하지만 이렇게 은퇴에 대한 불안감이 큰 반면 실제로는 10명 중 7명이 '노후자금 계산한 적 없다' 고 응답했다. 더구나 10명 중 1명만이 은퇴 준비를 위해 전문가와 상담한 경험이 있다고 대답해 실질적인 노후자금 준비는 크게 미진한 것으로 나타났다. 전 세계 평균은 '노후자금 계산을 해보지 않았다' 는 응답자가 54퍼센트, '전문가와 상담해봤다' 는 응답자가 30퍼센트였다. 또 우리나라 국민은 84퍼센트가 노후 생활을 위한 정보를 찾아본 적이 없다고 답해 전 세계의 평균(67%)에 비해 노후 대비에 대한 정보가 취약한 것으로 드러났다. 한편 정부의 역할에 대한 기대는 큰 것으로 나타났다. 노인에 대한 재정적 지원의 주체와 관련한 질문에 '정부가 해야 한다' 가 46퍼센트를 차지, '개인 스스로 해야 한다(14%)' 와 '가족이 해야 한다(38%)' 를 크게 앞질렀다. HSBC는 "개인들이 은퇴에 대한 불안은 큰데, 정작 준비는 제대로 하지 않고 있음을 보여주는 것" 이라고 분석했다.

이렇게 막연하게 불안한 심리가 요즘의 로또복권 돌풍을 몰고 오지 않았나 생각된다. 구체적이고 장기적으로 계획을 세워서 골치가 아프기보다는 한방에 끝내고 싶은 심리적인 표출이 바로 로또에 대한 기대

심리가 아닐까? 하지만 걱정만 앞서고 구체적인 계획을 세우지 못하는 것도 큰 문제이거니와 이렇게 로또 한방에 기대를 거는 것은 문제를 더욱 복잡하게 만든다. 천릿길도 한 걸음부터라고 '나중에 한방에 해결할 수 있겠지' 하는 막연한 생각보다는 현실적인 수입을 고려한 재테크 방법을 터득하는 것이 중요하다.

물론 돈 자체가 우리의 노후를 보장하고, 인생의 행복을 보장해주지는 않지만 최소한의 불편하지 않은 생활을 영위하기 위해서는 인생 제2막부터 체계적인 준비를 해야 한다. 이때 가장 중요한 점은 인생 제2막에서 가능한 한 오랫동안 일을 하는 것이고, 인생 제3막에서도 수입이 있는 일을 계속함으로써 있는 돈을 까먹는 시기를 가능한 한 늦추는 것이다. 또한 노후에 필요한 자금에 대해 계산해 보고, 이를 어떻게 체계적으로 모을 것인지 고민하는 과정이 필요하다. 남는 돈을 모으는 것이 아니라 필요한 자금을 저축하고 나서 남는 돈으로 살아가는 방법을 강구하고, 모아진 돈을 체계적으로 관리해서 효율적으로 불리는 방법도 강구해야 한다.

평생 동안 같은 직장에서 아무 생각 없이 일만 하다가 퇴직하고 나면 얼마 있다가 세상을 떠서 퇴직 후의 삶을 걱정할 필요가 없던 옛날과는 달리 자신의 노후 경제생활까지도 미리 설계를 해야 하는 시대가 되었다. 더구나 예전 같으면 자식들에게 투자를 해놓으면 손자들이나 보고 노후를 의탁할 수 있었지만 앞으로는 그런 생활은 꿈도 꾸지 말아야 한다. 따라서 자신의 재정 상태를 스스로 설계하고 계획적으로 꾸려나가는 지혜를 발휘해야 한다. 물론 재정적인 설계가 전문적인 지식이 필요해서 어려움을 겪을 수도 있지만, 그 중요성에 대한 인식만 하고 있다면, 자신이 직접 재정설계를 하지 않고 재정 전문가에게 도움을 받는 것도 고려해볼 필요가 있다.

___노후자금은 얼마나 필요하나

노후자금에 대해 고민하면서 누구나 궁금해하고, 또 가장 중요한 문제가 과연 '최소 얼마만큼의 돈이 있어야 하는 것일까?' 이다. 그렇지만 이 최소 노후자금을 계산하기가 생각만큼 그렇게 간단하지만은 않다. 우선 이 계산에서 고려해야 하는 조건들이 너무 많다. 예를 들어 몇 살에 퇴직해서 몇 살까지 사는 경우를 대상으로 해야 할 것인가가 정해져야 한다. 물론 일찍 퇴직하면 더 많은 돈이 필요할 것이고, 더 오래 살아도 더 많은 돈이 필요할 것이다.

그 다음으로 중요한 계산 조건은 어느 정도의 생활수준을 기준으로 하느냐이다. 최소한의 의식주 해결 수준 정도인지 아니면 1년에 한두 번 해외여행도 하고 골프도 치고, 한 달에 두세 번 외식도 하는 수준인가에 따라 지출 수준이 달라지기 때문에 계산이 복잡해질 수밖에 없다. 가령 60세에 퇴직한 부부가 '매일 하루 세끼 식사를 5000원짜리로 하다가 80세에 운명'을 한다 해도 순수 밥값만 2억 1900만 원이 필요하다는 계산이 나온다. 물론 여기에 옷값과 거주비용, 취미 활동비 등이 포함되면 그 금액은 훨씬 커질 수밖에 없다. 또 노후의 특성상 나이가 들수록 병원비의 지출이 많아지게 되기 때문에 최소한의 노후자금 자체가 의미가 없을 수도 있다. 더구나 요즘같이 부모가 장

성한 자녀의 유학 자금, 결혼 자금 등은 물론 생활 자금까지 걱정하는 수준이라면 최소 노후자금 규모는 기하급수적으로 커지게 될 것은 자명하다.

물론 노후자금이 많으면 많을수록 좋기 때문에 능력이 닿는 대로 최대한 많이 모으면 그만이지 않느냐고 하면 할 말은 없다. 하지만 현실적인 여건에서 보통 사람이 그런 복잡한 계산을 안 해봐도 난 노후자금에 대해 걱정할 필요가 없다고 할 정도로 충분한 돈을 모을 수 있는 사람이 과연 몇 퍼센트나 될까? 미국의 경우를 예로 든다면 65세에 일을 그만두고 그때까지의 생활을 지속할 만큼 재산을 모아놓은 사람은 65세가 넘는 사람들 가운데 4퍼센트 정도라고 한다. 한국의 경우에는 그에 대한 통계 자료가 없지만 아마 4퍼센트 미만이 되지 않을까 생각한다. 아무튼 부모로부터 엄청난 재산을 물려받거나 수억 원의 연봉을 받는 극소수의 사람들을 제외하고는 일반 샐러리맨들은 노후자금 준비에서 자유로울 수 없는 게 현실이다.

노후자금에 대해 가장 많은 자료를 내놓는 곳은 보험회사들이다. 좋게 말하면 고객들의 미래를 걱정하고 대비하도록 하는 것이 보험회사들의 임무이기 때문에 좋은 정보를 제공해서 사람들로 하여금 노후를 미리 준비하도록 배려하는 것이고, 나쁜 의미로 해석하자면 노후가 이렇게 불안하니까 미리미리 저축을 하고 보험을 들라는 협박(?)을 하는 것이라고 볼 수 있다. 따라서 보험회사에서 제시하는 노후자금은 비교적 높은 수준이며, 정부나 경제연구소 등에서 내놓는 수치는 비교적 낮게 나타나고 있다. 참고로 관련 기관에서 최소 노후자금으로 제시한 여러 가지 경우 중에 대표적인 몇 가지를 소개하고자 한다.

2007년 2월 삼성경제연구소는 2006년 5~7월 전국 7대 도시 거주 4000가구를 대상으로 조사한 결과를 토대로 현재 근로소득자가 60세에 은퇴했을 때 원하는 생활수준을 유지하기 위해서는 은퇴 시점에 평균 8억 1000만 원이 필요한 것으로 추정했다. 이에 앞서 삼성생명은 지난해 10월 직장에서 60세에 은퇴한 부부가 연간 해외여행을 한 번 하고 골프를 월 2회, 가사도우미를 월 8회 부르는 등 풍요로운 노후생활을 하면서 80세까지 산다고 가정할 때 거주비를 제외한 노후자금은 11억여 원이 필요하다는 계산을 제시했다. 또 기본적인 노후생활을 하는 데도 7억 원 정도가 들 것으로 내다봤다. 이보다 앞서 2005년 11월 교보생명이 추정한 노후자금은 11억 원이었고 같은 해 PCA생명은 1000명을 대상으로 한 설문조사에서 은퇴 후 부부가 취미와 레저생활을 하면서 80세까지 사는 데 현재 화폐가치로 월 233만 원씩 모두 5억 5920만 원이 드는 것으로 제시했다. LG경제연구소가 2006년 2월 15일 내놓은 LG주간경제 리포트에 따르면 현재 30~50대가 큰 불편 없이 노후생활을 보낼 수 있는 노후자금은 은퇴 시점의 돈으로 4억~5억 원이면 된다고 했다. 2004년 5월 국민연금관리공단이 제시한 노후자금은 2억 6000만~7억 원이었다. 이를 종합해보면 평균 7억 원, 많게는 13억 원에 이른다.

위에 제시된 각 기관의 최소 노후자금이 편차가 심한 이유는 생활수준을 어느 기준으로 할 것이냐 하는 문제와 저축 시점과 쓰는 시점의 차이에 의한 물가상승률과 투자 수익의 가정치가 다르기 때문이다. 즉 보험회사의 경우에는 높은 생활수준과 낮은 수익률을 기준으로 계산

했기 때문에 많은 노후자금이 필요하고, 정부기관들은 낮은 생활수준과 높은 수익률을 기준으로 했기 때문에 적은 노후자금을 제시한 것이다. 생활수준에 관해서는 대부분의 전문가들이 은퇴 직전 생활수준의 70퍼센트를 기준으로 삼으면 된다는 데 동의하고 있다.

하지만 이러한 계산은 단지 부부가 전적으로 자신들의 생활을 위해 지출하는 돈만을 고려한 경우인데, 우리나라 현실에서 60세란 나이는 자녀 결혼 등으로 목돈 준비와 건강을 위해 고정 지출이 필요한 시기이기 때문에 이러한 단순 계산만으로는 충분하지 않다는 견해도 있다. 결론적으로 생활을 위한 노후자금은 최소 4억 원, 많게는 10억 원 정도가 있어야 한다는 계산이 나온다. 실제로 우리나라 직장인들이 기대하는 은퇴 후 노후자금 규모는 평균 3억 6천 500만 원이라고 한다. 이는 위에 제시한 최소 자금 규모에 가까운 금액이다. 그러나 도시 평균 가계 소득인 300만 원을 버는 30대 직장인이 아무리 안 쓰고 저축한다고 해도 60세 은퇴 시점까지 풍족한 생활을 누릴 수 있는 10억 원을 마련한다는 것은 불가능한 것이 현실이다. 물론 기초노령연금 등 국가의 보조를 기대할 수 있거나 국민연금 등이 제 역할을 할 수 있다면 개인이 이렇게 큰돈을 따로 마련해야 하는 부담은 크게 줄일 수 있을 것이다. 더구나 보험 등을 잘 활용하여 건강 악화나 불의의 사고에 대비하는 지혜를 발휘한다면 보다 안정적인 노후의 재정설계가 가능할 것이다.

___노후자금, 미리 준비하자

부모에게서 풍족한 재산을 물려받든가 복권에라도 당첨되지 않는다면 노후에 필요한 자금을 마련하는 방법은 직장생활이나 사업 수익 중의 일부를 저축해서 모을 수밖에 없다. 하지만 대부분의 경우 쥐꼬리만 한 월급에 지출할 데는 많고, 노후는 먼 훗날의 문제이다 보니까 저축을 하기가 힘들고, 그나마 저축을 하는 경우에도 노후자금에는 턱없이 부족한 경우가 대부분이다. 실제로 서울대학교 사회복지연구소의 조사에 따르면 우리나라 전체 가구의 34.8퍼센트는 전혀 저축을 하지 않고 있는 것으로 나타났다. 한편 직장인 1천 170명을 대상으로 연봉 조사 전문 사이트인 오픈샐러리에서 설문조사한 바에 따르면 응답자의 94.4퍼센트가 재테크 수단으로 매월 저축을 하고 있는 것으로 나타났다. 이들의 월 평균 저축액은 평균 급여(192만 원)의 43.8퍼센트인 84만 원이었다. 경력 2년 미만의 신입사원은 매월 급여의 45.8퍼센트인 76만 원을 저축했고, 경력 7년차 이상인 경우에는 월 급여의 38.9퍼센트인 102만 원을 저축하는 것으로 조사됐다(김경 지음, 『나의 꿈 품위 있는 노후 만들기』).

저축을 하더라도 일찍 시작하는 것이 금액이나 저축 기간보다 더 중요하다. 데이비드 마호니는 그의 저서 『은퇴 없는 삶을 위한 전략』에서 그 예를 들고 있는데, A가 35세에 저축을 시작해서 10년 동안 5천 달러씩 저축을 하게 되면 65세가 되었을 때 72만 5천 달러를 갖게 되는데 반해, B가 45세에 저축을 시작해서 20년 동안 매년 7천 5백 달러씩 저축한 경우에는 65세가 되었을 때 56만 1천 달러를 갖게 된다고 하였다. B

가 A보다 매년 더 많은 돈을 더 긴 기간 저축했는데도 불구하고 훨씬 적은 돈을 갖게 되는 이유는 바로 복리이자의 힘 때문이다. 그만큼 노후자금 준비는 일찍 시작할수록 유리하다. 물론 위의 경우는 은행에 복리로 저축했을 경우를 가정한 경우인데, 만약 좀 더 수익성이 높은 곳에 투자를 하여 돈을 불린 경우에는 그 격차는 더 커질 수도 있다.

조선일보 2007년 5월 30일자에 행복한 노후를 위한 특집 기사가 실렸는데, 노후에 필요한 자금과 저축액을 상당히 자세하게 다루고 있다. 필요한 노후자금을 서울, 광역시, 시, 군으로 나누어 생활수준에 따라 제시하고, 이를 마련하기 위한 저축액을 각 나이대별로 제시하였다. 예를 들어 40세 부부의 경우는 다음 표와 같다.

표 | 부부의 필요 노후자금

단위 : 만 원

생활수준	서울	광역시	시	군
평균 수준	4억 297	3억 1616	3억 714	1억 8286
품위 있는 노후	6억 9601	5억 4839	5억 3612	3억 3874
풍족한 노후	8억 9007	7억 591	6억 9010	4억 4363

60세 시점의 화폐가치 기준

표 | 노후자금 마련을 위한 월 저축액

단위 : 만 원

생활수준	서울	광역시	시	군
평균 수준	91	72	70	41
품위 있는 노후	158	124	121	77
풍족한 노후	202	160	156	100

월 평균 수익률 6% 기준

그렇다면 노후에 필요한 자금을 반드시 목돈으로 준비해야만 하는 것일까? 꼭 그렇지만은 않다. 은퇴 후 생활비를 은퇴 전 생활비의 70퍼센트라고 생각하면, 앞으로 직장에서 정년 무렵에 퇴직할 보통의 은퇴자의 경우 생활비는 국민연금으로 25퍼센트, 기업연금(퇴직연금)으로 25퍼센트 정도를 메울 수 있을 것으로 추정된다. 따라서 이 경우에는 나머지 20퍼센트에 해당하는 부분만 조달할 수 있는 방안을 마련하면 최소한 기본적인 노후 대비는 되는 것이다. 예를 들어 현재 연간 생활비가 3500만 원이라면 현재의 돈 가치로 산정한 노후 생활비는 이 돈의 70퍼센트인 2400만 원이며 현 생활비의 20퍼센트인 700만 원을 준비하면 되는 것이다. 만약 65세 이후에 완전히 은퇴해 노후 생활을 시작한다고 가정하면 700만 원의 35년 후 미래가치는 1957만 5000원이다. 은퇴 시점에서 해마다 이만큼의 돈이 종신까지 나오는 대책을 마련하면 되는 것이다.

국민연금과 기업연금으로 조달되지 않는 자금을 마련하기 위해서는 물론 적금 등 일반적인 저축 수단도 나쁜 것은 아니지만 노후 대비라는 측면에서만 본다면 연금이 확실한 측면이 있다. 사실 적금을 10년 이상 계속적으로 하기도 힘들기 때문에 대부분 연금에 비해 단기간으로 설정하게 되고, 만기가 되어 목돈이 생기면 이를 투자해서 더욱 큰돈을 만드는 경우도 있지만, 자칫하면 그 돈을 날리는 경우도 생기게 된다. 또 그렇지 않더라도 세상일이 묘한 게 목돈이 나올 때가 되면 꼭 그 돈을 쓸 일이 생기는 경우가 많다. 그렇지만 연금을 들게 되면 중간에 목돈으로 타는 게 힘들기 때문에 노후만을 위한 자금으로 사용할 수 있고, 연금 성격상 사망 시까지 지속적으로 지불되기 때문에 유리한 면이 있다. 따라서 중간에 찾아서 활용할 적금형 저축과 노후를 대비한 연금형 저축을 적절한 비율로 조절하는 지혜가 필요하다.

『꿈이 있는 아내는 늙지 않는다』에서 김미경은 자신의 경험을 살려 5:1:1:3 법칙을 강조한다. 전체 수입을 10으로 봤을 때 5는 저축, 1은 가족의 미래를 위한 투자, 1은 새로운 에너지 보충을 위한 특별 행사 비용, 3은 생활비로 사용하자는 제안이다. 하지만 이 비율은 수입 수준이나 나이별로 조절할 필요가 있다. 예를 들어 신혼 부부 때는 생활비가 크게 들지 않기 때문에 이 비율이 지켜지거나 오히려 생활비 비율이 낮아질 수 있지만, 자녀가 학교에 다니기 시작하면 자녀 교육비 등이 늘어나서 생활비가 더 많이 필요하게 된다.

내 개인적인 의견으로는 3:3:1:3 법칙으로 하면 어떨까 생각한다. 즉 노후를 위한 저축을 5에서 3으로 줄이고, 오히려 가족의 미래, 특히 남편과 아내의 미래를 위한 투자비를 1에서 3으로 올리는 것이 어떨까? 노후를 위한 저축에 비중을 높게 두는 것은 특별한 자기 계발이 없어도 정년이 보장되었던 산업사회에 적합한 개념이라고 생각한다. 만약 노후자금 저축에 중점을 두고 자기 계발을 소홀히 하다가 직장에서 경쟁력이 뒤져 조기 퇴직 당하게 되면 전체적으로 보아 오히려 크게 손해보게 된다. 따라서 저축을 좀 줄여서라도 직장 생활을 좀 더 오래할 수 있는 능력을 키우고, 나이 들어서도 수입이 있는 일을 할 수 있는 능력을 키우는 것이 경제적인 면에서나 정신적인 면에서 노후 대비에 유리하지 않을까? 만약 그래도 저축이 중요하다고 생각하는 경우에는 대신에 저축을 일찍 시작하면 저축 비율이 좀 낮아도 저축 액수는 충분하리라 생각한다. 더구나 지금은 국민연금도 있고, 퇴직연금도 있기 때문에 순수한 저축에 의해 노후자금을 준비해야 하는 비율이 좀 낮아져도 된다. 또 단순히 저축한 돈을 까먹는다는 생각을 버리고 자기 계발에 의해 나이 들어서도 조그만 수입이라도 나올 수 있는 능력을 갖춘다면 저축한 돈을 까먹는 속도가 느려지기 때문에 그만큼 저축을 한 효과가 나는 것이 아니겠는가?

노후에 가장 큰 문제 중 하나가 주택 문제이다. 나이 들어서 돈이 없는 것도 문제지만, 집이 없는 설움에 대한 불안은 굳이 말로 설명할 필요가 없을 것이다. 우리나라의 집세 구조상 전세를 살건, 월세를 살건 해마다 집세를 올려줘야 한다면 감당하기가 벅찰 것이다. 그나마 현재의 40~50대들은 대부분 집에 대한 욕심이 많아서 어떻게든지 집을 마련한 경우가 많지만, 20~30대의 경우에는 현재와 같이 주택 가격이 높으면 평생을 벌어도 집을 마련하기가 힘든 형편이기 때문에 주택에 대한 문제는 노후 대비에 반드시 포함시켜야 한다. 내가 생각하기에 한 가지 희망적인 바람은 현재의 높은 주택 가격이 지속되지는 않으리라는 것이다. 현재 주택 보급률이 이미 100퍼센트에 가까워졌고, 인구 증가율이 그다지 높지 않은 상황에서 과거의 대가족이 핵가족화하면서 늘어난 수요가 어느 정도 충족이 되면 집값은 안정화되지 않을까 조심스럽게 전망해본다.

사실 현재의 주택가격 상승은 주택에 투자하면 돈을 벌 수 있다는 심리적인 요인에 기인한 바가 크다. 하지만 주택 가격이 계속적으로 올라갈 수만은 없기 때문에 주택 가격은 곧 안정될 것이다. 그때가 되면 주택은 투자의 개념이 아니라 주거의 개념으로 바뀔 것이기 때문에 이에 대한 걱정은 덜 수 있으리라는 희망적인 전망을 해본다.

일반적으로 현재의 장년층이 집에 집착하는 이유는 집이 없는 설움을 절실하게 느낀 세대라는 점과 부동산에 의한 재산 증식이 경험이 있기 때문이기도 하지만 자식에게 집이라도 물려주어야 한다는 의식이 강하기 때문이다. 하지만 뒤에 설명하겠지만 이제 자식에게 재산을 물려준다는 의식은 버리는 것이 좋다. 만약 집이 주거를 위한 목적만이라면 노후에는 집을 정리하고 실버타운에 들어가서 사는 것도 하나의 방법이다. 여러 형태의 실버타운이 있지만 어떤 실버타운은 일정액의 보증금을 주고 들어가면 죽을 때까지 돌봐주되, 죽은 후에는 그 돈이 실버타운에 기증되는 형태도 있다. 이런 경우에는 보증금만 마련된다면 마음 편하게 지내다가 생을 마감할 수도 있다. 또『눈부시게 아름다운 노후』에서 독일 브레멘 시 시장을 지낸 헤닝 쉐르프가 주장했듯이 자발적인 주거 공동체를 형성하는 것도 좋은 방법이라 생각한다. 혈연 공동체가 아닌 비슷한 취향을 가진 사람들끼리 별도로 생활하면서도 서로 도움이 필요할 때는 도와줄 수 있는 체재를 갖추게 되면 보다 편한 노후 생활을 할 수 있지 않을까? 다만 그러기 위해서는 젊었을 때부터 마음이 맞는 사람들을 찾아내서 공동체를 만들어가는 준비 과정이 필요하리라 생각한다.

___가지고 있는 재산 잘 불리는 요령

한동안 '10억 만들기 프로젝트' 가 유행한 적이 있었다. 삼팔선이다 사오정이다 하면서 불안한 직장 생활을 하고 있던 30~40대들의 노후 걱정을 부추기면서 증권회사 등이 만들어 선풍적인 인기를 끌었던 상품이다. 우리나라 사람들의 냄비 근성에 걸맞게 지금은 그런 상품이 있었는지도 잘 모르게 되었지만 말이다. 하지만 어쨌든 노후자금을 준비하기 위해서는 돈을 모아야 한다. 그것도 옛날 구두쇠들이 장롱 속에다 현금을 채우듯이 막연하게 모을 것이 아니라 이왕이면 가장 효율적인 방법으로 모아야 한다.

큰 눈덩이를 만들기 위해서는 처음에 주먹만큼 작은 눈뭉치가 필요하듯이 재테크에도 기본적인 자본이 필요하다. 소위 말하는 종자돈이다. 아무리 주식 시장의 시황이 눈앞에 훤히 펼쳐져 보이고, 얼마 안 있다 몇 배로 가격이 오를 부동산이 보여도 수중에 돈이 없으면 남에게 목돈을 벌어주고 자신은 푼돈이나 받아 챙기는 신세가 될 수밖에 없다. 부동산이 되었든 주식이 되었든 재테크를 통해 돈을 번 사람들의 공통점은 처음에 안 쓰고 악착같이 종자돈을 만들었다는 것이다.

유대인들이 세계 금융 시장을 거머쥔 요인이 여럿 있겠지만, 그 중 하나가 성인식 때 친인척들이 모아주는 종자돈 때문이라고 한다. 아무리 경제, 경영 지식을 많이 가르쳐주더라도 현장에서 리스크를 안고 투자해보지 않은 사람은 돈을 모으기가 힘들다. 그래서 경제 사정에 밝은 경제학자들이 실제로 부자가 된 경우를 보지 못하는지 모르겠지만 말이다. 또 돈을 모으기 위해서는 돈맛(?)을 보아야 한다. 따라서 만약에 부모된 입장에서 자식이 부자가 되기를 바란다면 나중에 죽을 때 재산을 물려주려고 하지 말고 어릴 때부터, 아니 불안하다면 유태인들처럼 성인이 되었을 때에 일정액을 주고 그 돈을 종자돈 삼아서 돈을 벌어서 자신의 경제적 문제를 해결하도록 하는 것도 권장할 만한 방법이다. '돈에 신경 쓰지 말고 공부나 열심히 하라' 고 자녀들에게 강요하는 것은 공부해야만 겨우 입에 풀칠할 수 있는 직장을 구했던 한심한 산업사회의 사고방식일 따름이다.

이야기가 좀 빗나갔지만 어쨌든 재테크에는 종자돈이 중요하고, 그 종자돈 마련을 위해서는 저축이 필수적이다. 다행히 의식이 깨인 부모를 만나서 얼마간의 돈을 물려받을 수 있다면 행운이겠지만 말이다. 이 종자돈 마련은 빠를수록 좋은데, 그 이유는 자본주의 사회에서는 돈이 돈을 버는 체제이기 때문이다. 그만큼 돈이 있으면 돈을 벌 수 있는 기회가 많아진다는 말이다. 또 일단 종자돈이 마련되면 재테크에 대한 관심이 많아지는 것도 하나의 이유가 될 수 있다. 다행인 것은 젊었을 때는 월급은 적지만 필수적인 지출, 예를 들어 자식들의 교육비, 경조사비 등이 적으므로 마음만 먹으면 돈을 모을 수 있다. 나이가 들수록 수입은 산술급수적으로 느는데, 지출은 기하급수적으로 늘어서 저축을 하기가 쉽지 않은 게 현실이다. 따라서 젊었을 때 부모에게 자존심을 버리고 의지하더라도 일단 돈을 모으는 지혜가 필요하다.

나는 금융 전문가도 아니고 재테크를 통해 돈을 모은 경험도 없기 때문에 나만의 재테크 노하우를 강요할 생각은 없다. 그렇지만 재테크에 관한 여러 책을 읽으면서 느낀 점은 대부분 일정한 원칙을 제시하고 있다는 것이다. 그 중에서 노후자금 마련을 위해 가장 명심해야 할 점은 고수익에는 반드시 고위험이 존재한다는 것이다. 물론 그것이 무서워서 장롱 속에 현금을 쌓아놓거나 안전한 은행 계좌에 넣어두라는 말은 아니다. 다만 수익성을 추구하되 안정성을 고려하라는 말이다. 물론 그게 이상적인 말이지만 말만큼 쉽냐고 항변하면 할 말은 없지만, 그런 원칙을 지키는 가장 이상적인 방법은 안정적인 투자와 공격적인 투자 비율을 대략 80:20으로 가져가는 것이다. 물론 젊었을 때는 다소 공격적인 투자의 비율을 높일 수 있지만, 특히 나이 들어서는 안정에 최우선을 두어야 한다. 왜냐하면 젊었을 때는 돈을 좀 잃더라도 경험도 얻고, 그 경험을 바탕으로 다시 돈을 벌 수 있는 기회를 가질 수 있지만, 나이 들어서는 그럴 가능성이 없어지기 때문이다. 그래서 어떤 전문가는 '100-나이'의 법칙을 제시하기도 한다. 즉 공격적인 투자 비율을 100-나이 비율로 하라는 것이다. 예를 들어 나이가 40대이면, 100-40=60, 즉 60퍼센트만큼 공격적인 투자를 하고, 나이가 70이 되면 100-70=30, 즉 30퍼센트만큼 공격적인 투자를 하라는 것이다.

　여기서 공격적인 투자의 대표적인 경우는 주식이고, 안정적인 투자의 대표는 채권이다. 물론 채권보다는 저축이 더 안정하다고 볼 수 있지만, 당장 현금 입출금이 필요한 경우가 아니면 저축보다는 채권이 수익성이 높기 때문에 은행 저축에 돈을 묻어놓는 것은 바람직하지 않다. 물론 채권의 안정성에 불안을 느낀다면 국채 등 안정성이 높은 채권에 투자하면 된다.

　주식 투자를 하는 방법도 직접 투자하는 방식과 펀드를 통해 간접 투자하는 방식이 있다. 물론 주식에 대해 잘 안다면 직접 투자를 하는 편이 좋을 수도 있지만, 내 개인적인 입장에서는 직접 투자하는 비율은 최소로 하는 것이 바람직하다고 생각한다. 우선 개인이 기관의 정보력을 따라갈 수 없고, 설사 수익성이 높다 하더라도 온통 주식에 정신이 팔려 직장에서도 주식 시황에만 관심을 갖는 것이 드러난다면 주식에서 몇 푼 버는 것보다 더 많은 손실이 발생할 수 있다. 그저 직접 투자는 주식에 대한 관심을 살리는 정도의 수준에 머무르는 것이 좋다. 또 중요한 한 가지는 만약 노후를 위해서라면 워렌 버핏 식으로 우량 주식에 장기 투자하는 방식을 권하고 싶다. 어차피 10년, 20년 후에 필요한 자금을 효율적으로 늘리는 목적이라면 주식의 단기 차익에 연연할 것이 아니라 10년, 20년을 바라보고 그 후에도 건재할 회사를 골라 장기 투자를 한다면 반드시 좋은 수익성을 보장받을 수 있으리라 확신한다. 주식은 종목을 사는 것이 아니라 시간을 사는 것이라는 주식 시장의 격언을 기억할 필요가 있다.

재테크에 빠질 수 없는 방법 중의 하나가 부동산 투자다. 더구나 생활의 안정을 가져올 수 있다는 면에서 부동산 투자, 특히 아파트 등 집에 대한 투자는 상당히 매력적이다. 하지만 집을 단순히 재산 증식의 수단으로만 생각해서 하나 있는 집을 수시로 사고팔아서 차익에 연연하게 되면 가족의 생활 안정을 해치게 되고, 이웃과의 연대도 깨져서 경제적으로 약간의 이득을 챙길 수 있지만, 다른 면에서는 오히려 손해를 볼 수도 있다. 또 부동산 투자의 경우에는 환금성이 떨어지고, 특히 가격이 하락될 경우에는 매물을 내놓아도 팔리지 않는 경우가 발생할 수 있기 때문에 무리하게 감당할 수 없을 정도로 융자를 통해 집을 구입하지 않는 것이 좋다. 또 한 가지는 앞에서도 지적했지만 주택보급률이 100퍼센트에 가까워지고, 인구 증가세가 감소되고, 젊은 층을 중심으로 집이 투자의 개념보다는 주거의 개념으로 바뀌는 추세를 감안하면 최근같이 부동산의 단기 급등에 의한 차익 실현이 쉽지 않을 것이라고 전망된다. 따라서 자신의 재정적인 능력 내에서 주거 해결을 겸한 부동산 투자나 단기 차익이 아닌 장기적으로 개발 예정지에 대한 투자 정도가 고려대상이 된다고 생각한다. 신도시 등 국가 주도형 개발이 이미 한계에 와 있다고 판단되기 때문에 앞으로 부동산 투자는 실버타운, 타운 하우스 등 개인 주도의 부동산 개발 신탁이 유망하리라 생각된다.

다음으로 노후 대비 재테크에서 고려해야 할 것은 연금과 보험이다. 연금보험은 확실하게 평생 소득을 보장받을 수 있는 세상에서 유일한 금융상품이다. 그만큼 노후 대비를 위해서는 필수적인 방법이다. 물론 국가에서 개인의 노후 대비를 위해 강제로 가입하도록 하는 국민연금이 있고, 봉급생활자를 위한 퇴직연금도 있지만, 가능하면 개인적으로 능력이 닿는 한 개인연금을 많이 가입할 필요가 있다.

인간이 살아가면서 닥치게 되는 예기치 못한 위기에 대비하기 위해서 보험을 들게 된다. 보험도 각 위기 상황에 따라 생명보험, 건강보험, 질병보험, 상해보험, 주택보험, 자동차보험 등이 있다. 특히 나이가 들게 되면 건강이 나빠질 가능성이 높아지기 때문에 건강보험, 질병보험 등에 관심이 많아진다. 건강보험이야 요즘은 국민 누구나 들기 때문에 걱정할 필요가 없지만, 질병보험의 경우에는 나이가 들어 가입하려고 하면 가입 조건도 까다로워지고, 보험료도 높아지기 때문에 젊었을 때 미리 들어주는 것이 바람직하다. 특히 질병 발생 경력이 있게 되면 보험 가입을 받아주지 않는 경우가 대부분이기 때문에 질병이 발생하기 전에 미리미리 가입해두자. 여기서 한 가지 주의할 것은 보험은 저축 수단으로 생각하지 않는 것이 좋다는 것이다. 좀 귀찮더라도 보험은 손해 보상만을 위한 순수보장형 보험에 가입하고, 저축은 별도의 적금이나 예금을 활용하자. 왜냐하면 보험은 성격상 보험료 내에 수수료 등이 많이 포함되기 때문에 중도 해약하는 경우에는 원금도 건지지 못하는 경우가 있고, 만기가 되어도 적금보다는 금액이 적을 수밖에 없기 때문이다.

노후를 위해서는 생명보험에 가입할 필요가 없다. 생명보험의 목적 자체가 피보험자가 갑자기 사망하거나 경제적인 능력을 상실할 경우에 그의 소득에 의지하고 있는 사람에게 경제적인 충격을 완화하기 위한 것인데, 노후에는 그럴 걱정을 할 필요가 없기 때문이다. 만약 자식에게 물려줄 재산이 없기 때문에 보험금이라도 타게 해주겠다는 생각으로 생명보험을 든다면 이는 극단적으로 말해서 자식으로 하여금 그 하찮은 보험금 때문에 부모가 빨리 죽기를 바라게 만드는 어리석은 행동이 될 수도 있다는 점을 명심할 필요가 있다. 만약 당신의 배우자가 경제적인 능력이 없는데 당신보다 오래 살 것이 걱정되더라도 생명보험 대신 연금 등을 활용하는 것이 바람직한 해결책이다.

___저축된 돈보다는 계속적인 수입이 중요하다

국내 굴지의 대기업에 다니다 지난 달 55세에 퇴직한 이민욱 씨는 2년 전에 따놓은 공인중개사 자격증으로 집에서 20여 분 떨어진 분당에 공인중개사 사무실을 냈다. 최근에는 부동산 경기 침체로 부동산 매매 성사 건수는 거의 없지만, 전세, 월세 계약은 그런대로 유지되고 있다. 경험이 별로 없어서 부동산 중개 분야에 경험이 많은 최 모(42세, 여)씨를 실장이라는 직함으로 채용해서 같이 일하고 있다. 채용이라고는 하지만 별도로 월급을 주는 것은 아니고 계약이 성사되면 얼마를 주는 식으로 일을 하기 때문에 크게 부담이 되지는 않는다. 처음에는 회사라는 조직에서 자신이 맡은 분야의 일만 하던 버릇이 있어서, 모든 것을 자신이 알아서 하는 것이 부담이 되었지만, 점점 익숙해지고 있다. 아직은 수입이 그렇게 많은 편은 아니지만, 수입보다는 이 분야의 경험을 쌓는다는 마음으로 일을 하기 때문에 당장의 수입에 크게 신경 쓰는 편은 아니다. 일단 일을 하고 있다는 마음에 주눅이 들지 않고, 그런대로 용돈 이상을 벌고, 살림에 조금은 보탤 수 있어서 퇴직으로 인한 불안감을 덜 수 있어서 만족하고 있다. 물론 사무실의 임대료와 경비를 합치면 지출도 만만치 않고 공인중개사 사무실도 너무 많이 생겨서 가만히 앉아 있어도 수입이 보장되지는 않지만, 이민욱 씨는 손해만 보지 않으면 이 사무실을 계속 운영할 생각이다. 우선 아침에 일어나면 출근하기 때문에 수십 년 동안 익숙한 생활리듬을 유지할 수 있고, 자신의 용돈 이상을 벌기에 모아놓은 돈을 대책 없이 빼먹고 있다는 불안감을 해소할 수 있어서 좋다. 더구나 최근에 하나둘씩 퇴직하기 시작한 친구들이 이민욱 씨의 사무실을 거점으로 모이기 시작하면서 외로움도 달랠 수 있어서 좋다.

일반적으로 은퇴니 노후니 하고 말하는 뒷면에는 이제 일에서 해방되어 놀면서 젊었을 때 벌어놓은 돈을 빼먹는다는 뜻을 내포하고 있다. 하지만 벌기는 어려워도 쓰기는 쉽다고 웬만큼 벌어놓지 않으면 수입이 없는 상태에서 그냥 쓰기만 하면 감당하기 어려운 경우가 많다. 아무리 노후에 필요한 최소한의 자금을 비축해놓는다 하더라도 경조사와 병원비 등 예기치 못한 비용 지출이 생기는 게 당연한 일이므로 가능하면 적은 수입이라도 올릴 수 있는 일을 계속하는 것이 중요하다. 만약 퇴직 후 필요한 생활비가 200만 원 정도라고 했을 때 100만 원 정도를 국민연금에서 충당하고 나머지 퇴직연금이나 개인연금 또는 다른 수입으로 50만 원 정도를 충당한다고 했을 때 만약 한 달에 100만 원 정도만 번다고 하더라도 돌발적인 지출도 감당할 수 있고, 외식이나 여행 등에 필요한 경비를 충당할 수 있어서 생활의 질을 높일 수 있다. 이민욱 씨의 경우에도 용돈도 비교적 넉넉하게 쓰고, 친구들과 모여도 선심을 쓰는 편에 속할 수 있어서 마음이 뿌듯할 때가 많다.

우리나라에서 대부분 은퇴하는 시기가 40대 후반 내지는 50대 후반이므로 아직은 충분히 일할 수 있는 체력과 능력이 있는 나이다. 하지만 이민욱 씨처럼 퇴직 후에도 일을 하려면 미리미리 준비를 하는 자세가 필요하다. 어느 조사 자료에 의하면 은퇴 후 계속 일을 하고 싶다는 비율이 75퍼센트를 넘고 있지만 실제로 일을 하고 있는 비율은 33퍼센트 정도에 불과하다고 한다. 그 이유는 은퇴 후를 대비하지 않고 있다가 누구나 할 수 있는 단순 노동직에 대거 몰리기 때문이다. 뒤에 자세히 설명하겠지만 자신이 취미로 즐길 수 있는 일을 하면서 어느 정도 수입도 올릴 수 있는 방법을 미리 찾는 지혜가 필요하다.

___자녀에게 재산을 물려주지 마라

"은퇴 후에도 가족 부양에 허리 휘는 한국 노인들"이라는 제하의 조선일보 2007년 5월 22일자 기사 내용이다.

은퇴 후 원룸주택 월세를 받아 생활하는 김 모(65세)씨는 지난해부터 딸네 집에 매달 170만 원씩을 부치고 있다. 사위가 사업에 손댔다가 망하고 나서 해외 유학을 결심하자, 딱 1년만 도와달라는 딸의 부탁을 차마 거절할 수가 없었던 것이다. 김 씨는 "당장 생활비가 부족하다는데 부모된 입장에 모른 척할 순 없지 않느냐"고 말했다. 도대체 자녀 '애프터서비스'는 언제까지 해줘야 하는 걸까? 한국 부모의 숙명일까? 우리나라는 은퇴 후에도 가족에게 경제적인 지원을 제공하는 노인 비율이 전 세계 어느 나라보다 높은 것으로 나타났다.

HSBC그룹이 영국 옥스퍼드 대학과 공동으로 전 세계 21개국의 40~70대 2만 1000명을 대상으로 설문조사한 결과, 우리나라 60대 83퍼센트와 70대 64퍼센트가 은퇴 이후에도 가족들에게 경제적인 지원을 제공하고 있는 것으로 나타났다. 이는 일본(60대 17%, 70대 9%)과 홍콩(60대 20%, 70대 11%) 등 다른 아시아 나라보다도 월등히 높고, 전 세계 평균(60대 38%, 70대 30%)의 배를 웃도는 수치다. 가족에 대한 헌신을 중요시하는 한국 정서가 반영되긴 했지만, 그만큼 선진국에 비해 활기차고 즐거운 노후 생활을 보내는 노인들은 많지 않다는 의미다.

　◆ "가족 부양한다" 한국이 최고 우리나라 노인들은 손주를 보살피고, 가사를 도와주는 등 비(非)경제적인 지원을 제공하는 비율 역시 세계 최고 수준인 것으로 조사됐다. 60대의 73퍼센트, 70대의 65퍼센트에 달했다. 같은 동양권에 속하는 ▲일본(60대 14%, 70대 7%), ▲홍콩(60대 14%, 70대 14%) ▲싱가포르(60대 19%, 70대 20%)보다도 훨씬 비율이 높았다. 교사로 20년간 근무 후 정년퇴직한 최 모(여 · 65)씨는 2년 전부터 손주들을 돌보고 있다. 그는 "아들 부부가 맞벌이인데 아이들을 봐달라며 바로 옆집으로 이사왔다"면서 "친구들도 다들 손주 보느라고 바빠서 동창회를 해도 몇 명 나오지 않는다"고 말했다. 이에 대해 한서대학 한정란 교수(노인복지학과)는 "우리나라는 부모 지원 없이는 제대로 집 한 채 사기도 힘들다"며 "국가가 해주지 못하니까, 부모들이 노후대책은 뒷전으로 하고 자녀부터 돕는 것"이라고 말했다.

위 기사가 보여주듯이 지금의 노년과 중년 세대는 자신의 노후를 준비하기도 벅찬데, 자식들의 생활까지 책임지는 경우가 많다. 자식에 대한 투자 자체가 노후 준비였던 이전 세대에 비해 자식들로부터 노후 보장은 받지 못할망정 오히려 부담을 떠맡는 경우가 의외로 많다. 이는 지금의 젊은 세대들이 어릴 때부터 부모에 의해 일방적으로 이끌려 사는 방식에 익숙해 있기 때문이다. 과외 학습으로 대표되는 부모의 일방적인 보살핌은 자식이 커서도 독립하지 못하고 부모에게 의존하도록 만들며, 부모가 해주는 것은 당연한 것으로 생각하게 만들었다. 모든 불편은 부모가 감수하고 자식들에게는 오직 공부만 하도록 강요(?)했기 때문에, 그런 환경에서 자란 젊은 세대들의 입장에서는 자신이 사회에서 크기 위해서는 부모가 무한정 도와주는 것이 당연하다고 생각하게 된 것이다. 신체적으로만 성인이 되었지, 정신적으로는 성인이 되지 못한 것이다.

따라서 냉정하게 생각될지 모르지만 성인이 된 이후, 특히 자식이 직장을 갖거나 결혼을 한 이후에는 부모와 자식 간에 심리적인 인연은 유지하되 경제적으로는 확실하게 독립을 시킬 필요가 있다. 특히 자식 부부가 맞벌이를 하는 경우에 손주가 태어나면 당연히 부모가 봐줄 것이라는 생각을 버리도록 하는 것이 필요하다. 만약 봐주더라도 최소한으로 하고, 철저히 생색을 내고, 봐주는 기간을 한정할 필요가 있다. 우리나라 실정상 갓난아이를 맡아서 돌보는 시설이 갖추어지지 않았기 때문에 어릴 때 잠깐은 돌볼 수 있겠지만, 이를 당연하게 여기게 해서는 안 된다. 산후 조리원을 활용하고, 자식 부부 중 한 명이 출산 휴가를 받아서 애를 키우든가, 도우미를 부르도록 하는 것이 좋다. 어린 손자를 보는 일은 나이 든 사람들에게는 체력적으로도 상당한 부담이 되기 때문에 이런 부담이 누적되다 보면 오히려 부모 자식 사이가 멀어질 수 있는 요인이 될 수 있다. 자식들에게도 부모도 부모의 생활이 있고, 그 생활을 즐길 권리가 있다는 점을 확실하게 인식시키자.

더 나아가 우리나라 부모들은 자식들에게 재산을 물려주는 것을 당연하게 생각하는 경우가 많은데, 이는 여러모로 좋지 않은 결과를 초래할 수 있다. 스테판 M. 폴란은 그의 저서 『다 쓰고 죽어라』에서 재산을 자식들에게 물려주지 말 것을 강력하게 주장하고 있다. 과거에 부모가 자식에게 재산을 물려주었던 것은 농경사회와 산업사회에서는 농장이나 공장이 있어야 가족 생계를 위한 생산 활동을 할 수가 있었기 때문에 그 생산 기반을 물려주었던 것이다. 또한 가족 공동체의 힘으로 그 생산기반을 운영하고 생계를 유지했기 때문에, 아버지가 죽으면 어머니를 포함한 다른 가족들까지 딸려서 맏아들에게 재산을 물려주는 것이었다.

하지만 요즘은 현금, 주식, 채권, 일반 부동산에 무슨 조건을 달아서 자식들에게 물려주어야 한단 말인가. 물론 자식들이 자라는 동안 의식주를 해결해주고, 이 세상을 살아갈 수 있도록 교육시키고, 독립할 수 있는 최소한의 종자돈을 마련해주는 것까지는 괜찮겠지만, 재산을 물려주는 것은 여러모로 부작용을 초래한다. 폴란의 지적대로 유산으로 보유하고 있는 자금은 경제 생산성에 도움이 되지 않는 동결 자산이 대부분이기 때문에 사회적으로도 피해를 준다. 또한 자식이 부모의 재산을 물려받기 위해서는 부모가 죽어야 하기 때문에, 본의 아니게 자식이 부모가 빨리 죽기를 바라는 불행을 초래하게 된다. 전에 어느 신문기사에서 보았던 '상속 재산을 노린 부모 살해' 라는 극단적인 비극이 일어나지 말라는 법도 없지 않은가. 거기까지는 아니더라도 부모가 자신의 재산을 쓰는데 자식들이 자신이 물려받을 재산을 쓴다고 생각해서 못마땅하게 여기는 사태가 발생하기도 한다. 요즘 배우자와 사별한 후 노후에 짝을 만났는데도 재산을 물려받지 못할 것을 우려한 자식들의 반대 때문에 결혼을 못 하는 노인들이 많다는 사실을 알고 있는가. 이런 불행한 사태를 막기 위해서는 재산이 많다면 자식들이 독립할 무렵에 적절한 금액을 물려주고 나머지는 부모의 노후를 위해 쓰고 나머지는 사회에 환원하겠다든지 하는 선을 그어서 자식들이 부모의 재산을 노리는(?) 기회를 차단해야 한다.

물론 이런 주장을 펼치면 그나마 자식들이 재산을 노리고서라도 한 번이라도 더 찾아올 텐데, 만약 미리 나누어주면 자식들도 더 이상 찾아오지 않게 되면 외로워서 어떻게 하느냐고 걱정하는 사람들도 있다. 하긴 얼마 전 신문기사(문화일보 2007년 12월 10일)를 보니까 세계에서 거의 유일하게 한국에서만 부모가 돈이 있어야 자식이 자주 찾아온다고 하니 그런 걱정이 전혀 근거 없는 것은 아닌 것 같다. 부모 소득이 1퍼센트 높아지면 부모가 자녀와 1주일에 1번 대면 접촉할 가능성이 약 2배 높아진다나. 하지만 어차피 부모의 재산을 노려서 찾아오는 자식이라면 진심으로 찾아오는 것이겠는가? 오히려 '언제쯤 저 노인네들이 죽어서 저 재산이 내 재산이 될까' 살피러 온다고 생각하면 끔찍하지 않은가? 그러느니 차라리 자식들이 물려받은 재산을 종자돈으로 활용하도록 해서 하루빨리 자립하도록 하면 자식들에 대한 걱정을 확실히 덜 수 있고, 부모는 자신들의 인생을 확실히 즐길 수 있으니 바람직하지 않겠는가? 부모들이 자식들에게 부담을 주지 않고 독립적으로 인생을 즐기는 편이 오히려 자식들과의 관계를 더 돈독하게 해준다. 그래도 정 아쉽다면 가끔 손자들에게나 자식들에게 특별한 날 기대하지 않았던 금일봉을 줄 수 있으면 인기짱이 될 수 있다. 기대한 상태에서 받으면 기대 이상으로 만족할 수가 없어서 항상 불만족일 수 있지만, 기대하지 않은 상태에서 보너스를 받게 되면 기대치가 제로였기 때문에 항상 기쁨을 느끼게 된다. 받으면서 기쁨을 느끼는 자식들을 보고 싶다면 사후에 재산을 물려주겠다는 생각은 버리는 편이 좋다.

또한 형제가 많은 상태에서 재산을 물려주게 되면 형제간의 불화를 조장하게 되는 원인이 될 수 있다. 내가 아는 집은 형제가 있는데, 아버지가 돌아가시자 서로 어머니를 못 모셔서 안달이 나 있다고 한다. 그게 얼마나 보기 좋으냐고 할지 모르겠지만 그들이 서로 어머니를 모시겠다고 하는 이유는 어머니 몫의 재산을 차지하기 위해서라고 한다. 심지어 어느 날에는 형제가 대판 싸움이 붙었다. 형이 어머니를 모시고 밖에 나가서 극진한 대접(?)을 하고 있었는데, 동생이 그 낌새를 알아 채고는 경찰에 어머니 실종 신고를 내고, 형의 차를 도난 신고해버렸다. 형은 동생을 따돌리고 어머니를 꾀는 데 성공했다는 기쁨에 집으로 돌아오고 있는데, 경찰이 차를 세우고 도난 신고된 차라고 해서 경찰서에 끌려가게 되었다. 물론 그 소식을 듣게 된 신고자인 동생이 경찰서에 오게 되었고, 그 형제는 경찰서에서 한바탕 큰 싸움을 벌여 경찰들의 비웃음거리가 되고 말았다. 그것을 보게 되는 어머니의 마음은 좋았을까? 자식들이 다 나와 살려고 하니까 얼마나 좋냐고 생각했을까?

나중에 자식에게 재산을 물려주게 되면 나타나는 또 하나의 심각한 문제점이 있다. 바로 부모의 재산을 언젠가는 자신의 노력과는 아무 상관없이 물려받을 수 있다는 환상에 젖어서 어려운 사회생활을 헤쳐 나가는 데 소홀하게 된다는 것이다. 회사를 다니든지 아니면 사업을 하든지 어느 경우나 역경은 있게 마련이다. 그걸 고민하고 노력하면서 하나씩 해결해 나가는 것이 바로 자신의 삶을 살아가는 모습이다. 그런데 만약 나중에 부모에게서 재산을 물려받는다고 생각하게 되면 그런 어려움을 온 힘을 다해서 극복하려고 하지 않는 문제가 발생한다. 부모의 호의가 오히려 자식에게는 독이 되는 것이다.

그러니 자식에게 자신의 사후에 재산을 물려주겠다는 생각을 버려라. 100세 인생을 생각해야 하는 현 시점에서 100세 노인이 죽으면서 70세된 자식에게 재산을 물려주는 것이 무슨 의미가 있는 건지 한 번 생각해보기 바란다. 자신이 번 재산은 자신의 노후에 충분히 쓰면서 인생을 즐기고 나머지는 사회에 환원하는 것이 부모를 위해서나 자식을 위해서나 사회를 위해서도 가장 좋은 방법이다.

＿＿자녀교육에 대한 투자를 줄여라

불경기가 되면 음식점, 백화점을 비롯한 모든 분야의 매출이 줄어들지만 우리나라에서 유일하게 위축되지 않는 분야가 교육 분야다. 우리나라의 경이적인 경제 발전이 세계 사람들이 감탄하는 교육열에 기인한다는 것은 부정할 수 없는 사실이고, 천연 자원이 크게 부족한 우리나라 실정에서 그나마 있는 가장 큰 자원이 바로 인력자원이기 때문에 높은 교육열을 탓할 수도 없고, 어떤 면에서는 오히려 장려하는 것이 바람직한 면도 있는 게 사실이다. 이렇게 너도나도 자녀 교육에 열성인 이유는 과거에는 자녀 교육의 무조건적인 투자를 통해 가문의 영광(?)과 나라의 발전을 이룩한 경우가 많았기 때문이다. 일제로부터의 해방과 한국동란 후의 지독한 가난에서 벗어나고 신분 상승을 할 수 있는 가장 쉽고 확실한 길이 바로 공부를 통해 좋은 대학에 들어가고 대기업에 취직하는 것이었다. 과거 양반들에게만 주어졌던 과거가 모든 백성들에게 차별 없이 주어져서, 열심히 노력만 하면 누구나 과거에

급제할 수 있는 기회가 주어진 것이나 마찬가지였으니 모두 얼마나 자녀 교육에 열을 올렸겠는가. 하지만 지금도 그런가. 좋은 대학에 합격하고, 대기업에 취직했다고 해서 앞으로의 인생이 보장되는가. 전혀 그렇지 않다. 공부를 통해 과거 같은 영광을 누릴 수 있는 사람도 있지만 극소수에 불과하다. 오히려 지금 세상은 단순한 공부 말고도 좋은 길이 많은데, 과거의 환상에 빠진 부모들이 그 길을 외면하고 있을 뿐이다. 혹자는 이런 나의 논리에 대해 그나마 공부가 가장 쉽고, 다른 길을 가더라도 공부는 해야 하는 것이 아니냐고 반문할 수도 있다. 맞는 말이기도 하고 맞지 않는 말이기도 하다. 내가 하고자 하는 말은 자녀에게 공부를 시키지 말라는 것이 아니라, 자녀의 특성을 정확하게 파악해서 그 특성에 맞는 공부를 시키자는 것이다. 장사에 소질이 있고 돈을 벌기를 원하는 자녀에게 무조건 대기업이나 공무원이 되기 위해 대학을 들어가야 한다고 강요해서는 안 된다는 말이다. 공부하기 싫어하는 자녀에게 비싼 과외를 시키면서 대학 입시 공부를 시킬 것이 아니라, 차라리 과외비와 대학 등록금에 해당하는 돈으로 장사 밑천을 대줄 수 있는 현명한 부모가 되기를 바란다는 뜻이다.

그렇다면 실제로 자녀 양육에는 얼마만큼의 돈이 드는가? 한국보건사회연구원의 조사에 따르면 자녀 1명을 출생부터 4년제 대학 졸업 때까지 키우는 데 2억 3199만 원이 들어가는 것으로 나타났다. 이 금액에는 공교육비는 물론 사교육비도 포함됐다. 가구 소비 지출 중에서 자녀양육비가 차지하는 비율은 56퍼센트로 조사됐다(서울신문 2007년 10월 17일). 물론 자녀 양육비 중에 대부분을 차지하는 것은 교육비, 그

중에서도 사교육비이다. 이러한 과도한 자녀 양육비 부담은 결국 부모의 노후 준비에 막대한 장애 요인으로 작용하게 된다는 점을 생각할 때 과연 이런 맹목적인 자녀 교육이 바람직한 것인가 한 번 생각해볼 문제다.

중앙일보(2006년12월 4일) 기사는 한국인의 노후 준비를 막는 최대 요인으로 자녀 양육비를 꼽고 있다. 노후 준비를 하지 못하고 있다는 한국인 응답자 가운데 43퍼센트가 노후 준비를 가로막는 요인(복수응답)으로 '자녀 양육비'라고 답한데 반해, 홍콩 사람은 실업(23%)을, 독일 사람은 높은 생활비(38%)를 가장 많이 꼽고 있는 것으로 나타났다. 미국인(미국은퇴자협회 4월 조사)은 높은 생활비를 노후 준비의 최대 장애요인이라고 응답했다. 이 기사는 한국인 응답에서 자녀 양육비가 높은 이유로 사교육비를 들고 있다. 통계청에 따르면 지난해 전국 가구의 사교육비는 19조 2000억 원으로 경제협력개발기구(OECD) 국가 중 가장 많았다. LG경제연구원에서 조사한 바에 의하면 "각 부문의 재무설계사에 따르면 자녀가 없는 가구의 저축률은 대체로 20~70퍼센트선이지만 자녀가 있는 가정의 저축률은 0~30퍼센트에 불과하다"며 "저축률 격차의 가장 큰 요인은 자녀 교육비"라고 결론짓고 있다. 한국은행이 2007년 10월 29일 발표한 「가계의 교육비와 저축 간 관계 분석」 보고서는 우리나라의 늘어나는 교육비 부담이 저축률 하락, 노후 준비 소홀 등 부작용을 초래하고 있다고 통계적으로 보여주고 있다. 1980년대 초만 해도 전체 가구 지출 중 교육비가 차지하는 비중이 6퍼센트대였으나, 2005년에는 11.8퍼센트로 증가하였고, 2020년에는 13.9

퍼센트까지 상승할 것으로 예측하고 있다.

사실 우리나라에서 교육비만큼 투자 대비 성과가 나지 않는 분야도 없다. 아니 어쩌면 투자 효율을 따지기 전에 당장 생활에 지장을 주고, 노후 준비가 안 될 정도로 과도한 지출을 하면서 자녀 교육에 매진하는 것이 바람직한가 한 번쯤 생각해볼 문제다. 얼마 전에 신문에서 노래방에 도우미로 나온 아줌마에게 왜 이런 데 나오느냐고 물었더니 아이 과외비 벌려고 나왔다고 하더라는 기사를 본 적이 있다. 이건 그냥 웃고 넘길 일이 아니라 심각하게 생각해봐야 할 비극이다. 자녀 교육의 목적이 뭐길래 엄마가 노래방 도우미를 하면서까지 돈을 벌면서 과외비를 대야 하는가 말이다. 그런 돈으로 자녀 교육을 시켜서 어쩌겠다는 말인가. 경제적 여건이 안 되면 차라리 자녀에게 집안의 경제 상황을 설명하고 현실적인 여건에서 극복해나갈 수 있는 방법을 같이 고민해보는 것이 진짜 교육이다. 어려운 현실을 있는 그대로 파악하고 이를 극복해나갈 수 있는 길을 찾는 것만큼 인생에서 값진 자산이 있을까.

표준형 인간을 요구했던 과거의 산업사회에서는 자녀 교육에 대한 과도한 투자가 그나마 성과를 가져왔을지 모르겠지만, 차별화된 창의적인 인재를 요구하는 21세기 지식사회에서 표준형 인간을 대량 양성하는 교육에 그렇게 많은 돈을 들이는 것은 무모한 짓이다. 물론 학과 공부에 소질이 있는 자녀들은 현재와 같은 방법으로 과감히 밀어줘야 하겠지만, 그럭저럭 겨우 대학에만 들어가는 것이 목적인 자녀를 둔 경우라면 차라리 자녀의 강점을 살릴 수 있는 분야를 찾아주는 것이 바람직하다고 생각한다.

　내가 쓴 『대한민국 이공계 공돌이를 버려라』에서 지적했듯이 현재의 지식사회, 그리고 앞으로 곧 닥쳐올 감성 사회에서는 현재의 학과 공부에 해당하는 하드 스킬보다는 고객을 설득하는 능력, 직장 내에서의 의사소통 능력, 리더십 등의 소프트 스킬이 자녀인생의 성공에 더 큰 영향을 미치게 된다. 따라서 자녀의 하드 스킬을 높이기 위해서 비싼 과외비를 쓸 것이 아니라, 친구들과 잘 어울리도록 하면서 의사소통 능력과 리더십을 키우도록 하고, 독서를 통해 건전한 인생관을 갖도록 하며, 아르바이트 등을 통해 독립심을 키우고 노동의 소중함을 알 수 있도록 하는 것이 훨씬 더 중요하다.

　나는 맹목적인 자녀 교육의 문제점을 가장 잘 보여주는 예가 바로 '조기 유학을 위한 기러기 아빠 문제'라고 생각한다. 세계화 시대를 맞아 다양한 문화를 접하기 위해서든, 한국의 교육 상황이 마음에 들지 않아서든 경제적으로 감당할 수 있다면 자식을 조기 유학 보내는 것을 반대할 이유는 없다. 최근 신문과 방송을 통해 기러기 아빠들의 애환과 문제점이 많이 소개되었지만, 나는 근본적으로 자식을 위해 부부의 애정 생활을 포기한다는 발상 자체가 문제가 있다고 생각한다. 자식을 위해 부모가 무조건적으로 희생해야 한다는 발상 자체는 부모와 자식을 동일시하는 과거 유교적인 사고방식에 기인한다고 보지만, 지금은 자식이 부모의 그런 희생을 이해해주지도 않고, 이해할 수도 없다. 이제 자식은 자식의 인생을 살아야 하고, 부모는 부모의 인생을 살아야 하는 시대다. 물론 부모가 자식이 잘되도록 도움을 주는 거야 당연하겠지만 그 정도가 지나쳐서 내가 도움을 줬으니까 너도 성공하면 나에게 그렇게 보답해야 한다고 생각하면 큰 착오다. 부모의 가장 중요한 역할은 아이들이 스스로 세상을 살아갈 수 있도록 도와주는 것이다. 그들 대신 인생을 살아주는 것이 아니라 그들 스스로 인생을 살아가는 지혜를 배울 수 있도록 해야 한다.

자식을 조기 유학 보낼 때 혼자서 보낼 자신이 없으면 보내지 않는 게 낫다. 마약 등 탈선의 유혹이 많은 낯선 이국땅에서 생활하게 되는데, 잘못되면 어떻게 하느냐고 조바심을 낼 수도 있지만, 엄마가 따라간다고 해서 그런 문제가 근본적으로 해결되지는 않는다. 탈선의 문제는 유학을 가는 본인이 유학을 가기 싫은데 떠밀려서 가는 경우에 일어날 가능성이 많다. 떠밀려서 유학을 간 경우에는 유학 생활 중에 어려운 일이 닥치면 부모를 원망하게 되고, 그런 원망을 발산하는 방법으로 탈선을 택하는 것이다. 본인이 정말 유학을 가고 싶어서, 가는 목적이 뚜렷해서 간다면 어려운 과정은 있겠지만, 부모가 멀리서 조금만 관심을 가져주면 본인이 얼마든지 스스로 극복할 수 있다.

만약 부모가 자식이 조기 유학을 가기를 바란다면 아이에게 사전에 미국에 있는 친척집에 보내서 반응을 살피든가, 현지에 친척이 없다면 유학원 등을 통해 1년 정도 대상 국가에 보내보는 것도 한 방법이다. 그런 경험을 통해 아이 스스로 유학을 가고 싶다는 생각이 들도록 하는 것이 중요하다. 여유가 있다면 방학 기간 등을 활용해서 부모가 자녀를 데리고 해외의 학교들을 둘러보는 것도 좋은 방법이다. 이런 과정을 거치다 보면 자연스럽게 아이들도 부모가 자신을 유학 보내고 싶어 하는 것을 눈치 채지 못하겠는가. 그럼에도 불구하고 자녀가 유학

가기를 거부한다면 보내지 않는 편이 백번 낫다.

최악의 극단적인 경우는 아내가 아이들을 데리고 나가는 것을 부부 사이의 권태기 내지 불화를 피하기 위한 방편으로 생각하는 것이다. 그 경우에는 부부 사이의 문제가 해결되지 못 하고 표면화되어 심각한 결과를 초래할 가능성이 많아진다. "몸이 멀어지면 마음도 멀어진다"는 격언도 있지 않은가? 나는 부부는 가능한 한 가까이 지내야 한다고 생각한다. 고운 정 미운 정 든다는 말도 있지 않은가? 서로 갈등하고 다투면서 살다보면 떨어져 있으면 좋겠다는 생각을 할 수도 있겠지만, 갈등의 과정을 통해 부부의 정이 커져가는 것이라고 생각한다. 요즘 부쩍 늘어난 주말 부부의 경우에도 서로 떨어져 사는 데 익숙해져서 나중에 합치는 데 애를 먹는다고 한다. 한 달에 몇 번이나마 만나는 그들도 문제가 있는데, 1년에 한두 번 볼까말까 한 기러기 아빠의 경우는 어떨까 능히 짐작할 수 있을 것이다. 어쨌든 자녀들의 유학이 부부 생활을 희생하면서 보낼 가치는 절대적으로 없다.

___돈이 행복의 전부가 아니다

저승사자가 와서 감나무골 김서방을 저승으로 데리고 갔다. 그런데 염라대왕이 심판을 하려고 신원 조사를 해보니 밤나무골 김서방을 데리고 와야 하는데 감나무골 김서방을 잘못 데리고 온 것이었다. 그래서 염라대왕이 감나무골 김서방을 다시 이승으로 돌려보내면서 사과의 뜻으로 한 가지 소원을 들어준다고 했다. 그러자 감나무골 김서방이 "한 달에 한 번씩 해외여행을 갈 수 있고, 일주일에 두 번씩 골프를 칠 수 있도록 해달라"고 했다. 그러자 염라대왕이 자리에서 벌떡 일어나 감나무골 김서방의 따귀를 철썩 때리면서 "이놈이 염치가 없어도 유분수지. 그런 생활을 할 수 있으면 내가 이승에 가지 너를 보내겠냐"고 했다는 유머가 생각이 난다. 그만큼 노후에 해외여행과 골프를 부담 없이 즐기면서 사는 것이 모든 사람들의 꿈이다. 하지만 노후를 즐길 만큼 많은 돈을 가지게 되면 행복할까?

행복에 대해 이야기하는 대다수 사람들의 공통된 의견은 돈이 어느 정도 수준까지는 행복을 증가시키지만, 어느 단계를 넘으면 비례해서 행복 수준이 커지는 것이 아니라 오히려 건강과 마음의 상태가 행복에 더 큰 영향을 준다고 한다. 이는 현대 사회가 과거에 비해 전체적인 부의 총량은 증가했지만, 현대인이 과거 사람들보다 부와 비례해서 더 행복하지는 않다는 것을 봐도 알 수 있다.

돈과 행복과의 극단적인 예를 보여주는 것이 바로 복권 당첨자들이다. 실제로 미국에서 거액의 복권에 당첨된 사람들을 추적해본 결과 대부분이 복권 당첨 전보다 불행해졌다고 한다. 그 전형적인 예를 보여주는 것이 최근 미국에서 무려 3,000억 원 가까운 복권에 당첨된 잭휘태커다. 그는 2002년 3억 1500만 달러(약 2,900억 원)의 복권에 당첨됐지만, 불과 5년도 되지 않아 모든 것을 잃어버리고 복권 당첨을 후회하는 지경에 이르렀다는 것이다. 복권 당첨 후 그는 술과 도박, 여성 편력에 빠져 들었고, 아내와는 3년 전 이혼을 한 상태고, 암에 걸린 딸은 돈으로도 치료가 되지 않고 있다. 그를 쏙 빼닮아 애지중지 아끼던 손녀는 유괴와 납치 위협에 시달리다가 마약에 빠져 17살에 죽고 말았다. 다행히 그는 복권 당첨 전에 하던 송유관 관련 사업을 계속 하고 있지만, 친구들도 없는 불우한 노년을 보내야 할 처지에 있다.

당신도 돈만 있으면 행복해질 것 같아서 로또를 사고 있는가. 돈은 행복하기 위한 기본은 될 수 있지만 전부는 아니다. 오히려 돈이 행복의 방해 조건이 될 수 있다. 잭 휘태커처럼 돈 때문에 친구를 믿지 못해서 주위에 아무도 남아 있지 않을 수도 있고, 내 재산이 사랑스런 자녀들을 재산 다툼의 추한 싸움터로 몰아넣을 수도 있다. 이를 해결하는 가장 좋은 방법은 돈이 나를 지배하게 내버려두지 말고, 내가 돈을 지배해야 한다. 무소유를 주장하는 불교의 고승이나 천주교의 수도자처럼 돈과 작별을 고하든가, 열심히 돈을 벌되 내가 필요한 이상의 돈은 다른 사람들에게 베풀어줄 수 있는 마음이 행복을 가져다준다.

행복은 상상 속에서 존재하는 파랑새가 아니라, 우리가 일상 속에서 존재를 느끼지 못했던 공기나 물 같은 것이다. 너무나 익숙해서 알지 못했던 행복을 발견하기 위해서는 눈을 크게 뜨고, 일상을 새로이 바라보아야 한다. '행복' 이라는 화두를 안고 하루하루 살아간다면, 아무 생각 없이 흘려보냈던 일상이 되살아나 행복을 노래하게 될 것이다.

7장 나의 행복 설계

무슨 일이든 머리로 생각하는 것도 중요하지만, 그보다는 실천하는 것이 더 중요하다는 것은 말할 필요도 없다. 물론 실천을 하기 위해서는 생각을 정리해서 무엇을 어떻게 할 것인지 방향을 설정하는 것도 중요하지만 말이다. 아무튼 실천이 따르지 않는 생각은 몽상이나 공상에 불과하다고 볼 수 있다. 또 남에게 조언을 할 때는 온갖 미사여구를 동원해서 그럴 듯한 좋은 말을 해줄 수 있지만, 자신의 경우가 되었을 때도 과연 같은 말이 적용될 수 있는 지를 살펴보는 것도 그 좋은 말들의 실천 가능 여부를 판별하는 좋은 방안이 될 거라고 생각한다. 그런 의미에서 내가 앞에서 제시한 기준으로 볼 때 과연 나는 어떻게 노후를 준비하고 있을까 점검해보는 것도 나름대로 의미가 있을 것이다.

나의 경우 노후 준비를 생각할 때 가장 부족한 부분이 바로 재정적인 문제라고 생각한다. 젊었을 때는 이만큼 배우고 몸이 튼튼한데 계속 일하면 언젠가는 노후자금이 마련되겠지 하는 자신감이 있었는데, 지금 와서 되돌아보니 너무 막연하게 생각하고 돈에 대해 너무 안이하게 생각해왔다는 자책감이 많이 든다. 사실 KAIST(한국과학기술원)에서 석사 과정을 마치고, 회사에 특채로 들어갔을 때는 나이에 비해 많은 월급을 받았고, 공장에 사택이 있어서 집 걱정도 없었고, 옷은 사시사철 작업복을 입고 다니니 옷값도 안 들어갔고, 애들도 어려서 특별히 돈 들어갈 데도 없고 했으니 그때 돈을 모았더라면 지금쯤 노후의 돈 걱정은 안 했을 텐데 하고 후회가 된다. 그때는 철없는 생각에 월급으로 술이나 마시고, 저축이라고는 생각도 못 하고 살았으니 한심하다는 생각이 든다. 돈을 모으지 못한 이유는 돈에 대한 절박감이 없었기 때문이 아닌가 생각된다. 나중에 보니 아이러니컬하게도 월급도 적고(공장에서는 벽지 수당과 기술 수당이라는 것이 있었다), 쓸데는 오히려 많았던 서울 본사에서 근무했던 직원들이 먼저 집을 마련했던 것을 보면, 돈을 모으는 데는 절체절명의 필요가 가장 중요하다는 생각이 든다.

서울 본사에 근무했던 직원들은 집이 없어 세를 살면서 받는 설움과 하루가 다르게 오르는 집값을 피부로 느꼈기 때문에 어떻게 해서든 집을 빨리 장만해야 되겠다고 결심하고 노력하지 않았을까. 반면에 월급은 많지만 그런 걱정이 없었던 공장에 근무하던 직원들은 돈을 모을 절실한 필요성이 없어서 집을 사지 못한 게 아닌가 생각된다. 더구나 집값이 천정부지로 오르는 시기를 거치면서 융자를 받아서라도 집을 샀던 사람들이 그저 조금씩 적금을 들었던 사람들보다 훨씬 더 자산을 많이 축적할 가능성이 많았다.

공장에서 근무하던 시기에 애플 퍼스널 컴퓨터가 보급되기 시작했고, 삼척에서 가장 먼저 컴퓨터를 활용하기 시작했던 나는 컴퓨터 학원을 차렸는데, 인구 3만도 안 되는 작은 시장에서 경영마인드도 갖추지 못한 상태였기 때문에 많은 손해를 보고 학원을 접을 수밖에 없었다. 그때문에 재정적으로 많은 어려움을 겪었지만, 나중에 사업을 시작할 때는 사업 실패 경험이 오히려 많은 도움이 되었다. 일례로 사업 초기에는 경비를 줄이는 일이 가장 중요하다는 것을 깨달아 별도의 사무실을 내지 않고 남의 사무실에 얹혀서 3년 정도 지내면서 사업 기반을 닦았다. 어쨌거나 컴퓨터 학원 실패 후에 퇴직금과 남은 돈을 다 정리하고 미국으로 유학길에 올랐다. 물론 유학간 학교로부터 학비와 생활비도 장학금으로 받았지만, 네 식구가 생활하기에는 부족해서 준비해간 돈을 다 쓰고 한국에 돌아올 때는 다시 무일푼 신세가 되었다. 하지만 그렇게 돈이 부족했기 때문에 열심히 노력해서 4년이 채 안 되는 기간에 박사학위 공부를 마칠 수 있었다.

한국에 돌아와서 회사에 취직한 후에는 아이들에게 본격적으로 돈이 들어가기 시작했고, 워낙 없는 상태에서 시작했기 때문에 돈을 모으기가 상당히 힘들었다. 아무튼 5년 여의 직장생활을 끝내고 사업을 시작했을 때는 전세금을 빼고는 손에 쥔 현금이 거의 없었다. 그렇지만 그렇게 돈이 없었기 때문에 오히려 경비를 절약하는 아이디어를 냈고, 겉보기보다는 실속을 챙기는 생각을 끊임없이 하게 되지 않았나 싶다. 사업을 하면서 고정비가 들지 않도록 하다 보니 변동 경비는 그때그때의 사정에 따라 조절할 수 있어서 사업의 안정을 도모하는 데 큰 도움이 되었다. 물론 대규모 투자를 하지 않았기 때문에 사업을 단기간에 크게 성장시킬 수 없었다든가, 누구나 사업을 하면서 재미를 보았던 부동산 가격 폭등의 혜택을 받지 못한 면도 있지만 크게 후회하지는 않는다.

지금 내 인생의 모든 재정적인 여력은 현재 하고 있는 사업에 집중되어 있다. 물론 개인적인 관점에서 보면 위험 분산 투자라는 재정 포트폴리오 원칙에는 위배되지만, 이렇게 집중하지 않고서야 어떻게 사업에 성공할 수 있겠는가 생각하면서 위로를 삼고 있다. 물론 나는 지금 하는 사업을 무한정 키울 생각은 없다. 어느 정도 사업이 큰 다음에는 시스템으로 운영될 수 있도록 한 다음에 나에게 맞는 나 개인의 사업을 하고 싶다. 회사도 열정이 있는 사람들이 들어와서 일을 배우고, 사업을 인큐베이팅해서 나갈 수 있는 터전으로 만들고 싶다. 새로운 아이디어를 사업화할 열정은 있지만, 구체적인 방법을 찾지 못하는 사람들에게 도움을 주고, 그 과정에서 회사에도 도움이 되는 윈―윈 방식을 구현해보고 싶다. 내가 너무 이상적인가? 그렇지만 어차피 사람은 꿈을 먹고 사는 존재가 아닌가. 이렇게 하는 것이 앞으로 다가올 사회의 '나 주식회사'의 개념을 실현하는 것이 아니겠는가 생각해 본다.

　개인적인 재정 대비책으로는 최근에 개인연금, 생명보험, 상해보험 등을 최소한으로 들기 시작했다. 처음 들 때는 자진해서라기보다는 아는 사람들의 끈덕진 권유(?)에 의해 반강제식으로 들었지만, 지금은 어느 정도 불안했던 마음이 가라앉는 것 같다. 물론 매월 불입되는 돈이 부담이 안 되는 것은 아니지만, 그 돈을 미리 떼고 나서, 나머지 생활비를 지불하는 습관이 붙다보니 처음 생각했던 것보다는 그리 힘들지는 않다. 그래서 옛날부터 돈을 모으려면 먼저 저축할 돈을 떼어 놓고 나서 쓰라는 말이 생기지 않았나 한다. 아무튼 지금 하고 있는 사업이 성공해서 떼돈을 벌 수 있을지는 모르겠지만, 그게 나의 노후자금 준비의 모든 것은 아니라고 생각한다. 이제까지 돈이 없어도 잘 살아왔는데, 돈이 많아진다고 해도 더 행복해질 것 같지는 않다. 사업은 사업 그 자체로 의미가 있는 것이고, 나의 행복이 내 사업의 성공 여부에 전적으로 달려 있다고는 생각하지 않는다. 나와 사업의 관계는 대부분 월급 생활을 하는 일반 사람들과는 다른 특별한 경우가 되겠지만, 앞으로는 월급 생활을 하는 직장인들도 '나 주식회사'의 사업가로 사고를 전환해야 한다고 보면 참고가 되지 않을까 생각한다.

　재정적인 면에서 빼놓을 수 없는 중요한 일이 바로 자녀 교육에 관한 문제다. 나는 아이가 둘 있는데, 큰아이는 한국에서 초등학교 2학년까지 다니다가 내가 미국으로 유학 가면서 바로 미국 초등학교에 들어가는 바람에 상당히 고생을 했다. 더구나 유학 생활이 짧아서 4년 후에는 다시 한국에 돌아와서 초등학교 6학년으로 들어가서 다시 한국에 적응하느라 이중으로 고생을 많이 했다. 큰아이가 성격이 좋고,

적응력이 뛰어나서 잘 적응을 했지만 어린 가슴에 얼마나 스트레스를 받았을까 생각하면 지금도 가슴이 아프다. 다행히 고등학교까지 잘 다니다가 졸업하고 갑자기 악기(더블베이스)를 공부한다고 해서 대학은 영국으로 가게 되었는데, 불행인지 다행인지 지금은 악기 공부를 그만두고 미국으로 정치학 공부를 한다고 가 있다. 작은아이는 큰아이와 6년 차가 나는데, 미국에서 한국에 올 때는 초등학교 들어가기 전이라서 별로 고생을 안 했는데, 중학교 때 큰아이가 있는 영국으로 유학을 가면서 엄청나게 고생을 했다. 기숙학교에 다녔는데, 영국은 미국과 달라서 기숙학교가 상당히 엄격하고, 시내와 떨어진 외딴 곳에 있어서 어린 나이에 참고 잘 이겨낸 것만도 대견스럽다. 지금은 경제학을 전공한다고 미국으로 옮겨 가 있다. 그런데 만약 지금 두 아이를 유학 보낼지 말지를 다시 선택할 수 있다면 신중하게 생각해보겠다. 두 아이를 유학 보내면서 들어간 엄청난 비용도 비용이지만 과연 그 비용에 비해 아이들에게 도움이 됐는지 판단이 잘 서지 않는다. 마침 아이들을 유학 보낼 때가 사업을 막 시작해서 자금 면에서도 상당히 압박을 받던 시기라 더욱 그런 생각을 하게 되는지도 모르겠다. 물론 아이들 교육이야 시기가 있다는 판단 하에 내가 조금 어렵더라도 아이들에게 그 부담을 주지 않아야겠다는 생각으로 보냈지만, 과연 그게 옳았는지는 잘 모르겠다. 오히려 아이들에게 나의 어려운 처지를 충분히 이해시키고 같이 고민해봤어야 하지 않았는가 하는 생각을 새삼 해본다.

___건강 챙기기

　　나는 병약하지는 않지만 건강한 체질에 속하지는 않았던 것 같다. 저혈압에 십이지장궤양으로 고생했고, 성격은 스트레스를 잘 받는 타입이다. 다행히 지금은 영양 부족으로 고생하지 않기 때문에 저혈압은 크게 문제가 될 정도는 아닌 것 같다. 십이지장궤양도 출혈까지 진전되어 두 번이나 병원에 입원까지 했었지만, 지금은 완쾌되어 위 내시경을 보아도 약간의 흔적만 발견할 수 있을 정도가 되었다. 아마 저혈압도 기질적인 것도 있지만 십이지장궤양성 출혈에 의해 더 악화되었던 것이 아닌가 생각된다. 전에 십이지장궤양을 앓았을 때는 병원에서 건강검진을 받을 때면 혈압을 재는 사람이 깜짝 놀라서 다시 혈압을 재볼 정도로 낮았지만, 지금은 혈압이 많이 올라갔다. 물론 아직도 저혈압에 속하지만 말이다.

　　나는 11시에 자고 아침 6시에 일어나는 것을 목표로 하고 있다. 밤에도 글을 쓰고 책을 읽다보면 11시를 약간 넘기는 경우가 있지만 아침은 6시에 일어난다. 아침에 일어나면 30분 정도 가볍게 책을 읽거나 글을 쓴 후에 30분 정도 요가, 복식호흡, 명상을 혼합한 나만의 운동을 한다. 주로 스트레칭을 하되, 복식호흡과 명상을 통해 정신을 맑게 하도록 노력한다. 7시경이 되면 아침식사를 하고, 세안을 한 후 8시경에 출근을 한다. 젊었을 때는 아침을 거른 적이 있었지만, 지금은 아침식사는 꼭 챙겨먹는다. 나는 특히 저혈압이라서 아침을 먹지 않으면 10시경만 되어도 정신이 몽롱해져서 업무를 볼 수 없기 때문에 지금은 아침식사를 꼭 챙겨 먹는다. 현대의 많은 젊은이들이 아침식사를 잘 챙겨먹지 못하는 것은 아침에 늦게 일어나서 출근하기에도 시간이 촉박하고, 아침에 몸이 활성화되지 않아서 입맛이 없는 것도 원인이 될 수 있다. 따라서 조금 일찍 일어나 가벼운 운동이라도 하고 장을 활성화시키면 아침식사를 맛있게 할 수 있다. 아침식사를 잘 해야 뇌에 혈당이 제대로 공급되어 머리가 맑아지기 때문에 아침시간에 업무능률을 올릴 수 있다.

생체리듬으로 보면 직장에서 일을 할 때 가장 능률이 오르는 시간대가 오전 시간대라고 한다. 전문가들의 의견으로는 오전의 업무 능률이 오후의 3배 정도가 된다고 한다. 그런데 아침식사를 거르고 몽롱한 상태에서 오전 근무를 하면서, 언제 점심시간이 오나 기다리고만 있으면 얼마나 어리석은 일인가. 자신의 최대 역량을 발휘해도 오늘날의 치열한 경쟁에서 이길까 말까 한데, 있는 역량도 제대로 발휘하지 못한다면 승부는 결정된 거나 다름없다. 나의 경우에 아침식사를 거르지 않는 또 다른 중요한 이유는 아침 배변을 위해서이다. 아침 운동과 식사를 통해 장에 자극을 주게 되면 황금색 변을 매일 규칙적으로 보게 된다. 장 속의 묵은 변을 모두 내보내고 새로운 에너지를 채워서 시작하는 하루는 상쾌하기 그지없다. 상쾌한 배변을 위해 아침에 꼭 하는 일 중의 하나가 일어나자마자 생수를 마시는 일이다. 이제는 습관이 되어 아침에 일어나면 목이 마른 것을 느끼기 때문에 무의식적으로 물을 마시게 된다. 아침에 마시는 물은 장을 깨우고 밤 동안 진해진 몸의 혈액을 맑게 만드는 역할을 한다. 옛날 조상들이 자리끼를 머리맡에 두었다가 아침에 일어나자마자 마셨던 것도 그런 이유가 아니었을까 생각된다.

출근은 가능하면 걸어서 한다. 집에서 사무실까지는 걸어서 약 20분 정도 걸리는데, 아주 추운 날씨가 아니거나, 아침에 바로 차를 타고 외근을 나가야 하는 경우가 아니라면 걸어서 출근하는 것을 원칙으로 하고 있다. 아침에 걸어서 출근을 하면 상쾌한 공기도 마실 수 있고, 몸에 활력을 불어넣을 수 있다. 걸을 때도 그냥 걷는 것이 아니라, 얼마 전에 읽은 이승헌의 『걸음아 날 살려라』라는 책에 소개된 장생보법으로 걷도록 노력하고 있다. 일상생활에서도 가능하면 걷도록 노력한다. 사무실이 3층에 있는데 계단을 이용하고 있고, 차를 타고 집에 도착한 경우에도 지하3층에 차를 세우고 집까지 걸어서 올라간다. 시내를 나갈 때는 가능하면 지하철을 이용한다. 자연스럽게 걷기를 할 수 있을 뿐만 아니라 이동하는 동안 책을 읽는 재미도 쏠쏠하다. 한 가지 아쉬운 점은 지하철을 타고 가는 승객 중에 책을 읽는 사람을 거의 볼 수 없다는 것이다. 출퇴근 시간 동안에야 사람이 너무 많기 때문에 책을 들고 있을 공간이 없어서 책을 못 읽는다고 하지만, 한가한 시간에도 지하철 안에서 무심하게 졸거나, 무가지를 읽거나 게임, 텔레비전을 보는 것을 보면 안타까운 마음이 든다.

토요일, 일요일에는 아주 특별한 일이 없으면 등산을 간다. 먼 산이야 단풍철이나 특별한 모임이 있을 때 가고, 주로 1시간 이내에 갈 수 있는 청계산, 대모산, 구룡산에 많이 간다. 운동 자체로는 한 시간 내지 두 시간 정도가 적당하기 때문에 너무 먼 산을 가면서 시간을 허비할 필요가 없다고 생각한다. 다만 가끔 여행을 겸한 산행을 통해 기분 전환을 하기 위해 먼 산을 찾곤 한다. 먼 산은 자주 안 가기 때문에 특별히 가고 싶은 산은 없지만, 지리산만은 언젠가 한 번 가보고 싶다. 한라산은 내 고향이 제주도라서 몇 번 올라 가본 적이 있고, 설악산은 삼척에서 직장생활을 할 때 올라 가본 적이 있지만 지리산만은 아직 한 번도 가보지 못했다. 더 나이들기 전에 여름철을 골라 2박3일 내지 3박4일로 지리산을 꼭 다녀올 생각이다. 물론 금강산과 백두산, 그리고 중국의 황산 등도 가고 싶지만 어차피 그 산들은 등산의 의미보다는 관광의 의미가 더 있어서 차후 여유를 두고 갈 계획이다.

그 밖에 하는 운동으로는 가끔 골프를 치지만 자주 나가는 편은 아니다. 골프는 많이 걷기 때문에 운동 효과 면에서 좋고, 앞으로 나이 들어 친구들과 어울리면서 할 수 있는 좋은 운동으로 생각하지만, 아직은 운동 효과에 비해 경비 면이나 시간 면에서 부담이 되기 때문에 그렇게 열심히 하고 있지는 않다. 다만 사업상 필요하거나 모임을 통해 한 달에 한두 번 나가는 정도다. 여름철이나 날씨가 좋을 때에는 저녁 시간에 양재천이나 집 주위에서 걷기를 하지만, 별도로 시간내기가 부담이 되고 저녁 시간에는 독서, 글쓰기 등을 주로 하기 때문에 기분전환을 위해서가 아니면 저녁시간에 걷기는 잘하지 않는 편이다.

건강에는 휴식이 아주 중요한데, 나의 경우에는 저녁 시간에 차를 마시거나 반욕을 하면서 휴식을 취하곤 한다. 차는 주로 잘 아는 스님께서 특별히 만든 덖음차를 마시는데, 회사에서도 다구를 준비해놓고 손님이 방문하거나 직원들과 이야기할 때, 또는 회의 시간에 차를 마신다. 최소한 하루에 한 번 이상은 차를 마시도록 하고 있고, 많은 경우에는 다섯 번까지 마신다. 한 번 마실 때 2리터 정도를 마시는데, 여러 사람이 마실 때는 그 양을 나누어 마시기 때문에 나중에 다시 차를 마시는 경우도 있다. 저녁에 반욕은 거의 빠뜨리지 않고 하는 편인데, 주로 8시경에 한다. 왜냐하면 반욕은 저녁식사 후 1시간 뒤, 취침 시간 2시간 전에 하는 것이 바람직하기 때문이다. 반욕은 약 30분 정도 하는데, 이마에 땀이 약 10분 정도 흐를 만큼 한다. 반욕을 하는 동안에는 가벼운 독서를 하면서 지루함을 달랜다. 반욕 후에는 땀을 식히고 나서 얼굴과 몸에 로션을 발라서 피부가 건조해지지 않도록 한다. 피부를 보호하기 위해서는 아침 세안 후에도 얼굴과 몸에 로션을 바르고, 얼굴과 목, 손에는 자외선 차단제를 꼭 바른다. 요즘은 자외선 차단제도 로션과 비슷하게 바를 수 있는 제품이 나와서 발라도 별로 티가 나지 않는다.

나이가 들게 되면 수분 부족 현상이 생길 수 있기 때문에 가능하면 물을 많이 섭취한다. 사무실 책상에도 생수를 가까이 놔두고 수시로 마시고, 집에도 서재와 식탁, 침실에 생수를 놔두고 수시로 마신다. 특히 차를 타고 외근을 가는 경우가 많은데 차에서도 항상 물을 마실 수 있도록 생수를 운전대 옆에 항상 비치해놓고 수시로 마신다. 하루에 물 2리터 정도를 마시는 게 좋다고 하지만 땀을 많이 흘리는 여름과 땀이 없는 겨울에는 마시는 물의 양이 차이가 있기에 생수병이 보이면 마시되 양은 크게 구애받지 않고 마실 만큼만 마시고 있다. 물론 차를 마신다고 물 마시는 양이 줄어들거나 하지는 않는다. 또 탄산음료, 우유 등은 거의 마시지 않는 편이다. 다만 일 년에 두세 번 피자나 햄버거를 먹을 때에는 콜라를 마신다. 커피는 마시지 않고, 담배도 피우지 않는다. 불행인지 다행인지 커피와 담배는 몸에서 받지를 않는다. 커피를 마시면 위가 아프고, 오후에 마시면 잠이 오지 않아서 고생할 정도로 예민하기 때문에 저절로 마시지 않게 되었다. 담배는 원래 폐가 나쁜 탓인지 쓰기만 하고 좋은 맛을 느낄 수가 없어서 배우지를 못했다. 술은 좋아하지 않지만 가끔 마시는 편이다. 친구들과 어울릴 때나 사업상 마실 때를 제외하고는 잘 마시지 않는다. 특히 집에 술이 많이 있지만 혼자서는 잘 마시지 않으며, 여름철 땀을 흘리고 나서 맥주 한 캔을 마시는 정도다.

나는 차분한 것 같으면서도 상당히 급한 A형 성격이라서 은근히 스트레스를 많이 받는 편이다. 더구나 남에게서 비판의 소리를 듣고 싶지 않다 보니 대부분 상대의 비위를 맞추고 속으로 삭이는 경우가 많아서 더욱 스트레스를 많이 받는다. 또 사업을 한다는 자체가 모든 경우의 수를 고려해서 일을 처리해 나가야 하기 때문에 스트레스가 가중된다. 이렇게 쌓인 스트레스를 푸는 특별한 비결은 없지만, 주로 등산을 가거나 명상, 요가 등을 통해 스트레스를 일부 풀고, 글쓰기, 독서 등도 스트레스 해소에 도움이 되는 것 같다. 술을 마시는 경우에는 마시는 당시에는 좀 풀리는 것 같지만, 그 자체가 다시 스트레스가 되는 것 같아 스트레스를 푸는 방법으로는 좋지 않다. 내가 다른 사람에 비해 스트레스를 잘 받지만, 또 다른 사람에 비해 스트레스를 잘 푸는 비결이 있다. 그것은 바로 잠이다. 다른 사람들은 스트레스를 받으면 잠을 잘 자지 못한다고 하는데, 나는 스트레스를 받으면 잠을 아주 잘 잔다. 스트레스도 풀면서 건강 증진을 위해 꼭 하는 것 중의 하나가 바로 안마다. 아침 요가 하는 동안에 나 스스로 목덜미 등에 잠깐 안마를 하지만, 한 달에 두 번 내지 네 번은 전문 안마사에게 안마를 받는다. 안마를 통해, 주로 앉아서 생활하기 때문에 비뚤어지기 쉬운 척추를 바르게 하고, 기혈과 경락을 뚫어서 기의 흐름을 바로 잡도록 하고 있다. 안마를 받을 때는 경락이나 기혈을 잘 아는 전문가에게 받는 것이 중요하다. 누구에게나 또 언제나 꼭 같은 곳을 정해진 순서대로 그저 꾹꾹 누르는 정도의 실력의 사람에게도 안 받는 것보다는 받는 게 낫겠지만, 내 몸의 어디에 기혈이 뭉쳐 있는지, 어디를 풀어주어야 하는지를 아는 사람에게 받는다면 그 효과는 배가 된다. 특히 나이가 들수록 스트레스를 많이 받고, 몸의 균형이 깨어지는 경우가 많기 때문에 안마를 정기적으로 받는 것이 건강에 큰 도움이 된다. 미국의 헨리 키신저 전 국무장관도 중동 외교로 스트레스를 많이 받을 때 안마 덕을 많이 봤다고 술회한 것을 본 적이 있다.

다행스럽게도 나는 음식을 가리지 않고 먹는 편이다. 또한 건강을 위해 특별한 음식을 별도로 챙겨 먹지도 않는다. 친구들 중에는 심장병 예방을 위해 아스피린을 챙겨 먹고, 종합 비타민, 미네랄, 키토산 등을 계속 복용하는 경우가 있지만, 나는 비타민 C와 클로렐라 등을 가끔 먹는다. 건강은 건강할 때 지켜야 한다고 나이가 들수록 각종 영양소가 부족해지기 쉽기 때문에 이런 종류의 보충제를 먹는 것이 어떨까 생각도 해보지만, 아직은 여러 종류의 음식을 골고루 먹는 것이 더 중요하지 않을까 생각한다. 특히 가능하면 제철 과일을 먹도록 노력하고 있다. 고기 중에서는 쇠고기는 먹지 않는 편이고, 오리고기, 돼지고기,

닭고기 순으로 좋아한다. 특히 오리고기는 불포화지방산이 많아 단백
질이 필요한 노년에 권할만한 식품으로 추천되고 있다. 우유와 아이스
크림 등 유제품은 먹지 않는 편이다. 밀가루 음식은 전혀 안 먹는 편은
아니지만 소화도 잘 안 되고, 건강에도 별로 좋지 않다고 해서 잘 먹지
않는다. 현대인의 비만과 각종 질병의 가장 큰 원인의 하나로 꼽히고
있는 패스트푸드인 햄버거와 피자는 일 년에 두세 번 정도 먹는다. 나
의 식생활 중 한 가지 특징은 군것질을 별로 하지 않는다는 것이다. 그
래서 스낵 종류의 밀가루 음식을 별로 섭취하지 않게 되고, 식사 때 적
당히 배가 고파서 세끼 식사를 맛있게 먹게 된다.

___가족관계

　나는 원래 내성적이고 말이 없는 편이라서 사람들과 관계를 맺는 데
상당히 어려움을 겪는 편이다. 그러한 어려움은 가족과의 관계에서도
마찬가지다. 특히 아이들이 유학을 가고 나서는 전화상으로 잠깐 대화
를 나누다 보니 필요한 용건 외에는 의례적인 말만 주고받는 게 보통
이 되어버렸다. 물론 가끔 방학 때나 미국 출장길에 들러서 며칠간 같
이 있게 되는 경우가 있지만, 내밀한 대화보다는 훈화를 하게 되는 경
우가 많아졌다. 그렇다고 물론 아이들에게 왕따를 당할 정도는 아니라
고 생각하고 있다(물론 나 혼자만의 생각이지만).

　대한민국의 대부분의 부부가 그러하겠지만, 나도 아내와의 관계가
그리 좋은 편이 아니다. 원래 성격이 내가 내성적이고 아내가 외향적

이라 부딪치는 경우가 많이 있었지만, 특히 아내가 사업에 같이 참여하고 나서는 사업하는 방식의 차이 때문에 갈등을 많이 겪고 있다. 사실 이렇게 서로 다르다는 것이 조화만 된다면 큰 장점이고, 또 서로 다르기 때문에 서로 끌리는 것이지만 그걸 서로 받아들이지 못하면 갈등으로 번지게 된다는 아이러니를 겪게 된다. 이러한 남녀의 차이에 의한 갈등에 대한 관심은 서양에서는 최근에 들어서야 커지고 있지만, 동양에서는 이미 먼 옛날부터 궁합이라는 것을 보았다는 것을 보면 그 중요성을 인식하고 있었던 것이라 생각된다. 즉 궁합은 남녀의 차이는 인정하되 그 차이가 조화를 이룰 수 있느냐를 살펴보고자 했던 조상들의 지혜가 반영된 노력이 아닌가 싶다.

아내와 자식들과의 관계뿐만 아니라 부모님께도 별로 잘 해드리지 못하고 있다. 다행히 부모님 두 분이 아직은 건강하시고 자식들에게 기대지 않는 성격을 가지고 계시기는 하지만, 내 코가 석자라는 핑계로 부모님께 신경을 쓰지 못하고 있어서 늘 가슴 한구석이 편안하지 않다. 특히 고등학교 졸업 후에는 서울에서 대학을 다니다가 직장 생활은 고향 제주에서 멀리 떨어진 강원도 삼척에서 하면서 자주 찾아뵐 수 없는 처지가 되었고, 그 후에는 미국 유학을 가면서 더욱 멀리 떨어졌고, 서울에 다시 돌아와서는 직장생활에 적응을 핑계로, 사업을 시작해서는 자리가 아직 잡히지 않았다는 핑계로 잘 해드리지 못하고 있다. 그래도 다행인 것은 두 분이 칠순을 넘긴 나이에도 아직 건강하시다는 것이다. 더구나 젊은 시절에는 아버지의 다혈질 성격에 어머니가 많이 힘들어 하셨는데, 지금은 아버지가 어머니 비위(?)를 맞추려고 노력하면서 두 분이 다정하게 지내시는 것을 보면 흐뭇하기도 하고,

한편으로는 부럽기도 하다.

　가족들과의 관계는 이렇게 부족한 점이 많지만 내가 내세울 수 있는 것 중의 하나가 바로 '혼자 생활하는 능력'이다. 나는 비서를 거느리는 대기업의 임원은 해보지도 못했지만, 지금도 해외 출장 등을 갈 때도 일정이나 비행기 표 예약도 내 것은 내가 직접 챙긴다. 나는 아내가 없으면 밥도 챙겨 먹지 못하는 남자들을 보면 안타깝게 느껴진다. 밥을 하는 것이야 요즘은 전기밥솥이 있으니까 물만 맞춰서 스위치만 누르면 되고, 세탁은 세탁기가 있으니 세제를 넣고 돌린 다음 털어서 말리면 되지 않는가. 반찬이야 아내가 해놓은 것을 차려 먹거나, 해먹고 싶은 반찬이 있으면 인터넷을 통해 배워서 하든가, 백화점에 가면 모든 반찬 종류가 다 있으니 골라서 사거나, 찌개 종류는 포장해서 파는 것이 있으니까 물만 부어서 끓이면 되는데 무슨 걱정인가. 마음가짐이 문제지 마음만 바꾸면 하는 것은 전혀 문제가 되지 않는다. 나는 참치 김치찌개와 참치 김치볶음밥은 식구들에게 그 실력을 인정받고 있다. 이렇게 한두 가지 자신의 요리를 할 수 있으면 식구들과 어울리는 데도 많은 도움이 된다. 설거지나 청소도 다른 사람의 일이라 생각하지 않고 내가 나서서 하는 편이다. 물론 청소는 모범적인(?) 전업주부가 하듯이 매일 하지는 않지만 주말에 몰아서 하면 충분하다고 생각한다. 지금은 아이들도 없어서 어지르는 사람이 없으니까 자주 청소를 할 필요도 없다. 청소도 진공청소기로 밀고, 요즘 나온 스팀 청소기로 밀면 옛날같이 힘들이지 않고 마칠 수 있다.

　요즘 들어 '새로운 시대의 이공계 성공전략'이라는 주제로 이공계 학생들과 교수들을 대상으로 강의를 자주 나가게 되는데, 그러다 보면 '기업하는 사람이 왜 그런 일을 하느냐'고 의아해 하는 사람들이 종종 있다. 물론 나도 사업을 하는 사업가라 아무 생각 없이 재미삼아 강의를 나가지는 않는다. 내가 그런 세미나를 다니는 이유는 단기적으로는 우수한 인력을 뽑기 위해서다. 그런 주제의 강의와 우수인력이 무슨 관련이 있냐고 반문할지 모르겠지만, 분명히 관련이 있다. 새로운 시대, 즉 지식정보화사회에 맞는 인력은 창의성이 풍부하고 열정이 있어야 하는데, 지금 대학에서 배출되고 있는 이공계 인력은 산업사회에서 요구되던 표준화된 인력을 계속 배출하고 있다. 나도 처음에는 대학에서 배출된 인력을 회사에 받아들여서 재교육을 시키려고 시도해봤는데, 일단 대학에서 그런 교육을 받고 배출된 인력들의 사고방식을 바꾼다는 것은 불가능하다는 사실을 깨닫게 되었다. 그래서 대학에서 아직 공부하고 있는 학생들에게 나의 취지를 설명함으로써 그런 인력으로 탈바꿈할 수 있는 계기를 만들어주고, 그 중에서 내 뜻에 동의하는 학생들을 뽑자는 취지에서 시작한 일이다. 짐 콜린스가 그의 저서『좋은 기업을 넘어 위대한 기업으로』에서 버스에 사람을 태운 다음에 목적지를 정하는 것이 아니라, 목적지를 정한 다음에 그에 적합한 사람을 골라서 버스에 태우라는 전략을 제시했듯이 나도 내 회사에 적합한 사람을 골라 태우고 싶어서 택한 전략이다. 물론 내 회사가 대기업과 월급이나 사회적인 명성에서는 경쟁할 수 없기 때문에 내 나름대로 월급이나 명예보다는 자신을 키울 수 있는 회사를 선택하고 싶은 열정 있는 젊은 사람들을 찾는 방법으로 선택하게 된 것이다.

'새로운 시대의 이공계 성공전략'이라는 세미나도 내가 회사를 경영하면서 느낀 고민이 반영된 결과물이다. 처음 혼자서 회사를 운영하던 초기 몇 년 동안은 별로 문제가 없었지만, 새로운 사업 분야를 찾고, 직원을 채용하다보니까 여러 가지 생각하지 못했던 문제들이 생겨났다. 그래서 경영에 관한 책, 사람을 다루는 책들을 보게 되었고, 그런 생각들을 정리하다 보니 길이 보이기 시작했다. 그런 생각을 몇몇 아는 교수들과 나누다가 학생들에게 들려주게 되었고, 짧은 시간 안에 다 들려줄 수 없어서 책으로 펴내게 되었다. 그런 연유로『대한민국 이공계 공돌이를 버려라(청림출판)』라는 책이 나오게 된 것이다. 그 책을 쓰면서 느낀 점은 내가 글을 쓰는 것에 소질이 있고, 또 좋아한다는 점이다. 책을 읽는 것도 좋아해서 1년에 150권의 책을 읽는 것을 목표로 하고 있는데, 책을 읽을 때면 새로운 것을 안다는 생각에 가슴이 뿌듯해지는 것을 느낀다.

이 책을 쓰면서도 지루하기보다는 가슴 밑바닥에서 넘쳐나는 열정을 느끼고 있다. 학생들이나 교수들을 상대로 강의를 하고, 토론을 할 때도 즐겁다. 책을 읽고 새로운 것을 알아가면서 희열을 느낀다. 그래서 나이 들어서도 이렇게 즐거운 일을 계속하고 싶다. 그러기 위해서는 나를 알릴 수 있는 방법을 생각하고, 사람들에게 필요한 지식을 쌓는 일을 계속해 나갈 것이다. 내가 가진 것들을 나누면서 세상에 도움이 될 수 있는 일을 하면 그보다 더 좋은 일이 어디 있겠는가. 세상의 변화를 사람들에게 알리고 그에 대응할 수 있는 방법들을 찾아내서 알린다면 보람 있는 일이 되지 않겠는가. 그러자면 나를 끊임없이 계발하는 것이 전제되어야 하는데, 사업에 바쁜 낮 시간 이외의 시간을 잘 활용하는 것이 아주 중요하다. 나는 가능하면 저녁식사 약속을 잡지 않는다. 저녁에 퇴근해서는 식사를 한 후 독서와 글쓰기를 한다. 텔레비전은 거의 보지 않는다. '거의'라고 표현한 것은 일상적인 프로그램은 전혀 보지 않고, 월드컵 축구 중계 같은 특별한 경우에만 텔레비전을 본다는 뜻이다. 전에는 9시 뉴스는 꼭 시청했지만, 지금은 뉴스도 별로 보고 싶지 않고, 더구나 뉴스 내용이 주로 부정적인 내용이라서 잠자기 전에 보는 것이 건강에도 별로 좋지 않다는 이야기를 듣고 나서는 더욱더 보지 않게 되었다. 뉴스는 아침에 인터넷을 통해 굵직한 뉴스만 보던가, 신문을 통해 읽고 있다. 정보를 얻는 데는 인터넷도 중요하지만 내 경우에는 신문을 통해 많이 얻고 있다. 신문을 5종류, 특히 경제신문을 2종류 구독하면서 필요한 정보를 얻고 있다. 특별한 기획 기사 같은 경우에는 어느 책보다도 정리가 잘되어 있어서 많은 도움이 된다. 최근에는 무가지가 판치고, 인터넷 매체의 영향으로 신문이 사양화될 거라고 하지만, 신문의 기능이 바뀌는 것뿐이지 신문 자체는 사양화하지 않을 것이라는 어느 미래학자의 말에 나도 전적으로 동감한다.

앞으로 내가 하고 싶은 일 중의 하나가 컨설팅 겸 평생교육 사업이다. 내가 가진 직장생활 경험과 창업 경험을 살려, 새로운 세상에서 '나 주식회사'의 CEO가 되고자 하는 젊은이들과 길을 같이 찾고자 한다. 또 현재 직장생활을 하면서 고민을 하고 있는 직장인들에게 새로운 세상에 적응할 수 있는 재교육을 실시한다면 그 또한 윈―윈 게임이 되지 않겠는가. 내가 잘할 수 있고, 즐거움을 느끼는 것이 공부해서 책을 쓰고, 강의를 하는 것이라면 그에 맞는 일을 해야 하지 않을까. 다행히 앞으로 평생교육 분야는 사회에서 필요하면서도 대단히 전망이 밝은 분야가 될 것으로 예상되고 있다.

그래서 지금 운영하고 있는 회사도 직원들의 평생교육의 장으로 활용하고자 한다. 단순히 회사에서 월급을 타고, 그 대가로 일하는 형태가 아니라 자신의 길을 찾아가는 과정이 되도록 하고 싶다. 나는 그 과정에서 멘토 역할을 할 것이다. 다른 사람들이 단순히 외부 컨설팅만 하고 있는 것과 차별화해서 내 회사에서 일하는 각 개인이 직접 자신의 사업을 찾을 수 있는 기회를 제공하고자 하는 것이 내 목표다. 그것이 바로 최근 트렌드로 자리 잡아 가는 상생(윈-윈) 경영이 되지 않겠는가. 단순히 이론적으로 총론만 제시하는 것이 아니라 구체적인 실천을 할 수 있도록 돕는 것이 진정한 평생교육이 될 것이라고 생각한다.

___행복을 찾는 나의 마음가짐

나는 스스로 내가 상당히 딱딱하다고 생각하고 있다. 요가를 배울 때도 보면 다른 사람들은 쉽게 하는 동작을 나는 따라 하지 못하는 경우가 많았다. 벌써 몇 년째 요가를 하고 있지만 부드러운 것과는 아직 거리가 있다. 물론 처음보다는 훨씬 부드러워진 것은 사실이지만 아마 몸이 굳는 속도와 내가 부드럽게 만들려는 속도가 비슷해서 더 이상 부드러워지지 않는지도 모르겠다. 하지만 더 이상 몸이 딱딱해 지는 것은 위험 신호일 수 있기 때문에 스트레칭, 요가 등을 통해 몸이 부드 러워지는 속도를 더 빠르게 하려고 하고 있다. 그런데 나뿐만 아니라 대부분의 남자들 사정이 비슷한 것 같다. 요가를 배우러 오는 사람들 은 대부분 여자들인데, 간혹 남자들이 오면 상당히 힘들어 한다. 원래 타고날 때부터 여자가 부드러운 것이 아니냐고 하면 할 말은 없지만, 결과적으로 남자가 부드럽지 못한 것은 사실이다.

남자들이 몸뿐만 아니라 마음도 여자들보다 더 딱딱한 것도 사실인 것 같다. 사회에 대한 적응력이라든가 남과 어울리는 면에서는 남자들 이 여자들보다 훨씬 뒤떨어진다. 나의 경우에도 예외는 아니다. 남들 은 쉽게 대화를 시작하고 대화를 이어가는데 나는 왠지 대화를 하는 자체가 부담으로 느껴진다. 또 대화를 하다가도 중간에 어색한 분위기 가 형성되곤 한다. 회사 직원들과도 가끔 같이 차를 타고 출장을 가는 경우가 있는데, 그 직원도 고역이지만 나도 고역인 경우가 많다. 회사 일, 가족 일에 대해서 몇 마디 물어보고 나면 할 말이 없어서 몇 시간을 그냥 말없는 침묵 속에 가다 보니 지금은 직원들이 나와 같이 가지 않 으려고 이 핑계 저 핑계 대는 것이 느껴진다.

일상적인 대화를 잘 못하는 거야 타고난 천성이라고 치고, 다른 사 람과의 대화 때 잘 들어주는 것은 조금만 노력을 하면 잘할 수 있을 것 같다. 특히 앞으로 하려고 하는 일이 컨설팅과 멘토링이니까, 젊은이 들이 자신의 생각을 잘 표현하고, 스스로 자연스럽게 방향을 잡도록 도와주려면 잘 들어주는 것이 무엇보다도 중요하다. 특히 내가 많이 안다고 생각하고, 그들의 생각을 답답하게 느끼지 않도록 다양한 생각을 받아들일 수 있는 열린 마음을 갖도록 노력하고자 한다. 1 · 2 · 3 법칙에 따라 한 번 말하고 두 번 들어주고 세 번 공감해주는 훈련을 해야겠다. 나의 경우에는 두 번 들어주는 것까지는 그런대로 가능한 것 같은데, 세 번 공감해주는 것은 아직 많은 노력이 필요하다. 그러기 위해서는 그들의 생각이 설사 내 마음에 들지 않고 답답하더라도 그들 스스로 생각하고 방향을 잡을 때까지 기다려주는 인내심을 기를 필요가 있다. 또 그들의 인생은 어차피 그들의 것이기 때문에 그들이 스스로 결정하고 그들이 스스로 책임져야 한다는 철학을 확고히 가질 필요가 있다고 생각한다.

우선 나눔을 생각하면 내가 가진 것이 너무 없다는 생각이 든다. 그런 생각을 하는 것은 누구나 마찬가지일 것이다. 아마 나눔에 대해 부정적인 생각을 가지는 가장 큰 핑계도 바로 자기가 나눌 만큼 많이 가지지 못했다고 생각하는 것이 아닐까. 내가 빌 게이츠나 워렌 버핏처럼 돈을 많이 가졌으면 돈을 나눌 수 있겠지만, 그럴 가능성은 희박한 것 같고, 아무래도 내가 가진 경험을 나눌 수밖에 없을 것 같다. 내가 잘할 수 있고, 다른 사람들이 가지지 않은 것, 그것은 바로 앞에 이야기한 컨설팅 겸 평생교육 사업이다. 평범한 직장생활과 창업을 통해 쌓은 경험, 책을 읽고 새로운 지식을 받아들이고 정리하는 능력, 가벼운 대화는 잘하지 못하지만 강의나 토론에는 열정을 느끼는 마음이 그런 일에 적합한 자질이 되지 않을까 생각해본다. 최근에는 강의를 하면서 목소리가 좋다는 말을 듣고 나서는 더욱 자신감을 얻게 되었다. 그래서 칭찬은 고래도 춤추게 한다고 하는지 모르겠지만 말이다.

언젠가 누군가 나에게 "너 정말 친한 친구가 몇 명이나 있니?" 하고 물었을 때 갑자기 멍해지면서 할 말이 없었던 기억이 새삼 떠오른다. 나는 정말 친한 친구가 별로 없는 것 같다. 물론 그냥 친구야 있지만, 나의 내밀한 고민을 토로하고, 내가 어려움에 처했을 때 발 벗고 나설 수 있는 친구는 잘 생각이 나지 않는다. 그 가장 큰 이유는 내 성격 탓인 것 같다. 나는 남의 영역에 함부로 들어가지도 않지만, 내 영역 안에 남이 들어오는 것도 싫어한다. 예를 들어 내가 집에서 쉬고 있는데, 갑자기 친구가 불러내면 극도로 싫어한다. 또 내가 고민이 있다고 해서 친구를 한밤중에 불러내어 술을 마시면서 고민을 적나라하게 털어놓는 스타일도 아니다. 그러니 감성적인 교류가 잘 안 되어 친구들이 나를 기피하는 것이 아닌가 생각한다. 누군가는 그 근본적인 이유가 내 이름에 있다고 분석한 적이 있다. 내 이름이 송호(松虎)인데, 소나무 밑에 앉아 있는 호랑이를 생각하면 고독하다고 생각되지 않는가. 호랑이는 원래 혼자 생활하는 동물이라고 한다. 고독을 즐기는 스타일인 셈이다. 그래서 타향살이도 많이 하는 이름이라서, 아버지께서 작명가의 말을 듣고 내 이름을 현홍으로 바꾸려고 했는데, 이미 호적에 올라가서 바꿀 수가 없었다고 한다. 그래서 내 동생 이름은 현봉으로 나와 같은 글자가 없게 되었다.

어쨌든 최근에 고등학교 때 성당에서 같이 학생회 활동을 했던 친구들에게서 전화가 와서 모이자고 했을 때 그렇게 반가울 수가 없었다. 중고등학교 동창들 중에서도 몇몇 친구들끼리 친해서 자기들끼리 따로 자주 모이는 것을 보면 내심 부러웠었는데 나도 그런 소규모 모임에서 감성적인 교류를 갖고 싶다. 아마 나도 나이가 들면서 외로워지긴 외로워지나 보다.

___죽음과 친해지려는 나의 노력

내가 이 책에서 나이가 들수록 죽음과 친해지고, 죽음을 대비해야한다고 이야기했지만, 나 자신은 다른 사람들과 마찬가지로 죽음을 아직도 나와 먼 이야기로 생각하고 있는 것 같다. 그건 아마도 아직 부모님이 건강하게 살아계시기 때문일 수도 있고, 다른 사람들과 마찬가지로 무의식적으로 죽음을 생각하고 싶지 않기 때문일 수도 있다. 그렇지만 죽음은 늘 내 곁에 있는 것만은 사실이다. 가까이에서 죽음을 심각하게 느끼게 해주는 일은 아마도 친구들의 죽음일 것이다. 내가 삼척에서 직장생활을 하고 있던 1990년대에 대학교 1학년 때 나와 같은 방을 쓰면서 하숙했던 친구가 하늘나라로 간 일이 있었다. 나보다 덩치도 컸고, 집안의 고민 때문에 성숙했던 그 친구는 나의 서울 타향살이에서 형처럼 크나큰 버팀목 역할을 해주었었는데, 간경화로 죽은 것이었다. 특히나 결혼 직후에 아이까지 낳고나서 바로 죽음을 맞이했기 때문에 주위의 충격과 슬픔은 더욱 클 수밖에 없었다. 얼마 전 그 친구의 아들이 장성해서 대학에 갔고, 몇몇 친구들이 그 친구의 기일에 모인다는 이야기를 듣고 나도 참 무심했었다는 자책감이 들었다.

아직은 유언장을 쓰거나 묘비명을 작성하지 못했지만, 지금부터 차분히 작성할 준비를 해야겠다. 그렇지만 유언장을 작성하는 목적은 실제 유언을 통해 나의 사후에 어떤 조치를 해야 할 것인가를 알리는 것보다는, 지금 시점에서 앞으로의 나의 삶을 어떤 방향으로 잡을 것인가를 점검하는 의미가 더 크다고 생각한다. 그런 의미에서 내가 작성한 인생사명서는 어느 정도 그런 목적을 달성하는 데 도움이 될 것으로 보여 여기 소개한다.

우리 가족은 모두 천주교 신앙을 가지고 있기 때문에 조상들의 묘도 모두 제주의 천주교 공원 묘원 내에 있다. 그래서 일 년에 한 번 모여서 벌초를 할 때도 그나마 항렬이 높아야 낫을 들고 봉분 위의 풀을 한 번이라도 자를 수 있을 정도로 간단하다. 또 대부분의 친척들이 제주도 내에 거주하고 있어서 내가 제주도에 내려가는 것이 아주 큰일일 뿐, 벌초에 대해서도 부담이 없는 편이다. 하지만 대부분의 일반 사람들의 경우에는 벌초가 아주 큰 행사라고 한다. 지금은 그나마 시골에 벌초나 성묘를 중요시하는 어르신들이 계시기 때문에 벌초니 성묘니 하는 행사가 유지되지만, 10년 내지 20년이 되어 지금의 젊은이들이 주류 세대가 되면 벌초나 성묘에 그렇게 많은 시간을 들일까 하는 의문이 든다. 따라서 지금 나이 든 사람들은 그때 가서 자손들을 원망할 것이 아니라, 조상들의 묘를 공원 묘원이나 납골당에 모셔서 자손들이 부담 없이, 소풍 가는 기분으로 찾을 수 있도록 배려하는 지혜를 발휘해야 한다고 생각한다. 물론 자신이 죽은 후에 공원 묘원에 갈지, 화장해서 납골당에 갈지도 미리 결정해두어야 한다. 나의 경우에는 제주도의 천주교 공원 묘원에 그때까지도 자리가 남아서 들어갈 수 있었으면 좋겠

나의 인생 사명서

　나의 사명은 새로운 시대를 맞아 방황하는 사람들에게 바른 길을 제시하여 행복한 사람들로 만드는 멘토가 되는 것이다. 나는 이 사명을 이루기 위하여 독서를 통해 끊임없이 자기 계발을 하고, 내가 가진 지식과 사업 경험을 살려 2010년까지 홍진씨엔텍(주)의 구성원들 각자가 '나 주식회사'를 설립하는 기반이 되는 회사로 만들 것이며, 이공계 학생, 이공계 직장인들이 새로운 시대에 적응할 수 있도록 하는 정신 개혁 운동을 위해 관련 책을 발간하고 대학과 직장에서 세미나를 시행하고, 이에 동참하는 이공계인을 위한 교육 프로그램을 만들 것이다. 이를 위해서 다음과 같이 실천한다.

1. 나의 역량을 향상시킨다.

(1) 1년에 150권 이상의 책을 읽는다.

(2) 1년에 한 권의 책을 쓴다.

(3) 한 달에 한 번 이상 대학이나 기업에서 강연을 한다.

(4) 일주일에 한 번 이상 등산으로 육체적, 정신적 건강을 찾는다.

(5) 한 달에 한 번 이상 나를 찾는 여행을 한다.

2. 회사를 발전시킨다.

(1) 2010년 연 매출액 200억 원을 달성한다.

(2) 2010년부터 매년 1명 이상의 직원에게 '나 주식회사'를 실현한다.

3. 나눔을 실현한다.

(1) 대학생, 직원, 외부 직장인에게 멘토 역할을 한다.

(2) 매월 10만 원 이상을 장애인 복지시설에 기부한다.

다. 객지에 오래 살았으니까 죽어서라도 제주의 친척들 틈에 끼어서 맑은 공기를 마시면서 누워있고 싶다.

___모두모두 행복하기를

누구나 행복한 인생을 원한다. 그러나 행복은 저절로 찾아오는 것이 아니라 내가 준비하고 찾아 헤매야 얻을 수 있다. 나이 50에 접어들어 이제까지의 안락한 생활에서 밀려났을 때에야 미리 준비할 걸 하면서 뒤늦게 후회해도 때는 이미 늦다. 물론 인생 제3막만이 인생의 행복을 보장하는 것은 아니다. 인생 제2막에서 성공을 추구하며 희열을 느낄 수도 있고, 그 과정에서 의미 있는 행복한 인생을 실현할 수도 있다. 또한 인생 제3막에 충실하기 위해서는 인생 제1막과 제2막도 충실히 살아서 자기의 역량을 충분히 높여야 한다. 하지만 그것으로 끝이면 인생의 진정한 행복은 찾을 수 없다. 성공을 향해 뛰어야 하는 인생 제2막에서도 인생 제3막을 준비하는 안목이 필요하다.

무엇보다 중요한 것은 산업사회의 패러다임에서 벗어나 자기 자신이 인생의 주인공이 되는 '나 주식회사'의 CEO라는 인식을 확실히 가져야 한다. 21세기의 지식사회에 들어서면서 우리 삶의 템포가 빨라지고, 직장과 사회가 불안정해지고 있다. 하지만 이런 불안정과 인간수명의 연장을 즐길 수 있는 마음가짐이 요구된다. 변혁기에 기회가 있듯이 산업사회에서 지식사회로 넘어가는 이때야말로 진정 나의 삶의 의미를 찾고, 내가 내 삶의 주인공이 되어 살아갈 수 있는 기회가 주어진 것이다. 혹시 인생 제2막이 내가 선택한 삶이 아니어서 마음 한구석이 찜찜했었더라도 인생 제3막에서는 자기가 진정 좋아하는 일을 즐기면서 할 수 있는 기회로 바꿀 수 있으니 얼마나 큰 행운인가. 이제까지 회사를 위해, 타인에게 보여주기 위해 맹목적으로 살았다면, 이제 정말 나의 삶의 목적이 무엇인지 깨닫고, 내가 좋아하는 것, 내가 즐길 수 있으면서 보람을 찾을 수 있는 일을 하면서 내가 가진 것을 주위에 나누어줄 수 있다면, 그것이 바로 나의 행복이 될 것이다. 우리 모두 이제 변하는 세상을 똑바로 쳐다보고, 세상의 변화에 당당히 맞서 우리 삶의 의미를 실현하는 행복한 하루를 힘차게 시작했으면 하는 바램을 가져본다. 오늘도 힘차게 살고 있는 모든 대한민국의 중년들이여 모두 모두 행복하기를.

1. 나카타니 아키히로(이선희), 『40대에 하지 않으면 안 될 50가지』, 바움, 2005.

2. 우승호·이성수, 『성공한 당신, 노후전략 30년』, 휴먼앤북스, 2007.

3. 박희선, 『배꼽호흡 건강혁명』, 책세상, 2006.

4. 엘리자베스 퀴블러 로스 외(류시화), 『인생 수업』, 이레, 2006.

5. 박혜란, 『나이듦에 대하여』, 웅진지식하우스, 2006.

6. 정순원, 『마흔, 클라이맥스를 살아라!』, 이콘, 2007.

7. 박경희, 『여자 나이 마흔으로 산다는 것은』, 고려문화사, 2006.

8. 알렉스 파타코스(노혜숙), 『의미 있게 산다는 것』, 위즈덤하우스, 2005.

9. 김영경, 『녹차가 내 몸을 살린다』, 한언, 2006.

10. 마이크 모리슨(안명희), 『명함의 뒷면』, 쌤앤파커스, 2007.

11. 월터 B. 피트킨(김경숙), 『인생은 사십부터』, 사이, 2007.

12. 팡저우(차미연), 『44세의 필독서』, 황금부엉이, 2007.

13. 마이클 로이젠(유태우), 『내 몸 사용설명서』, 김영사, 2007.

14. 희정 외, 『두 번째 스무 살』, 이프, 2007.

15. 유아사 가게모토(안경실), 『40대부터 시작하는 늙지 않는 몸만들기』, 기파랑, 2006.

16. 홍자오광(송철규), 『40대, 이제는 건강에 미쳐라』, 예문, 2007.

17. 이시형, 『에이징 파워』, 리더스북, 2007.

18. 신촌 8+1 클리닉, 『건강에는 편식이 최고다』, 은행나무, 2007.

19. 이정숙, 『인생 3막-열정은 나를 춤추게 한다』, 에이지21, 2007.

20. 이승헌, 『걸음아 날 살려라』, 한문화, 2007.

21. 이요셉 · 채송화, 『웃음으로 기적을 만든 사람들』, 팝콘북스, 2007.

22. 김경, 『나의 꿈 품위 있는 노후 만들기』, 원앤원북스, 2006.

23. 오한숙희, 『부부 성공시대』, 웅진지식하우스, 2007.

24. F. 뱃맨겔리지(김성미), 『물, 치료의 핵심이다』, 물병자리, 2004.

25. 헤닝 쉐르프(김현정), 『눈부시게 아름다운 노후』, 휴먼비즈니스, 2007.

26. 산케이신문생명취재반(최인정), 『100세 시대』, 은행나무, 2005.

27. 앤드류 와일(권상미), 『건강하게 나이먹기』, 문학사상사, 2007.

28. 일지자연건강센터, 『우리 집 동의보감 단학활공1&2』, 한문화, 2000.

29. 안미경 외, 『나를 웃게 하는 당신』, 바오로딸, 2007.

30. 이숙영, 『행복한 변화』, 경향미디어, 2007.

31. 권기태, 『일 분 후의 삶』, 랜덤하우스코리아, 2007.

32. 지그프리트 메린 외(강분석), 『호르몬 혁명』, 북플러스, 2007.

33. 김상운, 『1등의 기술』, 랜덤하우스, 2007.

34. 스티브 비덜프(박미낭), 『남자, 그 잃어버린 진실』, 젠북, 2007.

35. 안미경 외, 『40대여, 숲으로 가자』, 바오로딸, 2007.

36. 오귀환 · 이우형, 『마흔 살의 승부수』, 페이퍼로드, 2007.

37. 나카노 고지(장미화), 『행복한 노년의 삶』, 문예출판사, 2003.

38. 데이비드 마호니 외(유은실), 『은퇴 없는 삶을 위한 전략』, 허원미디어, 2006.

39. 울필라스 마이어(최정인), 『해피 에이징』, 가야넷, 2006.

40. 퍼트리샤 튜더산달(김수경), 『여자 나이 50』, 에코리브르, 2006.

41. 유경, 『마흔에서 아흔까지』, 서해문집, 2005.

42. 애비게일 트래포드(오혜경), 『나이듦의 기쁨』, 마고북스, 2004.

43. 황의현, 『건강하게 사는 63가지 비결』, 책과사람들, 2007.

44. 미치 앨봄(이창희), 『단 하루만 더』, 세종서적, 2006.

45. 김송호, 『대한민국 이공계 공돌이를 버려라』, 청림출판, 2007.

46. 로이드 리브(김병두), 『중년의 전략』, 생명의말씀사, 2005.

47. 스테판 M. 폴란 · 마크 레빈(노혜숙), 『다 쓰고 죽어라』, 해냄, 2000.

48. 지미 카터(김은령), 『아름다운 노년』, 생각의나무, 2005.

49. 밥 버포드(이중순), 『40 또 다른 출발점』, 북스넛, 2003.

50. 소노 아야코(오경순), 『나는 이렇게 나이 들고 싶다』, 리수, 2004.

51. 김미경, 『꿈이 있는 아내는 늙지 않는다』, 명진출판, 2007.

52. 마오싱 니(김정미), 『100세 혁명』, 부광, 2007.

53. 모리야 히로시(양억관), 『남자의 후반생』, 푸른숲, 2003.

54. 윌러드 스콧(박미영), 『명사들이 말하는 즐겁게 나이드는 법』, 크림슨, 2007.

55. 이동우 외, 『인생 후반전 대비하기』, 동아일보사, 2007.

56. 송양민, 『준비된 노후는 아름답다』, 삼성경제연구소, 2007.

57. 박석, 『하루 5분의 멈춤』, 예담, 2007.

58. 다나카 나오키(전혜경), 『백세까지 걷자』, 루비박스, 2007.

59. 산도르 엘릭스 카츠(김소정), 『내 몸을 살리는 천연 발효식품』, 전나무숲, 2007.

60. 강창희, 『가장 확실한 노후대비』, 아름다운 사회, 2007.

61. 무라야마 노보루(유순신), 『승자의 결단 35세의 선택』, 에이지21, 2007.

62. 김성준, 『인생은 50부터』, 마음풍경, 2006.

나는 나이 들어도 행복하다

원고를 마무리하면서 큰 짐을 덜었다는 홀가분함과 사람들에게 내 맨몸을 보여주는 것 같은 부끄러움을 동시에 느끼고 있다. 내가 이제까지 썼던 대부분의 글들은 주로 기술적인 논문들이었고, 지난해에 쓴 『대한민국 이공계 공돌이를 버려라』라는 책도 어쩌면 논문에 가까운 책이 아니었나 싶다. 하지만 이 책은 나의 일상적인 고민을 해결하기 위해서 쓴 책이고, 그러다 보니 부족하지만 부끄러운 나의 생활도 담게 되었다. 자신의 경험을 바탕으로 글을 쓸 수밖에 없는 수필가나 소설가들의 입장에서는 그게 무슨 대수냐고 할지 모르겠지만, 자신의 이야기를 쓰는 데 익숙하지 않은 나의 경우에는 상당한 용기가 필요했다. 물론 그렇다고 마냥 창피함을 느끼기만 하는 것은 아니다. 나를 한 번 돌아보는 정말로 행복한 기회를 가지게 되었고, 앞으로 나의 행복을 실현하기 위해 노력해야 한다는 자각과 책 내용을 실천해야 한다는 행복한 의무감을 가지게 된 것은 나름대로 크나큰 소득이었다. 사실 '행복' 이라는 단어는 누구나 한 번쯤 생각해보았을 것이고, 인생의 목적이 '행복' 이라는 데 이의를 달 사람은 아무도 없을 것이다. 그렇지만 정작 '행복' 하기 위한 구체적이고, 실천적인 방안에 대해 정리된 생각을 가지고 있는 경우는 드물다. 나도 이 책을 쓰지 않았다면 '행복' 에 대해 그저 단편적인 지식을 가지고, 누군가 '행복' 에 대해서 이야기하면 고개를 끄덕거리는 수준에 머무르지 않았을까.

사실 이 책을 쓰면서 책 내용이 너무 평이하지 않나 하는 걱정을 떨쳐버릴 수가 없었다. 하지만 내가 고민하는 문제는 어차피 대한민국의 모든 중년 남자들이 고민하는 문제일 것이라는 생각으로 용기를 내어 원고를 마무리했다. 어느 한 부분을 세밀하게 조명하면서 톡톡 튀는 내용의 책도 중요하겠지만, 평이하면서도 누구에게나 공감을 얻을 수 있고 전체적인 방향을 잡는데 도움이 되는 책도 나름대로 충분한 가치가 있다고 생각한다. 혹시나 이 책이 너무 개괄적이라는 불만을 가지고 있거나, 행복해지기 위해 더 상세한 내용이 필요한 분들을 위해 이 책 말미에 '행복하기 위해 읽으면 좋은 책들' 을 실어놓았다.

이 책을 쓰는 동안 '행복' 에 대한 나의 생각을 주위에 알리면서 얻은 값진 소득 중의 하나는 가끔 모여서 소주잔이나 기울이던 몇몇 친구들끼리 '행복 클럽' 을 조직하기로 한 것이다. 여느 모임같이 그저 식사에 소주나 마시면서 정치를 논하고, 신세한탄만 할 것이 아니라 '우리의 행복을 우리가 찾아보자' 는 취지로 회비도 모으고, '행복' 에 대해

논해보자고 합의를 한 것이다. 물론 이 책이 그 모임의 핵심 교재 역할을 할 것이지만, 더 나아가 언젠가는 우리의 '행복 클럽' 이야기를 책으로 낼 기회가 있었으면 하는 기대도 해본다. 우리의 '행복 클럽' 이 행복 바이러스처럼 주위에 퍼져서 앞으로 더 많은 사람들, 특히 대한민국의 40, 50대 중년들이 더 많은 '행복 클럽'을 조직해서 온 대한민국이 '행복'으로 가득 찼으면 하는 바람을 가져본다. 또한 이 책이 주위에 있는 평범한 것들—가족관계, 친구관계, 일, 죽음—을 통해 행복을 찾는 계기가 되기를 바란다.

책을 쓸 때마다 원고를 읽어주고 아낌없는 비판과 격려를 해준 내 동생 김현봉에게 이 자리를 빌려 고마움을 표하고 싶다. 나이 차이가 많이 나고, 내가 주로 객지 생활을 하다 보니 그동안 가깝게 지내면서 대화를 나눌 기회가 없었는데, 책을 쓰기 시작하면서 가끔 만나 이야기도 나누게 되어 얼마나 든든하고 행복한지 모르겠다. 그도 이 책을 읽으면서 행복에 대해 생각해보는 계기를 가졌다면 조금이나마 보답이 되지 않았을까 생각해본다. 원래 그런 성격이라면서 그동안 가깝게 대해주지 못한 가족들에게 반성하는 마음과 사랑의 마음을 함께 실어 보낸다. 특히 일흔이 넘으신 연세에도 불구하고, 아직도 이 못난 자식 걱정을 하시는 부모님께서 건강하시고 지금처럼 두 분이 화목하게 오래 사시기를 기원해본다. 또 장남인 나를 대신해 친자식 이상으로 내 부모님을 잘 모시고 있는 부산에 사는 매제 나채광 남지한의원(창녕군 소재) 원장에게도 이 기회에 감사드리고 싶다. 나원장은 풍부한 한의학 지식으로 이 책을 쓰는 데도 많은 도움을 주었다.

　부족한 나의 원고를 기꺼이 읽어주시고, 의견을 주시고, 출간까지 해주신 휴먼앤북스의 하응백 사장님께 감사드린다. 이 책을 쓰면서 새삼 느낀 일이지만 내 주위에 나를 행복하게 해주는 사람들이 너무 많다는 사실에 행복하다. 나에게 사랑과 행복을 주는 모든 사람들에게 감사드리면서, 나도 내 주위에 행복을 전파하는 '행복 전도사'가 되겠다는 결심을 해본다. 모두모두 행복하세요.

2008년 봄날에

김송호